AF177233

Christian Buske

ANNINARRA

UTOPIE

ANNINARRA
DIE ZUKUNFT ALS MÖGLICHKEIT

CHRISTIAN BUSKE

Das Werk, einschließlich seiner Teile, ist urheberrechtlich geschützt. Für die Inhalte ist der Autor verantwortlich. Jede Verwertung ist ohne seine Zustimmung unzulässig. Die Publikation und Verbreitung erfolgen im Auftrag des Autors.

© 2024 Christian Buske · anninarra.de · christian.buske@anninarra.de

Christian Buske, Fleethörn 7, 24103 Kiel

Lektorat: Kati Hertzsch · gretaschreibt.com

Satz u. Layout/E-Book: Büchermacherei · Gabi Schmid · buechermacherei.de

Umschlaggestaltung und Umschlagbild: Fabian Böhrens · fabianböhrens.com

Vertrieb: ihleo verlagsbüro – Dr. Oliver Ihle, Schlossgang 10, 25813 Husum, bestellung@ihleo.de

Druck: Gugler Medien GmbH, Auf der Schön 2, 3390 Melk/Donau, Austria

ISBN 978-3-96666-093-8

klimafreundlich gedruckt

– produziert nach den Richtlinien des Österreichischen Umweltzeichens, Gugler GmbH, UW-Nr. 609, www.gugler.at

Sicher. Kreislauffähig.
Klimafreundlich.
C2C Certified® SILBER by gugler*
drucksinn.at

MIX
Papier | Fördert
gute Waldnutzung
FSC® C005108

Teil 1
FRIEDEN AUF ERDEN

Das Flugzeug aus Glas

19. Juli 2104

Das Flugzeug ist schon eine ganze Weile unterwegs. Julia drückt sich in den gläsernen Sessel und starrt auf den Piloten, der sich im Cockpit den tobenden Wolken entgegenstemmt. Anzeigetafeln und Dutzende Lämpchen blinken. Im Laderaum darunter rutschen Koffer und Pakete von einer Seite zur anderen. Ansonsten passiert nichts, über viele Kilometer.

„So also sieht die Zukunft aus, Pathein", sagt sie leise. „Ein Flugzeug aus Glas."

„Eine schöne Zukunft", brummt Pathein.

Seine ausdrucksstarken Augen, die sich deutlich von den sanften Gesichtszügen abheben, leuchten dunkel. Er trägt einen gelben Rock, ein weißes Oberhemd und eine goldgelb glänzende Kappe, die das schwarze Haar bedeckt. Die Kleidung seiner Heimat Myanmar.

Sanft neigt sich das Flugzeug in eine Linkskurve. Der junge Mann im Cockpit geht einen Schritt zur Seite, gähnt und streckt die Arme. Entnervt blickt Julia von ihrem hellblauen Chiffonkleid auf die Stiefeletten hinunter. Rote Schuhe, die durch Wolken rasen. Als sie im vergangenen Jahr am Flughafen von Doha das erste Mal ein gläsernes Flugzeug gesehen hat, hat sie sich geschworen, nie im Leben in so ein Ding einzusteigen. So viel dazu. Sie seufzt leise und schließt die Augen.

Das Schwanken des Flugzeuges erinnert sie an den Kamelritt in Chaur al-Udaid vor einem Jahr, an dem sie während des 50. Jahrestages des weltweiten Verbots fossiler und atomarer Energieträger am 29. März 2103 teilgenommen hat. Während abends auf der Festveranstaltung am Binnenmeer mehrere Tausend Menschen dem Erlöschen der Lichter zur Earth Hour beiwohnten, wurden Texte vorgelesen, die deutlich machten, mit wie viel Ehrfurcht die Menschen im Jahr 2053 über das Verbot gesprochen, es nicht für möglich gehalten hatten, dass so etwas jemals umgesetzt werden könnte. Doch es war geschehen. Wie so vieles andere auch.

Eine Gänsehaut streicht über Julias Arme. Sie schiebt sich eine blonde Haarsträhne aus dem Gesicht und sieht zu Pathein herüber.

„Was meinst du, werden heute wirklich alle Staaten kommen?"

„Mal sehen, was sie sich noch alles einfallen lassen", antwortet er, ohne den Kopf zu heben. „Bisher hat noch niemand abgesagt."

Als alle Teile der Welt immer intensiver miteinander vernetzt wurden, als auf einmal jeder wusste, was früher nur Konzernchefs und Ministern vorbehalten war, hat sich alles geändert. Überwiegend getragen von jungen, engagierten Menschen, entstanden in kurzer Folge eine Vielzahl von Sozialunternehmen, die sich der Gemeinschaft statt der Gewinnmaximierung verschrieben hatten und die mit neuen digitalen Verfahren auf Transparenz und Offenheit setzten. Wie auch die Preisbildungsmaschinen, mit denen sich für jedes Produkt herausfinden ließ, was dessen Herstellung gekostet hatte. Plötzlich äußerten Kunden in Geschäften ihren Unmut, wenn Produkte überteuert angeboten oder Erzeuger in anderen Teilen der Welt betrogen wurden. Bald traute sich niemand mehr, ohne Begründung von der für ihn berechneten Gewinnnorm abzuweichen oder Umwelt- und Sozialstandards zu missachten.

Zur neuen Transparenz gehörten auch die sachgebundenen Bürgerentscheidungen, mit denen man sich weltweit über alles unabhängig informieren und politisch Stellung beziehen konnte. Es war erstaunlich, wie einig sich die Menschheit bei vermeintlich komplizierten politischen Fragen sein konnte, obwohl die Staatschefs selbst diese Einigkeit über Jahrhunderte hinweg nie zustande gebracht hatten. Innerhalb kurzer Zeit wurden Streitigkeiten beigelegt, über die viele Jahre Auseinandersetzungen und sogar Kriege geführt worden waren.

Eine grün aufleuchtende Lampe über dem Piloten kündigt den Landeanflug an. Die rotbraune Landschaft ist durchzogen von einem Wechselspiel heller, salzig-weißer Flächen mit dunkelgrau-schwarzen. Immer weiter lösen sich die dunklen Flecken in einzelne Strukturen auf. „Da also stehen die Waffen", sagt Pathein. Immer deutlicher sind sie zu erkennen: Panzer, Drohnen, Artillerie und Kampfroboter – Roboter, die mithilfe künstlicher Intelligenz selbsttätig Menschen töten können.

Auch Julia blickt konzentriert nach unten. „Was sich die Staaten bloß einbilden! Das Zeug muss verschwinden. Bei den ABC-Waffen hat es doch auch geklappt."

„Es ist nun mal, wie es ist", murmelt Pathein. „Irgendwann werden die schon noch zur Einsicht kommen."

„Frau Avalux, Herr U Tin, wir landen gleich", ist die Stimme des Piloten über die Lautsprecher an Bord zu hören. Mitten in der Wüste hebt sich ein grüner Fleck von der bronzefarbenen Landschaft ab. Julia spürt, wie sie eine gewisse Aufregung durchfährt, so wie früher, wenige Augenblicke vor einer TV-Moderation. Heimlich blickt sie zu Pathein hinüber, der nichts als Ruhe ausstrahlt. Einmal Ingenieur, immer Ingenieur, geht es ihr mit einem stillen Lächeln durch den Kopf. Darauf ist Verlass.

Dann ist auch schon die Landebahn zu sehen. Sie setzen auf, ganz sanft, dank einer der modernen Magnetvorrichtungen, die inzwischen auf der ganzen Welt die alten Fahrwerke ersetzen. Im Licht der Abendsonne sind ein paar Häuser zu sehen, umgeben von Bäumen und Sträuchern, und eine Anhöhe hinter der Siedlung, die von einem markanten Baum gekrönt wird. Mehrere Dutzend Flugzeuge stehen schon auf dem Vorfeld, darunter zwei übergroße Transportmaschinen, mit denen offenkundig Waffen nach Anninarra gebracht wurden. Im Hintergrund sind einige Flugplatzgebäude zu erkennen, die alle recht improvisiert wirken, wie der Tower, der auf das Dach eines Linienbusses geschweißt worden ist. Langsam umrunden sie die parkenden Flugzeuge und halten schließlich direkt neben einem roten Teppich, der zu einer großen, graublauen Wellblechhalle führt.

Eine hell gekleidete Frau mittleren Alters tritt heran. Sie wird von einem Schwarm Kameradrohnen begleitet.

„Na dann", sagt Pathein und steht schwungvoll auf, „ab jetzt sind wir auf Sendung."

Julia setzt ihr strahlendes Kameralächeln auf. Sie erhebt sich ebenfalls und schiebt beiläufig das Kleid zurecht. Trotz flacher Absätze ist sie immer noch einen Kopf größer als Pathein. Mit einem schmatzenden Geräusch öffnet sich die Kabinentür und ein Schwall heißer Luft dringt nach innen.

Als Julia und Pathein die Stufen hinabsteigen und auf den Teppich treten, spüren sie einen leichten Wind, der die Abendhitze etwas erträglicher macht. Die hell gekleidete Frau strahlt Ruhe und Zuversicht aus. Sie kommt auf Julia und Pathein zu und begrüßt sie mit einem freundlichen Lächeln.

„Frau Präsidentin", sagt Julia und deutet eine Verbeugung an. Pathein nickt knapp. Ghazala Hussain trägt zum cremefarbenen Hosenanzug einen weißen, durchscheinenden Schleier mit Farnmuster, der ihr bis zum Rücken reicht und die dunkelblau gefärbten Haare nahezu verbirgt. Das dezente Grün des Lidschattens betont die dunklen Augen der Vierundfünfzigjährigen. Früher war sie Kinderärztin im Peshawar, jetzt ist sie die Präsidentin einer der wichtigsten Institutionen der Welt.

Begleitet von den Kameradrohnen gehen sie zu der Wellblechhalle, die sich als ein gewöhnlicher Hangar herausstellt, und halten dort inne. Ein vielfältiges Stimmengewirr kommt ihnen entgegen.

„Alle da", sagt die Präsidentin und lächelt dabei milde. Der rote Teppich setzt sich im Hangar bis zu einer flachen Bühne fort, neben der ein Fahnenmast steht. Die Sitzplätze für die Vertreterinnen und Vertreter der Staaten sind um das Podium herum angeordnet und vollständig besetzt. Fast andächtig betrachten Julia, Pathein und Präsidentin Hussain die Szene.

„Wir begrüßen nun", schallt es durch den Hangar, „Ghazala Hussain, die Präsidentin des Kreises der 1000, der Organisation der Kreativen und Mutigen, sowie an ihrer Seite Julia Avalux und Pathein U Tin."

Das Publikum im Hangar erhebt sich und beginnt zu klatschen. Überrascht hebt Julia den Blick. In der letzten Reihe erkennt sie die Staatschefinnen von China und den USA, die nebeneinandersitzen.

„Sind die Sitzplätze wirklich alle ausgelost worden?", raunt sie Präsidentin Hussain zu.

Die nickt und lächelt schelmisch. „Keiner hat protestiert."

Sie gibt ein Zeichen, und die drei setzen sich in Bewegung, vorbei am Präsidenten der Republik Korea, Choi Bo-seon, und an Tanaka Takeo, dem Premierminister von Japan, die über eine Stuhlreihe hinweg die Köpfe zusammenstecken. Beide sehen zufrieden aus. Weiter vorn steht die Präsidentin der Europäischen Union, Frau Dr. Jordranka Scheljaskow, und blickt über die Reihen hinweg nach hinten. Verstohlen sucht Julia die Gesichter ab. Die Stimmung ist viel besser als erwartet. Vielleicht haben wir ihnen am Ende sogar eine Last von den Schultern genommen, weil nun alle Waffen hier sind, geht es ihr durch den Kopf. Wer möchte als Staatschef schon gern zum Mörder werden?

Auf halber Strecke zum Podium kommen sie an einer Gruppe von etwa einem Dutzend Menschen vorbei, die sich ihnen in den Weg stellen. „Wir sind das Volk", steht auf einem Plakat, auf einem anderen: „Gebt den Staaten ihre Waffen zurück."

Präsidentin Hussain bleibt mit Julia und Pathein vor den Demonstranten stehen, während sich über ihnen Kameradrohnen versammeln, um auch diese Szene einzufangen. Immer dann, wenn wichtige Menschen zu wichtigen Themen zusammenkommen, muss es an prominenter Stelle die Möglichkeit der Gegenrede geben. Auch diese Empfehlung, die der Kreis der 1000 vor vielen Jahren einmal ausgegeben hat, ist inzwischen für die ganze Welt zur Selbstverständlichkeit geworden.

Aus der Gruppe tritt ein Mann um die siebzig mit weißen, etwas fettigen Haaren hervor. „Wir fordern", ruft er in die Halle hinein, „dass

11

die Staaten ihre Waffen zurückerhalten. Jetzt sofort! Staaten haben schon immer über Waffen verfügt, es ist Teil ihrer Souveränität. Sie können ein Naturgesetz, das schon immer bestanden hat, nicht einfach aufheben."

Präsidentin Hussain blickt zu zwei Frauen vom Sicherheitsdienst, die sich bereits unauffällig bereitgestellt haben. „Das einzige Naturgesetz, dem sich die Menschheit zu stellen hat, heißt schlicht und einfach überleben", antwortet sie. „Alles, was hilft, auf diesem Planeten zu bestehen, ist willkommen. Alles, was uns und unsere Umwelt zerstört, wie zum Beispiel die Kriegswaffen, muss verschwinden. Das ist das einzige Gesetz, dem wir wirklich folgen können. Alle Staaten haben dem zugestimmt, sonst wären wir heute nicht hier."

Der Mann schaut weiter grimmig, doch dann tritt er mit allen anderen beiseite. Die Argumente waren ausgetauscht und in der Öffentlichkeit sichtbar gemacht worden. Jeder, der wollte, konnte sich nun darüber informieren.

Mit raschen Schritten setzt Präsidentin Hussain, gefolgt von Julia und Pathein, den Weg zur Bühne fort, wo alle drei auf weißen Stühlen Platz nehmen. Zusammen strahlen Pathein in seinem gelben Longyi, Julia in ihrem blauen Chiffonkleid und Präsidentin Hussain mit ihrem fast durchsichtigen Schleier eine Autorität aus, der man sich kaum zu entziehen vermag.

Schließlich ist es so weit. Die Präsidentin steht auf und blickt von der Mitte der Bühne aus gewinnend in die Menge.

„Die letzten Kriegsgeräte", ruft sie in die Versammlung, „sind heute Vormittag nach Anninarra überstellt worden. Zugleich wurde in allen Staaten der Welt die vollständige Entmilitarisierung einschließlich der Auflösung aller militärischen Strukturen abgeschlossen. Damit ist die wesentliche Zielstellung erfüllt, zu der wir uns in den Verträgen von Maropeng bekannt haben. Nie wieder soll ein Staat die Möglichkeit haben, einen Krieg zu führen. Genauso wenig, wie wir Gewalt zwischen einzelnen Menschen tolerieren können, können wir die Gewaltausübung zwischen Staaten länger akzeptieren. Ich danke Ihnen, geehrte Staats- und Regierungschefs, dass Sie diesen Veränderungsprozess, der aus der Mitte der Weltbevölkerung erwachsen ist, am Ende so tatkräftig unterstützt haben."

Pathein blickt zu Julia, die den Kopf zur Seite geneigt hat. Ja, es hat Staaten gegeben, die recht schnell zu einer Entmilitarisierung bereit waren. Aber es hat auch jene gegeben, die bis zuletzt um ihre Waffen gerungen haben. Ohne eine breite Unterstützung der Weltbevölkerung wäre das heutige Ergebnis bestimmt nicht erreicht worden.

Ghazala Hussain dreht sich nach links. „Unter uns Menschen ist in den letzten Jahrzehnten eine schier unendliche Vielfalt an Lebensentwürfen entstanden. Kein Roboter, keine Maschine kann ersetzen, was jeder Einzelne von uns auf der Welt an Kreativität und Intelligenz mitbringt. In seiner inzwischen über fünfzigjährigen Geschichte ist der Kreis der 1000 Teil dieser Entwicklung. Mit unserem Namen eng verbunden ist der Kampf gegen Menschenrechtsverletzungen und für eine weltweite Abrüstung. So haben wir bereits im Jahr 2057 dazu beigetragen, dass der Streit um den Lomonossow-Rücken im Nordmeer nicht zu einem Krieg geführt hat. Es waren unsere damaligen Voting-Plattformen, die dafür sorgten, dass die Regierungschefs eine militärische Auseinandersetzung sogar in den eigenen Ländern nicht mehr haben durchsetzen können."

Freude leuchtet in den Augen von Präsidentin Hussain auf. Dänemark und Russland befanden sich im Konflikt. Ein Kampf um die Nutzung von Rohstoffen im Nordpolarmeer. Innerhalb kürzester Zeit waren so viele Menschen mobilisiert, dass die Regierungen anordnen konnten, was sie wollten, niemand folgte ihnen. Der dänische Regierungschef Niels Ørsted von Det Konservative Folkeparti und die russische Präsidentin Adelina Prokofjewa von der Demokratitscheskaja partija Rossii blamierten sich bis auf die Knochen. Es gab weder Verletzte noch Tote, nur kleinere Sachschäden an einer dänischen Fregatte. Seitdem haben keinerlei kriegerische Auseinandersetzungen mehr stattgefunden. Wozu auch? In einer vernetzten Welt bedeutet Krieg genauso viel Schaden für einen selbst wie für den Gegner.

„Für uns war es eine Selbstverständlichkeit", sagt Präsidentin Hussain, „die von Julia Avalux und Pathein U Tin gestartete Initiative für eine endgültige Entmilitarisierung aller Staaten zu unterstützen. Der Weg war lang und mühsam, doch er hat sich gelohnt."

Noch einmal dreht sich die Präsidentin ein Stück weiter zum Rest des Publikums. „Die Verträge von Maropeng, die nunmehr von allen Staaten unterzeichnet worden sind, haben uns einen wesentlichen Schritt vorangebracht, auch wenn das ursprüngliche Ziel, alle Waffen unbrauchbar zu machen, nicht erreicht wurde. Ich sage, wie schon bei früheren Gelegenheiten, in aller Offenheit, dass ich diese Entscheidung für falsch halte. Nichtsdestotrotz habe ich sie mitgetragen, um den Erfolg des Gesamtprojektes nicht zu gefährden. Für das Verhandlungsergebnis haben sowohl die Staaten der Welt als auch der Kreis der 1000 Zugeständnisse machen müssen: Jeder Staat behält zehn Prozent der zum Stichtag vorhandenen Waffenbestände. Aber diese Waffen sind hier in Anninarra einzulagern, und die Aufsicht übernehmen wir, der Kreis der 1000. Unabhängige Prüfungskommissionen werden auch weiterhin die vollständige Entmilitarisierung aller Staaten überwachen und ich sage es hier ganz deutlich: Wir werden jeden Fall der Aneignung oder Herstellung von Waffen oder des Wiederaufbaus militärischer Strukturen, der uns bekannt wird, sofort an die Öffentlichkeit bringen und mit Nachdruck verfolgen. Unterschätzen Sie unsere Möglichkeiten nicht, die Menschen erneut zu mobilisieren und mithilfe der Verträge von Maropeng eine Verurteilung vor einem internationalen Gerichtshof zu erreichen."

Die Stimme der Präsidentin war laut geworden. Sie schweigt für einen Moment, dann fährt sie ruhig fort: „Für die Aufsicht über das Waffenlager haben wir die beiden Menschen gewonnen, die die Entmilitarisierungskampagne initiiert haben. Beide haben sie Organisationen vorgestanden, die unterschiedlicher nicht sein könnten. Trotzdem war es ihnen wichtig, gerade bei dieser für die Menschheit so fundamentalen Frage eng zusammenzuarbeiten. Deshalb sollen Julia Avalux und Pathein U Tin die Leitung des Waffenlagers übernehmen. Sie, sehr geehrte Damen und Herren, werden es nicht bereuen, diese große Verantwortung in unsere Hände gelegt zu haben."

Die Präsidentin tritt einen Schritt zur Seite. Vor dem Fahnenmast stellen sich drei Frauen und drei Männer in blauen Arbeitsoveralls nebeneinander auf. Eine Generalin kommt hinzu. Sie ist um die fünfzig, die helle Uniform mit Orden förmlich übersät. Julia und Pathein stehen auf und mit ihnen das gesamte Publikum. Irgendwo aus dem weiten Raum ist ein leises „Ach-tung!" zu hören, und es macht den Eindruck, als würden einige der Anwesenden tatsächlich eine militärische Haltung einnehmen. Zwei Mitarbeiterinnen beginnen, langsam und respektvoll die Fahne des Verteidigungsbündnisses einzuholen. Jener Organisation, die von den Staaten beauftragt worden ist, die Waffen nach Anninarra zu bringen. Dann treten sie zu den anderen zurück und beginnen, in einer Art militärischem Zeremoniell die Fahne zu falten, bis sie nur noch ein buntes Päckchen mit drei Ecken ist. Eine von ihnen geht auf die Generalin zu und übergibt ihr das kleine, sauber gefaltete Bündel. Ohne eine Regung zu zeigen, verbeugt die Generalin sich vor der Delegation, dreht sich zackig um und geht mit federnden Schritten auf den Generalsekretär des Verteidigungsbündnisses zu. Emeka Asma'u ist ein Mann von sechzig Jahren, der aus Lagos stammt und lange Jahre Präsident in Nigeria gewesen ist.

„Diese Fahne", sagt die Generalin laut und feierlich, „steht für alle Staaten der Welt."

Mit diesen Worten überreicht sie Emeka Asma'u das Bündel Stoff. Eine Ära des Militärischen geht zu Ende. Die Generalin tritt drei Schritte zurück und bleibt noch einige Sekunden vor Asma'u stehen. Dann salutiert sie ein letztes Mal und dreht sich zu Präsidentin Hussain um, die den Ablauf vom Rand der Bühne aus mitverfolgt hat.

Die Generalin nimmt ihre Halskette ab, an der ein ovales Steinplättchen befestigt ist. Zusammen mit einer weiteren Kette, die ihr zugereicht wird, überreicht sie diese Ghazala Hussain. Die Präsidentin hält beide Ketten, eine in der linken Hand, die andere in der rechten, nach oben und übergibt sie anschließend an Julia und Pathein. Sie bedeutet den beiden, ihre rechten Hände zu heben, und feierlich sprechen sie der Präsidentin nach: „Wir schwören, die Verträge von Maropeng getreulich umzusetzen und damit das Recht und die Freiheit der Weltbevölkerung zu gewährleisten, so wahr das Buch der Weltidentität unser Zeuge sei!"

Präsidentin Hussain ergreift ihre Hände, in denen sie die Steinplättchen mit den bunten Einschlüssen festhalten.

„Ich übergebe Ihnen beiden je einen Kontrollschlüssel zur Verfügung über die Waffen in diesem Lager." Nacheinander nimmt sie die Ketten aus den Händen Julias und Patheins und legt sie ihnen um den Hals.

„Neben diesen beiden Schlüsseln bleibt ein weiterer Schlüssel bei jedem Staat, der Waffen hier eingelagert hat, ein Schlüssel nach dem Zufallsprinzip bei einem anderen Staat, und ein letzter bei mir. Nur zusammen können die Waffen entsichert und zum Einsatz gebracht werden."

Mit diesen Worten macht Präsidentin Hussain einen Schritt zurück und verbeugt sich leicht. Auch Julia und Pathein verbeugen sich in Richtung Publikum, das mit einem langen Applaus die Freude über das Neuerreichte bekundet.

Mit ein paar letzten Worten schließt Präsidentin Hussain die Veranstaltung. Überraschend schnell leert sich der Hangar, schon bald starten die ersten Flugzeuge. Auch die Präsidentin verabschiedet sich von Julia und Pathein.

„Ich wünsche Ihnen viel Erfolg. Sie freuen sich bestimmt, endlich loslegen zu können."

Ohne eine Antwort abzuwarten, eilt sie über den roten Teppich davon. Julia und Pathein blicken ihr hinterher. „Na, das wäre doch ein Job für dich", raunt Pathein Julia zu und lächelt dabei herausfordernd.

„Nie im Leben! Das sollen bitte andere machen. Ich kann gut etwas Ruhe gebrauchen."

„Überarbeiten werden wir uns hier wohl nicht", sagt Pathein. „Nach der ganzen Aufregung der letzten Jahre wird uns das auch guttun."

Eine Frau betritt die Bühne und kommt herüber.

„Saliha Mujaj", stellt sie sich den beiden vor, „ich bin die leitende Verwaltungsangestellte in Anninarra. Ich freue mich, Sie kennenzulernen."

Pathein und Julia geben ihr die Hand. Der Hangar ist inzwischen beinahe menschenleer. Mitarbeiter und ihre Hilfsroboter beginnen, die Stühle beiseitezuräumen und alles abzubauen. Nur der blutrote Teppich, der vom Rednerpult in gerader Linie bis weit auf den Flugplatz ausgerollt ist, liegt noch unberührt da. Er weist aus der Halle heraus in das tiefe Schwarz der Nacht.

„Kommen Sie", sagt die Verwaltungsleiterin, „ich zeige Ihnen, wo Sie untergebracht sind. Wir sollten uns beeilen, die Feierlichkeiten zum Überlebenstag beginnen bald."

Der Überlebenstag

19. Juli 2104

Vor der Halle steht ein gläsernes Auto bereit. Die Sitze leuchten hellblau.

„Wenigstens fliegen wir nicht", bemerkt Pathein trocken.

Julia hält während des Einsteigens abrupt inne.

„Was brummt denn da?", fragt sie. Ein unangenehm schabendes Geräusch ist zu hören, leise, aber penetrant.

„Ach das", antwortet Mujaj, „das sind nur die Kampfroboter. Die müssen sich ab und an mal bewegen. Ist eine technische Vorgabe, damit sie voll funktionsfähig bleiben."

Julia blickt zu Pathein und versucht sich vorzustellen, was das bedeutet: Hunderte von Kampfrobotern, so groß wie Kleinwagen, die mit ihren vier Beinen mehr oder weniger rhythmisch durch die Luft rudern.

„Keine Sorge, die sind außerhalb der Siedlung. Die können uns nicht gefährlich werden", beschwichtigt die Verwaltungsleiterin Julia und steigt ins Auto ein.

Zwischen ihren Füßen erscheint auf dem durchsichtigen Fahrzeugboden ein Countdown. 3, 2, 1, dann geht es los. Neugierig blicken Julia und Pathein zu den Häusern entlang der Straße, die mit bunten Laternen geschmückt sind. Nach kurzer Zeit biegt das selbstfahrende Auto rechts ab und hält einige Hundert Meter später auf der linken Seite.

Sie stehen vor einem flachen Gebäude mit einer Eingangstür und sechs Fenstern zu jeder Seite. Die Luft riecht leicht süßlich nach Harz.

„Das ist der hintere Teil des Roadhouse", erklärt Mujaj. „Der Haupteingang ist vorn um die Ecke."

Sie deutet in die Richtung eines beleuchteten kleinen Vorplatzes, der einmal eine Tankstelle für Verbrennungsfahrzeuge gewesen sein könnte. Mujaj öffnet die Tür zum Roadhouse und zeigt Julia und Pathein den Weg zu ihren Zimmern.

„In einer halben Stunde?", fragt sie zum Abschied, und Pathein und Julia nicken.

Zur verabredeten Zeit kommt Pathein als Erster in einem frischen Leinenanzug wieder auf die Straße. Saliha Mujaj erwartet ihn schon. Sie trägt ein schlichtes Abendkleid und hat das Haar nach hinten gebürstet. Nach ein paar Minuten erscheint auch Julia in einem eleganten, dunkelblauen Kleid und mit luxuriösem Schmuck. Pathein murmelt ein Kompliment, was Julia leicht erröten lässt. Obwohl er zehn Jahre älter ist als sie, fühlt er sich auf einmal wieder ganz jung.

Zusammen passieren sie die zweispurige Hauptstraße, die verlassen vor ihnen liegt, und erreichen den Fuß eines Berges. Einzelne matte Laternenpunkte weisen einen Weg nach oben, wo es in allen Farben leuchtet. Entfernt sind Stimmen und Musik zu hören.

Die beiden Frauen gehen voran. Nach und nach werden die ausgelassenen Stimmen und die Musik lauter. An einer Biegung kurz vor ihrem Ziel machen sie eine Pause und blicken zurück auf die Siedlung, ein bunt glitzerndes Laternenmeer. Überall auf der Welt findet gerade dasselbe Spektakel statt: Es blinkt und blitzt, in den Wohnblocks, den Vorstädten, in Dörfern, auf dem Land, in Wäldern und Wüsten, auf dem Meer und im Gebirge, jedes Licht so einzigartig wie ein einzelner Mensch. So wird der Überlebenstag begangen, das erste Fest auf Erden, das alle Menschen gemeinsam zelebrieren.

Ergriffen gehen sie die letzten Meter bis zur Anhöhe hinauf. Oben stehen Grüppchen fröhlicher Menschen beieinander, andere tanzen zu lauter Musik, lachen, feiern. Ein Mann geht rückwärts, sodass Julia und Mujaj überrascht zur Seite ausweichen. Pathein ergreift den Mann bei den Oberarmen. Der dreht sich um und blickt Pathein erst verwirrt an, bevor er ihn, das Glas weiter in einer Hand haltend, freundschaftlich umarmt und dann weitergeht.

Weiter rechts haben sich zwei Frauen und ein Mann bei den Händen genommen. Sie heben erst das rechte, dann das linke Bein, dann drehen sie sich einmal im Kreis um sich selbst. Julia lacht hinter vorgehaltener Hand. Der Rhythmus der Musik überträgt sich auch auf Pathein. Unauffällig beginnt er, mit einer Hand den Takt gegen seine Hüfte zu klopfen.

Hinter den Partygästen erkennt er im Halbdunkel einen Baum, vielleicht so groß wie eine Mangrove, mit bunten Lichtern in den Zweigen. Die Tischplatte davor biegt sich unter der Fülle der Speisen und Getränke. Pathein bleibt kurz stehen, um den Anblick zu genießen. Dann schlendert er zum Baum hinüber und lehnt sich an den schlanken Stamm. Er fühlt sich anders an als bei anderen Bäumen. Ein süßer Duft umfängt ihn. Julia ist bereits von einer Gruppe junger Leute umringt, schallendes Gelächter erklingt.

„Schön, nicht?", hört er jemanden sagen. Er dreht sich zur Seite und erblickt einen Mann mit Cowboyhut, vielleicht Mitte vierzig, braun gebrannt.

„Peter Sturt", stellt er sich vor. „Ich leite die Recyclingfabrik. Sie müssen Pathein U Tin sein, stimmt's?"

Pathein nickt.

„Übrigens", fährt Sturt fort, „das hier ist ein Baum des Lebens."

Überrascht macht Pathein einen Schritt vom Baum weg. Immer wieder ist in den Medien von diesen Bäumen berichtet worden, die überall auf der Welt entstanden, doch gesehen hat er noch keinen. Der süße Duft, eine Mischung aus Holunder und Apfel, Dattel und Mango, steigt ihm in die Nase.

„Was da leuchtet sind keine Lampions, sondern die Blüten selbst, jede einzelne."

Pathein blickt nach oben. „Ganz schön beeindruckend."

„Im Wachstum verändern sich die Arten, die in diesem Baum zusammenkommen", erklärt Sturt. „Manche sagen, sie stehen für unsere neue Welt. Kein zentrales Nervensystem regelt das Zusammenleben, es ist jede einzelne Zelle selbst, die gelernt hat, so mit den anderen umzugehen, dass ein gemeinsames Ganzes entsteht. Auf diese Weise zeigt uns die Natur die neue Welt, in der wir leben."

Pathein streicht noch einmal über die Rinde. Ist das Birke? Eiche? Die Rinde einer Palme? Es fühlt sich an wie eine Mischung aus allem und so zart, als wäre sie von Moos bedeckt. Über das Stimmengewirr und die Musik hinweg hört Pathein ein glockenhelles Lachen. Er blickt zu Julia und sieht, wie sie gerade eine Hand auf den Arm eines jungen Mannes legt. Pathein grinst in sich hinein. Sprechen, das geht bei Julia immer nur mit vollem Körpereinsatz. Mujaj geht an ihr vorbei und stellt sich zwischen die Tische. Die Musik bricht ab. Es erscheint das Hologramm der Erde, die von zwei miteinander verbundenen goldenen Ringen umschlossen wird. Alles an diesem Logo dreht sich: die Erde, die beiden goldenen Ringe gegeneinander und das Motto darunter „Frei, aber unzertrennlich". Es dauert nicht lange, da verschwindet das Logo und macht Platz für das Hologramm von Jayden Moore, einem mittelgroßen Mann um die sechzig, mit unordentlichem, dunklem Haar, einer rechteckigen Brille und einem Gesicht voller Lachfalten. Aus der Idee, den Überlebenstag zu einem Festtag für die ganze Welt zu machen, hat der Mann aus Philadelphia in nur wenigen Jahren ein Megaevent geschaffen. Moore steht auf einer großen Bühne in einem Kongresszentrum. Dieses Jahr findet die zentrale Veranstaltung in Karatschi statt, der berühmten Metropole im Süden Pakistans. Neben ihm stehen ein Junge und ein Mädchen im Grundschulalter, die gemeinsam eine Laterne halten.

„Überall auf der Welt", adressiert Moore sein Publikum, „sind an diesem 19. Juli 2104 Menschen zusammengekommen, um zu feiern, dass wir es in der Gemeinschaft aller erreicht haben, mit den zentralen Problemen der Menschheit umzugehen."

Erwartungsvoll blickt das Publikum im Kongresssaal zu ihm auf.

„Hiermit eröffne ich den diesjährigen Überlebenstag!"

Er macht einen Schritt zur Seite und gibt den beiden Kindern ein Zeichen. Sie entzünden ein Licht in der Laterne und ziehen sie an dem Mast hoch, der neben der Bühne steht. Das Licht strahlt gleißend hell.

„Auf die Erde! Auf die Menschheit! Auf die Freundschaft!" Moore übertönt den Jubel der Menge. Er winkt noch einmal und verlässt zusammen mit den Kindern die Bühne. Damit endet die Übertragung. Mujaj bittet Julia und Pathein zu sich, dann hebt sie das Glas, und alle anderen tun es ihr nach.

„Auf die Erde! Auf die Menschheit! Auf die Freundschaft!", ruft auch sie, und alle stimmen ein. „Und ein herzliches Willkommen für Julia Avalux und Pathein U Tin in Anninarra!"

Wieder gibt es Applaus. Dann bildet sich eine Schlange von Menschen, die Julia und Pathein persönlich begrüßen wollen. Viele haben etwas mitgebracht, darunter einen Gutschein für eine Kängurusafari, einen Italienisch-Sprachkurs, einen Brotlaib aus deutscher Produktion, eine Sammlung selbst verfasster Gedichte, einige Bilder und Skulpturen, zwei Computerspiele und versteinertes Holz aus Arizona.

Als Letzte kommt eine junge, blonde Frau zu ihnen.

Sie stellt sich als Babro Ackland vor. „Ich bin letzten Sommer aus Schweden nach Australien gekommen und habe hier auf der Farm gearbeitet. Als es dann mit dem Waffenlager losging, hat man mich gefragt, ob ich vielleicht das Roadhouse wieder eröffnen will. Da habe ich sofort Ja gesagt. Sind Sie mit Ihren Zimmern zufrieden?"

„Alles bestens", antwortet Pathein.

Ackland erwidert es mit einem zufriedenen Lächeln.

„Wir wissen, was Sie in den letzten Monaten und Jahren auf sich genommen haben, um die Entmilitarisierung gegenüber den Staaten durchzusetzen. Die Demontage eines großen Teils der Waffen hat viele Rohstoffe freigesetzt, die nun von allen genutzt werden können. Auf diese Weise haben Sie das Leben unzähliger Menschen leichter gemacht. Deshalb haben wir hier in Anninarra beschlossen, für die nächste Zeit auf einen Teil dieser Ressourcen zu verzichten und sie Ihnen gutzuschreiben."

„Was für ein wunderbares Geschenk!", bricht es aus Julia heraus. Gerührt geht sie auf Ackland zu und nimmt sie spontan in die Arme. Auch Pathein bedankt sich herzlich.

Mujaj blickt die beiden lächelnd an und sagt dann laut: „Lasst die Party beginnen!" Pathein und Julia setzen sich an das Festbankett, und alle anderen folgen ihrem Beispiel.

„Die meisten der Gäste heute Abend gehören zur Lagerverwaltung", erklärt Mujaj, die neben Pathein Platz genommen hat. „Einige haben zum Überlebenstag ihre Familien oder Freunde kommen lassen. Aber das sind nur wenige."

Nach dem Essen geht Pathein mit Julia zum Baum des Lebens. Ihre Augen glänzen, als sie die weiche Rinde berührt. Mit einem Glas Rotwein in der Hand sagt er: „Auf Anninarra", und Julia stimmt ein.

Je später der Abend, umso mehr verlieren sich alle in der Musik, die immer lauter und rhythmischer wird. Bald schon lassen sich Julia und Pathein vom Takt mitnehmen, genießen das gute Essen und die Getränke, die guten Gespräche, die sich überall ergeben. Es dauert nicht lange, bis Julia die Tanzfläche für sich erobert. Pathein beobachtet sie fasziniert. Die Lichter über ihm beginnen zu wackeln und sich zu drehen, sodass er sich einen Moment setzen muss. Er hat sich gerade ein Glas Wasser reichen lassen, als in der tanzenden Menge erneut das Hologramm vom Überlebenstag und der Gleichmäßigen Ressourcenverteilung erscheint, die Erdkugel mit den beiden goldenen Ringen. Die Tänzer scheint es nicht zu stören, und auch die Musik dröhnt weiter. Jayden Moore kommt ins Bild, doch was er sagt, ist nicht zu verstehen. Plötzlich bricht die Musik ab.

„Ruhe!", ruft Mujaj, doch da ist schon die Stimme von Moore zu hören.

„Es ist an der Zeit für die Welt, nunmehr den nächsten Schritt zu tun", proklamiert Moore. „Den nächsten Schritt in die Zukunft!"

Pathein hat auf einmal ein ungutes Gefühl.

„Ein Großteil der Weltbevölkerung nutzt die Gleichmäßige Ressourcenverteilung, um ihr Leben im Einklang mit den begrenzten Ressourcen dieses Planeten und in Gerechtigkeit gegenüber jedermann zu führen. Es wird Zeit, die Gleichmäßige Ressourcenverteilung endlich für alle verpflichtend zu machen. Für alle Menschen!"

Das Ziehen in Patheins Bauch wird stärker. Wird es Jayden Moore jetzt also wieder einmal übertreiben?

„Es kann nicht sein, dass einige wenige immer noch nicht bereit sind, ebenfalls Verantwortung zu übernehmen. Es sind nicht mehr viele, aber immer noch verhindern sie, dass wir endlich wirklich und auf Dauer in Balance auf der Erde leben können."

Jubel und Zustimmung sind im Hintergrund zu hören.

„Wir haben lange überlegt", ruft Moore, „wie hoch der Grad der Zustimmung sein muss, um ein System wie die Gleichmäßige Ressourcenverteilung für alle verbindlich zu machen. Reicht es aus, die Staaten dieser Erde zu überzeugen, das System zur Abstimmung zu stellen und es mit einfacher Mehrheit zu beschließen? Wir sagen: Nein! Reicht es aus, dass wir selbst, das Internationale Sekretariat der Gleichmäßigen Ressourcenverteilung, die Abstimmung durchführen und zwei Drittel der Menschheit hinter unserem Plan versammeln, wie es in vielen Ländern für Verfassungsänderungen vorgeschrieben ist? Auch dazu sagen wir: Nein! Diese neue Gesellschaft kann nur wirksam entstehen, wenn sie für alle Menschen verbindlich wird. Wir haben uns daher entschlossen, eine Abstimmung in die Wege zu leiten, bei der jeder Mensch auf der Erde namentlich seine Zustimmung zu diesem Vertrag erklären muss. Jeder einzelne Mensch!"

Moore macht eine Pause und blickt direkt in die Kamera.

„Und daher kann der Vertrag, den wir hiermit eröffnen, nur einen einzigen Namen haben: WELTVERTRAG!"

Wieder branden Applaus und Zustimmung auf.

Pathein ist nicht überzeugt. Wenn auch nur einer widerspricht, kommt der Weltvertrag also nicht zustande? Also auch, wenn er widersprechen würde. Oder Julia. Ihm fällt sofort wenigstens ein Dutzend Menschen ein, die diesen Weltvertrag garantiert nicht unterschreiben werden.

Moore spricht weiter: „Liebe Freunde der Erde, mit meiner Unterschrift im Buch der Weltidentität eröffne ich die Auslegung des Weltvertrages! Mögen wir damit unsere schlechte Vergangenheit endgültig hinter uns lassen!"

Er tritt einen Schritt vom Rednerpult zurück. Hinter ihm erscheint ein aufgeschlagenes Buch mit einer Seite, auf der der Text des Weltvertrages zu sehen ist. Mit dem Zeigefinger setzt er seine Unterschrift für alle sichtbar in das Buch. Pathetisch streckt er den Zeigefinger in die Höhe.

„Lassen Sie uns den Weltvertrag im kommenden Jahr, zum Überlebenstag 2105, gemeinsam beschließen!"

Auch in Anninarra wird der Jubel immer lauter. Moore hebt die Hände und es wird wieder ruhig.

„Ich eröffne die Unterzeichnung des Weltvertrages", wiederholt er noch einmal feierlich. „In allen Ländern der Welt, in allen Kulturen, überall rufe ich dazu auf, in den nächsten zwölf Monaten Ihre Unterschrift zu leisten. Dieser Vertrag soll das Grundgesetz werden für unsere neue Welt. Ich rufe dazu auf, den Weltvertrag zu unterschreiben und mit all denen zu sprechen, die diesem Vorhaben möglicherweise noch kritisch gegenüberstehen. Gehen Sie zu allen, Ihren Nachbarn, Arbeitskollegen, Ihren Sportfreunden und den Verkäufern auf dem nächsten Markt. Ich will – wir wollen –, dass jeder Mensch auf dieser Welt seine Verantwortung wahrnimmt. Wir wollen, dass nicht nur heute alle im Gleichgewicht mit den natürlichen Ressourcen dieser Welt leben, sondern dass dies ab heute für immer so ist!"

Er geht ein paar Schritte zurück und schließt die Augen. Absolute Stille breitet sich aus, bei Moore im Kongresssaal, aber auch in Anninarra, wahrscheinlich auf der ganzen Welt. Ganz leise sagt er: „Auf die Erde! Auf die Menschheit! Auf die Freundschaft!" Die Menge schließt sich ihm an.

Ein unglaublicher Jubel bricht aus, und damit endet die Übertragung aus Karatschi. Schnell ist die Musik wieder angestellt. Pathein drängelt sich zu Julia, die etwas abseits steht und auf den Baum des Lebens starrt.

Sie hebt den Kopf und blickt flüchtig zu den tanzenden Partygästen hinüber. „Mir ist schlecht", sagt sie leise. „Wollen wir gehen?" Pathein willigt sofort ein.

Schnell verabschieden sie sich von Mujaj und einigen anderen. Schon nach der ersten Wegbiegung sind sie allein.

„Typisch Jayden Moore: einfach Dinge versprechen, die er nicht halten kann!", sagt Julia mit Ärger in der Stimme.

„Dieser Idealismus kann schnell in die falsche Richtung kippen. Damit gefährdet er alles, was wir schon erreicht haben", pflichtet Pathein ihr bei.

Es geht weiter bergab, die nächste Biegung folgt.

„Das Licht ist ja aus!", ruft Julia erstaunt. Die Laternen, die den Pfad auf dem Hinweg erleuchtet haben, sind dunkel. Prompt rutscht Julia etwas zur Seite und greift nach Pathein. Ihre Hand fühlt sich zart an und Pathein denkt an den Baum des Lebens. Schnell lässt sie ihn wieder los.

„Wann hast du eigentlich zum ersten Mal von mir gehört? Ich meine, zum allerersten Mal?", fragt Julia unvermittelt.

„Irgendwann gegen Ende der Achtziger. Du hast die Talkshow auf Kanal 26 gemacht. Als der Mann erzählte, wie er den Tod seiner Eltern erlebt hat."

Er schüttelt sich unwillkürlich. „Du hast neben ihm gesessen. Eine junge Frau von Anfang zwanzig …"

„Ich war siebenundzwanzig", unterbricht ihn Julia.

„Trotzdem! Ich war sprachlos, wie ruhig und empathisch du dem Mann vom Selbstmord deines eigenen Vaters erzählt hast. Als wäre es nichts. Wie sehr du ihn damit getröstet hast, etwas Ähnliches erlebt zu haben. Und ich dachte damals: ‚Wow, was bist du für ein offener Mensch.' Dabei stimmt das gar nicht."

Julia bleibt stehen. „Wie bitte?"

„Wir arbeiten jetzt schon fast zwei Jahre zusammen, und ich weiß immer noch nicht viel mehr als das, was du damals in der Öffentlichkeit gesagt hast", sagt Pathein.

„Meine Vergangenheit ist meine Vergangenheit", erwidert sie.

Sie gehen weiter und kommen an die nächste Wegbiegung. Ab hier ist es stockfinster. Julia hakt sich bei Pathein unter. Er spürt ihren warmen Körper. So wohl hat er sich lange nicht mehr gefühlt.

Langsam setzen sie sich wieder in Bewegung. Der Kies knirscht unter ihren Füßen. Vorsichtig tasten sie sich weiter.

„Was willst du denn von mir wissen?", fragt Julia leise. „Ich weiß, dass dein Vater sich an deinem achten Geburtstag das Leben genommen hat. Aber was ist mit deiner Mutter?"

„Sie ist auch schon tot. Sie war ganz anders als mein Vater. Er war immer lustig, ein Kämpfer. Überzeugt davon, dass man den Erfolg nur bei sich finden kann. Er hat mich erzogen, meine Interessen durchzusetzen."

„Und er hat sich verzockt mit seinen Investitionen?"

„Ja, er hat die falschen Prioritäten gesetzt, und das hat ihn gebrochen", sagt Julia. „Doch das habe ich erst später von anderen erfahren."

„Das tut mir leid. Und deine Mutter?"

„Die hat, solange ich zurückdenken kann, vor allem auf ihr Äußeres geachtet", sagt Julia bitter. „Ich hatte nicht viel von ihr. Sie starb einige Jahre nach meinem Vater an den Folgen einer Alkoholvergiftung."

Pathein zieht Julia näher an sich heran und bleibt stehen.

„Schlimm ist das, so früh beide Eltern zu verlieren."

Julia spürt Patheins Atem auf dem Gesicht. „Und bei dir?", fragt sie vorsichtig. „Deine Eltern, deine Frau und deine Kinder, am gleichen Tag. Etwas Schlimmeres kann ich mir nicht vorstellen."

Pathein wird ganz starr. Julia drängt ihn sanft, weiterzugehen.

„An wen denkst du häufiger, an deine Mutter oder an deinen Vater?", fragt sie.

„An meine Mutter. Wenn es irgendwo eine Ungerechtigkeit gab, hat sie sofort reagiert. Sie hat nie weggeschaut."

„Das klingt schön." Julia schmiegt sich an ihn. Ihr Körper drückt bei jeder Bewegung sanft gegen seinen Arm. Plötzlich rutscht sie weg und schreit erschrocken auf. Pathein bekommt sie gerade noch am Ellenbogen zu fassen. Dicht stehen sie voreinander, er spürt die Wärme ihres Atems in seinem Gesicht. Sie legt ihm eine Hand auf die Brust. Es fühlt sich an, als würde sie nach seiner Seele greifen. Ein paar Sekunden verharren sie so.

„Alles okay?", fragt Pathein.

„Mmh."

Bald darauf kommt die Siedlung in den Blick und auch der Weg ist wieder besser zu erkennen. Auf der Straße lassen sie sich los. Als sie sich im Flur des Roadhouse an ihren Zimmertüren gegenüberstehen, sind sie plötzlich verlegen. Dann ist Julia mit schnellen Schritten bei Pathein und umarmt ihn, lässt ihn wieder los, doch er fängt sie ein, auf dem Weg zu ihrem Zimmer, vergräbt seinen Kopf an ihrem Hals. Vorsichtig dreht sich Julia in seinen Armen um und blickt ihm tief in die Augen. Sie nimmt seine Hände und verschränkt sanft ihre Finger in seinen. Dann küsst sie ihn. Ihr Körper ist weich, ihr Herz pocht. Unter dem Stoff der Kleidung kann Pathein ihre Haut spüren. Als sie sich wieder trennen, sind Julias Wangen gerötet. Sie dreht sich um und öffnet ihre Tür. Gemeinsam treten sie ein, schlängeln sich an Julias Gepäck vorbei zum Bett und schweben davon, von zärtlichen Händen getragen, in eine neue Welt.

Anninarra

20. Juli 2104

Julia, wach auf! Julia, wach auf! Julia, wach auf!
Vorsichtig hebt Julia den Kopf und öffnet die Augen. Licht durchflutet den Raum. Mühsam dreht sie sich auf den Rücken, atmet langsam aus und versucht, einen klaren Gedanken zu fassen. Eine junge Frau mit funkelnd graublauen Augen beugt sich zu ihr herab.
Julia, wach auf! Julia, wach …
„Okay!", antwortet Julia müde. Ihr holografisches Abbild tritt einige Schritte zurück und bleibt neben der Tür stehen. Helle Haut an heller Wand.
Langsam kommen Julia die Bilder des vergangenen Tages in den Sinn. Ruckartig setzt sie sich auf. Ihr Kopf schmerzt. Sie brummt etwas vor sich hin, schwingt die Beine aus dem Bett und steht auf. Nackt, wie sie ist, betrachtet sie ihr leicht bekleidetes Ebenbild. Das Hologramm lächelt sie an.
„Beenden!", ruft sie und klatscht zweimal in die Hände. Die Imagination erlischt. Sie geht zwischen den Koffern hindurch ins Badezimmer. Wieder zurück wählt sie einen hellblauen Businessanzug, zu dem sie eine blausilberne Halskette und einen Siegelring heraussucht.
Pathein öffnet sofort, als sie klopft. Über dem weißen Hemd trägt er ein dunkelblaues Sakko. Es steht ihm gut.
„Guten Morgen, Peak-Baby", sagt er und gibt Julia einen Kuss, den sie innig erwidert.
„Sei nicht so frech", sagt sie und zieht die Augenbrauen zusammen.

Peak-Baby. So haben ihre Eltern sie genannt, weil sie an dem Tag geboren ist, an dem die Weltbevölkerung ihr Maximum erreicht hat. Inzwischen gibt es eine halbe Milliarde weniger Menschen.

„Gib mir noch zwei Minuten, dann können wir los", sagt er schnell. Während Pathein sich in seinem Zimmer zu schaffen macht, blickt Julia sich um. Es ist kahl und leer, ein Schrank, ein Tisch, ein Bett, mehr nicht. Neben dem Bett entdeckt sie ein Foto von Pathein mit seiner jungen Frau in einem dunklen Bilderrahmen. Sie mit einem Baby im Arm, er mit einem kleinen Jungen. Schnell geht sie weiter zum Fenster. Auf der Fensterbank ist ein kleines Hologramm einer jungen Frau zu sehen, die vor einer Hütte sitzt und fröhlich in die Kamera winkt. Unter dem Bild steht:

Sonia Sehene, Nyarubuye (Ruanda), 22 Jahre,
† 17. April 1994, ermordet

„Das machst du immer noch?", fragt sie Pathein.

Er blickt kurz zu ihr herüber. „Ich kann einfach nicht aufhören", sagt er. Er sieht gequält aus, auf eine gewisse Weise aber auch stolz. „Man muss diesen Menschen ein Denkmal setzen. An sie soll man sich später erinnern, nicht an die Täter."

„Ich bewundere dich dafür. Aber bedenke auch, was das mit dir macht. Das Leben hat so viele schöne Seiten. Du darfst sie nicht verpassen."

„Lass uns gehen", murmelt Pathein, „wir sind schon spät dran."

Im Bistro frühstücken sie eine Kleinigkeit. Sie beeilen sich, und als sie nach draußen kommen, steigt ihnen sofort wieder die aromatische, harzige Luft in die Nase. Grün in den unterschiedlichsten Schattierungen ist die vorherrschende Farbe, nicht nur wegen der Rasenflächen, Sträucher und Bäume, sondern auch durch den Straßenbelag und die Hauswände. Es zwitschert und zirpt, und von irgendwoher ist das Plätschern eines Bachs zu hören. Vor ihnen hält der für Julia und Pathein bestellte gläserne Wagen, und sie steigen ein.

„Schön ist es hier", sagt Julia, während sich das Auto in Bewegung setzt. Sie fahren über eine Holzbrücke auf ein weißes Gebäude zu, das hinter Bäumen verborgen ist. Die Fenster sind merkwürdig schmal, sodass es fast wie eine Festung wirkt. Am Eingang des Hauses erscheint Saliha Mujaj. Gemeinsam betreten sie das Verwaltungsgebäude.

„Der Konferenzraum liegt im Obergeschoss", sagt sie. Längs der Wand ist eine goldfarbene interaktive Karte angebracht, auf der die Parlamentsgebäude der Welt besonders hervorgehoben sind.

„Ein Geschenk der Staats- und Regierungschefs, das uns vor einigen Tagen überreicht wurde, mit einem der letzten Waffentransporte", erläutert Mujaj. „Damit wir sie nicht vergessen …"

An der Seite sind mehrere Spalten mit Stichwörtern. Julia geht auf die Tafel zu und tippt auf das Wort „Demokratieindex". Alle Staaten leuchten grün auf, die meisten von ihnen mit höchsten Werten in Dunkelgrün. Der Durchschnitt aller Staaten beträgt 8,43 von 10 möglichen Punkten.

„Im Jahr 2020 lag der Durchschnitt noch bei 5,37", liest Julia vor, während sie auf eine Infobox schaut. „China und Russland waren damals noch autokratische Systeme. Iran und Myanmar auch."

„Verrückt, oder?", erwidert Pathein.

Mujaj nickt. „Fortschritt und Wohlstand können auf Dauer nicht gelingen, wenn Menschen gegängelt und unterdrückt werden. An dieser Wahrheit ist noch niemand vorbeigekommen."

Sie betreten den Fahrstuhl und fahren nach oben. Auf dem kleinen Flur geht zu beiden Seiten je ein Büro ab. Vor ihnen öffnet sich ein Besprechungsraum, in dem ein großer trapezförmiger Konferenztisch steht, an dessen Ende unter einer Glaskuppel ein dunkelblauer Chefsessel thront. Julia geht zum Fenster und blickt nach draußen. Zwischen dem Grün der Bäume und Sträucher sind einige bunt bemalte Häuser auszumachen. Vor dem strahlend blauen Himmel hebt sich der Baum des Lebens deutlich von der Bergkuppe ab. Der Anblick ist so schön, dass Julia gar nicht genug davon bekommen kann.

Zwei Männer betreten den Raum. Mujaj stellt sie als Ermias Hersi aus Äthiopien und Iván Villegas aus Südamerika vor.

„Wir drei sind das Leitungsteam der Verwaltung in Anninarra", sagt Mujaj. „Iván kümmert sich um alles, was mit den Waffen zu tun hat, Ermias ist für die Infrastruktur der Siedlung zuständig, und ich habe neben der Gesamtverantwortung als leitende Verwaltungsbeamtin die innere Verwaltung, Pressearbeit und den Haushalt bei mir." Sie geht um den Tisch herum. „Wo wollen Sie sitzen?"

Julia und Pathein entscheiden sich für eine der beiden langen Seiten des Tisches. Mujaj, Hersi und Villegas nehmen gegenüber Platz.

„Gemäß den Vorschriften müssen wir innerhalb von vierund-zwanzig Stunden nach Ihrer Amtsübernahme die Sicherheitsein-weisung vornehmen", sagt Mujaj. „In diesem Raum ist die gesamte Technik untergebracht, die Sie für Ihre Arbeit in Anninarra benötigen. Über diesen Tisch lässt sich alles steuern. Hier sehen Sie eine aktuelle Luftaufnahme von Australien", Mujaj streicht mit der Hand über den Tisch hinweg, und es erscheint eine modellierte Großaufnahme. „Wenn wir hineinzoomen, ist hier das Northern Territory. Wir befinden uns etwa eintausend Kilometer südlich von Darwin. Hier war nie Stammesland der Ureinwohner, trotzdem haben wir Verträge mit dem angrenzenden Stamm in Yuendumu geschlossen."

Mujaj blickt auf.

„Unsere Siedlung liegt im Zentrum des Waffenlagers. Bis zu Beginn des Jahres standen hier nur die Farm und das Roadhouse. Dort ist das Gebäude der Lagerverwaltung. Die einzige Zufahrtstraße führt Richtung Süden zur nächsten Siedlung, die etwa einhundert-sechzig Kilometer entfernt ist und von der aus der Stuart Highway erreicht werden kann. Außerhalb des bebauten Bereichs befindet sich die Farm, von der eine Straße zum Flugplatz und dann in einem großen Bogen um unsere Siedlung führt. In der Versorgung unserer Einwohner sind wir vollständig autark. Die Wasser-, Energie- und Lebensmittelproduktion reicht für ein Vielfaches der Menschen, die bei uns leben. Das sind aktuell siebenundfünfzig Mitarbeite-rinnen und Mitarbeiter der Lagerverwaltung und dazu noch einige Personen, die auf eigene Rechnung hier arbeiten, Babro Ackland im Roadhouse, Peter Sturt in der Recyclingfabrik, Susanthinka Kaur Hoare auf der Farm und ein Arzt, der in den nächsten Tagen erwartet wird."

„Der arme Kerl wird sich hier zu Tode langweilen", merkt Hersi lächelnd an. „Bei der Bevölkerungsdichte rechnen wir mit einem Krankheitsfall auf zehn Jahre, wenn überhaupt."

„Das sind die Vorschriften, und wir halten uns daran", sagt Mujaj. „Wer weiß, wofür es am Ende gut ist."

„Was ist mit den Waffen?", fragt Julia neugierig.

„Oh, wir haben von allem etwas", antwortet Villegas. „Kampfflugzeuge, Kampf- und Transporthubschrauber, Drohnen, Panzer, Mannschaftswagen, Geschütze, Raketenwerfer, U-Boote …"

„U-Boote?", unterbricht Julia.

„Zwei. Und eine Fregatte. Wir haben uns den Wünschen der Staaten nicht verschlossen. Den Transport mussten sie aber selbst organisieren."

„Nicht zu glauben", erwidert Julia kopfschüttelnd.

„Darüber hinaus haben wir noch einige Hundert Container mit Kleinwaffen und etwa genauso viele mit nicht tödlichen Waffen, Schallpistolen, Elektroschockern und so. Wir geben Ihnen eine Auflistung."

Villegas macht eine kurze Pause. „Natürlich auch für die Kampfroboter", fügt er dann rasch hinzu. „Hier haben wir selbstverständlich noch zusätzliche Sicherheitsanforderungen zu beachten."

Julia läuft es kalt den Rücken herunter. Alltagsroboter, wie sie überall auf der Welt zu finden sind, sind grundsätzlich so ausgestaltet, dass sie Menschen keinen Schaden zufügen können. Nicht ohne Grund werden bestimmte Tätigkeiten wie etwa der Polizeidienst ausschließlich von Menschen ausgeübt. Denn bisher ist künstliche Intelligenz in Situationen, in denen Gewalt gegen Menschen angewendet werden könnte, immer noch überfordert, angemessen zu reagieren.

Bei Kampfrobotern schließen die Ethikmodule allerdings auch das Töten von Menschen ein. Einmal gestartet, töten sie alles auf die Art und Weise, die ihnen vorgegeben wurde. Sogar die Stufe der Grausamkeit kann festgelegt werden. Julia schüttelt sich bei der Vorstellung, was das für den Einzelnen früher einmal bedeutet haben mag.

„Wie viele von den Kampfrobotern wurden inzwischen demilitarisiert?", meldet sich Pathein zu Wort.

„Es ist leider weitgehend bei der Idee geblieben", erwidert Villegas. „Einige wenige Staaten haben sie tatsächlich umgesetzt, aber nicht viele. Neben denjenigen, die in den Ruhemodus versetzt wurden und sich nur bewegen, um funktionsfähig zu bleiben, gibt es auch sogenannte Hauptkampfroboter, die innerhalb eines Sektors dafür sorgen, dass niemand an die dort gelagerten Waffen herankommt. Ihre Aktivitäten können durch eine sogenannte Passivierung durch uns gestoppt werden, wenn es erforderlich ist. Eine Ausnahme, die deswegen den Staaten gegenüber meldepflichtig ist. Außerdem gibt es an der Außengrenze des Waffenlagers einen Verteidigungsring, an dem Kampfroboter stehen und dafür sorgen, dass nur der offizielle Zugang nach Anninarra genutzt wird. Die Roboter des Verteidigungsringes kommunizieren besonders eng miteinander. Bei einer Gefahrensituation sind schnell immer genügend da, um auf Kampfmodus umzustellen."

„Präsidentin Hussain hat uns darüber informiert", sagt Julia, „dabei sollte der Verteidigungsring doch eigentlich aufgelöst werden. Wenn alle Waffen hier sind, womit sollte man uns denn dann noch angreifen? Mit einem Dosenöffner?"

„Das sind die Vereinbarungen mit den Staaten", antwortet Mujaj ausweichend. „Dort herrscht wohl immer noch Angst, ihren Waffen könnte etwas zustoßen." Sie macht eine kurze Pause.

„Sie haben gestern bei der Übergabe durch die Präsidentin Ihre Passwörter erhalten, mit denen Sie sich in unserem System registrieren können. Das sollten Sie jetzt tun. Bitte legen Sie die Hände mit den Steinplättchen auf den Tisch und assoziieren Sie die Passwörter in der Reihenfolge, in der sie Ihnen mitgeteilt worden sind."

Julia und Pathein legen die Hände auf den Tisch und schließen die Augen. Nach etwa fünf Minuten beginnt der Innenteil des Tisches grün zu leuchten.

„Wunderbar", sagt Mujaj. „Sie können die Augen wieder öffnen. Der Leitungswechsel in Anninarra und die Authentifizierung sind hiermit offiziell vollzogen."

Zum Abschluss erläutert sie mit eindringlichen Worten die Grundfunktionen des Tisches und was bei der Ausrufung und Aufhebung des Verteidigungszustandes zu tun ist. Julia und Pathein hören mit ernsten Mienen zu.

„In den nächsten Tagen werden wir Sie weiter in alles einweisen. Doch fürs Erste sollte das genügen."

Sie erheben sich. Mujaj zeigt ihnen noch kurz ihre Büros, bevor sie mit dem Fahrstuhl wieder nach unten fahren.

Im Lift spricht sie die beiden an. „Ich schlage vor, dass wir morgen eine Rundfahrt durch das Waffenlager machen. Sie sollten das alles einmal gesehen haben."

Vor der Tür erwartet sie die Sonne. Auf dem Weg zum Bach trennen sich die Wege. „Tolle Idee", sagt Mujaj noch. „Der Bach gehört eigentlich nicht hierher, den haben wir vor einigen Monaten künstlich angelegt. Ich bin ganz stolz darauf." Da können ihr Julia und Pathein nur zustimmen.

Die beiden gehen weiter bis zur Holzbrücke. Jeder Atemzug fühlt sich an, als würden sie von innen her immer noch größer werden. Zart streicht Julia über Patheins Hand. Vorsichtig umschließt er ihre Finger. Ganz leicht erwidert sie den Druck. Einen Moment sehen sie dem Bach zu, wie er sich durch das Gebüsch schlängelt. Auf den Wasserpflanzen am Rand haben sich einige Libellen niedergelassen. Kleine Fische stellen sich der leichten Strömung entgegen.

„Du machst dich gut in deiner neuen Aufgabe", sagt Julia.

„Du auch", lächelt Pathein.

„Ich weiß nicht. Mir widerstrebt es, von so vielen Waffen umgeben zu sein. Ich wusste es vorher, klar, aber trotzdem."

„Wir werden uns daran gewöhnen." Julia schaut ihn skeptisch an.

„Vielleicht will ich das gar nicht", sagt sie.

„Auf jeden Fall müssen wir unsere Aufgabe gut machen", fährt Pathein fort. „Die Welt schaut auf uns."

Gemeinsam spazieren sie los, um die Siedlung kennenzulernen. Zuerst treffen sie auf ein Haus im chinesischen Stil, mit roten Holzsäulen und einem geschwungenen Pagodendach, bei dem überhaupt keine Wände und Mauern zu erkennen sind. Es passt sich harmonisch in den Garten ein, und bei genauem Hinsehen erkennen sie, dass ihnen zwei Menschen aus der Mitte des Gebäudes zuwinken. Freundlich winken Julia und Pathein zurück. An der Straße haben sie auf einer Auslage Früchte zum Mitnehmen ausgebreitet, gegen eine Spende. Julia und Pathein nehmen sich jeweils einen Apfel. Es folgt ein Haus in mexikanischer Bauart, in das für den Nachmittag zum Essen eingeladen wird, um von den in der ganzen Welt berühmten mexikanischen Gerichten zu kosten. Der Tisch auf der Terrasse ist schon gedeckt, und er macht Lust auf mehr. Dann ein finnisches Blockhaus, in dem man Bach-Kantaten singen kann. Ein Haus der Warlpiri mit zeremoniellen Leinwandmotiven dieses Aborigine-Stammes. Ein Figurengarten mit wunderbaren Exponaten. Eine Tennis-Sportgruppe. Isländisch für Anfänger. Ein Leseklub für frankofone kanadische Literatur der ersten Hälfte des 20. Jahrhunderts. Die Ausstellung von Kopien wichtiger Exponate des Pariser Louvre. Ein Rosengarten, der ein Haus im britischen Empirestil umgibt. So geht es weiter, Haus um Haus. Pathein und Julia bleiben häufig stehen und sprechen mit den Menschen, die ihnen begegnen. Die offene Bauweise der Häuser und das viele Grün drum herum verleihen der Siedlung eine friedliche Atmosphäre. Einzig das leise, penetrante Brummen der Kampfroboter lässt sich nicht immer ausblenden.

Es ist schon nach drei, als Pathein und Julia wieder am Roadhouse ankommen. Gemeinsam betreten sie das Bistro. Es ist angenehm dunkel und kühl. Am hinteren Teil des Tresens sitzen ein paar Gäste, sonst ist der Raum leer. Julia und Pathein steuern auf einen Tisch in der Mitte des Raumes zu. Neben der Eingangstür blinkt eine Pinnwand mit Inseraten in schrillen Farben, mit denen Dinge gesucht oder angeboten werden.

Babro Ackland kommt zu ihnen an den Tisch. „Was kann ich bringen?", fragt sie.

„Einen Darjeeling First Flush Special Edition. Haben Sie ihn mit oder ohne GR?", fragt Julia.

„Diesen Tee haben wir nur noch mit Gleichmäßiger Ressourcenverteilung", entgegnet Ackland, ohne nachzuschauen.

„Dann nehme ich den", sagt Julia.

„Ich auch", ergänzt Pathein.

Ackland nickt und verschwindet hinter dem Tresen.

Julia tippt auf eine schwarze Scheibe, die sie an einem Armreif am linken Handgelenk trägt. Das mit Diamant- und Opalsteinen veredelte Lesegerät leuchtet schwach auf. Vor ihr erscheint eine Erdkugel mit dem Schriftzug „Frei, aber unzertrennlich". Dann ist für einige Sekunden „Gleichmäßige Ressourcenverteilung für Julia Avalux" zu lesen. Dreidimensionale Zahlenreihen leuchten auf. Es sind Listen der Rohstoffe, die der Welt in diesem Jahr zur Verfügung stehen, eine schier endlose Kolonne an Daten und Fakten. Eine Zahl davon wird größer und größer, bis sie alles andere überstrahlt. Es ist eine Zahl über vier Milliarden – so viele Menschen sind gerade in dem Programm online. Julia greift mit beiden Händen in das Hologramm und bewegt die Zahlen langsam hin und her, bis sie bei einer Liste innehält. Hier ist aufgeführt, bei welchem Kauf sie Ressourcen in Anspruch genommen hat und wie viele ihr in diesem Jahr noch zustehen, wenn sie im Durchschnitt aller Menschen bleiben will. Nur wenige Zahlen sind schwarz, fast überall ist es rot, also das Kontingent bereits überschritten.

Sie lässt Pathein mitlesen, für alle anderen im Bistro sind die Daten nicht sichtbar. Eigentlich eine unnötige Maßnahme, denn jeder auf der Welt kann ohnehin die Konten aller anderen einsehen. Es hat Jahre gegeben, in denen die Forderungen nach der Beteiligung aller Reichen und Prominenten immer lauter wurden, bis es dann so war. Danach kam keiner von ihnen mehr zur Ruhe, bis auch sie ihr Verhalten änderten. Inzwischen war die Gleichmäßige Ressourcenverteilung für alle zur Normalität geworden.

Ackland steuert mit zwei kleinen Tabletts auf Julia und Pathein zu und stellt den Tee bei ihnen ab. Ihre Augen blitzen fröhlich, und als sie sich abwendet, entdeckt Julia auf ihrem Tablett einen herzförmigen Keks. Überrascht zieht sie das Teeglas zu sich heran. Dabei erscheint das Hologramm mit dem Kassenbon.

„Sieh mal", bedeutet Julia Pathein, „mit GR kostet es jetzt das Dreifache."

„Weil du im roten Bereich bist", konstatiert Pathein. „Lade doch einfach die Ressourcen hoch, die Ackland dir geschenkt hat. Dann sieht es bestimmt wieder anders aus."

Julia holt tief Luft. Natürlich wird sie das machen. „So sehr ich mich auch anstrenge, nicht mehr Ressourcen zu verbrauchen als andere, es will mir einfach nicht gelingen. Dabei hat mir die Gleichmäßige Ressourcenverteilung schon so sehr geholfen, bewusster zu leben. Es ist hilfreich, einen Maßstab zu haben, wie viel einem zusteht von den Ressourcen dieser Welt. Und Produkte nur noch dort zu kaufen, wo sie ressourcenschonend und fair produziert werden. Doch die Vorstellung, dass die Gleichmäßige Ressourcenverteilung nun mit einem Weltvertrag verpflichtend werden soll, macht mir Angst. Ich weiß nicht, wie ich das schaffen soll."

„Das kann ich gut verstehen", sagt Pathein.

„Wirst du denn dem Weltvertrag zustimmen? Die Welt wird das bestimmt von uns erwarten."

Pathein betrachtet Julia nachdenklich, dann schüttelt er den Kopf. „Die Gleichmäßige Ressourcenverteilung hat schon so viel erreicht für die Menschen, die bisher am Rand der Gesellschaft gestanden haben, dass ich eigentlich gar nicht anders kann als zuzustimmen."

Ohne Zweifel hat die Gleichmäßige Ressourcenverteilung eine neue Qualität an Gerechtigkeit in die Welt gebracht. Verbraucht man mehr Rohstoffe, als einem rechnerisch zusteht, legt die Gleichmäßige Ressourcenverteilung nahe, die zusätzlichen Ressourcen von Menschen, die nicht so viel verbrauchen, hinzuzukaufen. Vielfach wurde davon inzwischen Gebrauch gemacht, auch wenn das ziemlich teuer werden konnte. Auf diese Weise sind die Menschen, die bisher nur wenig hatten, zu Geld gekommen und fanden so Wege, mehr aus ihrem Leben machen zu können als bisher.

„Trotzdem werde ich nicht zustimmen", sagt er. „Nicht sofort jedenfalls. Es gibt einfach noch zu viele Menschen, die sich so sehr am ärmeren Teil der Weltbevölkerung bereichert haben, dass ich mich noch nicht bereit fühle, jetzt schon einen Schlussstrich zu ziehen. Von denen braucht es einfach noch mehr Entgegenkommen."

„Dann werden wir uns also beide der Kritik der Öffentlichkeit aussetzen?", fragt Julia vorsichtig.

„Jayden Moore hat uns allen ein Jahr Zeit gegeben, den Weltvertrag zu unterschreiben. Wenn wir uns schon beteiligen sollen, sollten wir wenigstens den richtigen Zeitpunkt abwarten. Wir können die Mitglieder der Organisationen, die wir so lange geführt haben und die sich so lange kritisch mit der Gleichmäßigen Ressourcenverteilung auseinandergesetzt haben, nicht vor den Kopf stoßen. Das wird jeder verstehen."

Julia blickt weiter skeptisch, fängt sich dann aber. „Ich finde es gut, dass wir da eine gemeinsame Sprache sprechen. Uns wäre bestimmt nicht geholfen, wenn man uns jetzt als Verhinderer auf dem Weg zu einer besseren Welt sehen würde."

Sie bleiben noch eine Weile schweigend sitzen, bis Julia merkt, wie müde sie geworden ist. Vor ihren Zimmern verabschieden sie sich mit einem innigen Kuss. Dann lässt sich Julia auf das Bett fallen und ist schon nach kurzer Zeit eingeschlafen.

Als sie wieder erwacht, dämmert es. Sie schlüpft in ein Sommerkleid und klopft bei Pathein, doch er ist nicht da. Sie muss nach draußen, an die Luft. Ziel- und planlos lässt sie sich durch die Straßen treiben. Als sie das Ankunftsgebäude am Flugplatz sieht, wird ihr bewusst, wohin sie eigentlich will. Sie betritt die Eingangshalle und geht direkt auf eine Nische in der Mitte der kleinen Halle zu. An der Eingangstür zögert sie kurz. Es ist nur eine schlichte Holztür, ohne jeglichen Schmuck. An der Wand daneben ein Schild, wie man sie überall in

Bürokomplexen verwendet und auf dem in nüchterner Schrift das Wort „Weltidentität" steht. Julia gibt sich einen Ruck und öffnet die Tür. Unvermittelt steht sie mitten in einem kleinen, rechteckigen Raum. Durch die schmalen, hohen Fenster fällt weiches Licht auf den sandfarbenen Granitboden. Am anderen Ende des Raumes hat man einen Raumteiler in derselben Farbe wie der Boden aufgestellt. Auf einem kleinen Tisch davor liegt ein schlichtes, aus Beton gegossenes Buch der Weltidentität. Darüber prangt in großen Buchstaben: „Was soll von mir bleiben, wenn ich gehe?" Erst jetzt bemerkt Julia die Gestalt, die auf einem der quaderförmigen Hocker am Rand des Raumes sitzt. Es ist Pathein. Als hinter Julia leise die Tür ins Schloss fällt, blickt er auf.

„Ich habe dich gesucht", sagt sie leise und geht auf ihn zu.

„Ich bin müde", sagt er und steht auf. Er nimmt Julia in den Arm und gibt ihr einen Kuss, dann verlässt er den Raum.

Julia setzt sich auf den Hocker, auf dem Pathein gerade noch gesessen hat. Er fühlt sich warm an. Vor vielen Jahren ist die Idee der Weltidentität entstanden, in der jeder alles, was ihm wichtig ist, für die Zukunft speichern kann. Inzwischen ist das System auf der ganzen Welt verbreitet und anerkannt. Die Gebäude sehen immer ein wenig anders aus, doch überall haben sie die gleiche Funktion. Sicher würde Julia eines Tages in einer Weltidentität auch ihre Liebe zu Pathein bekunden. Wahrscheinlich schon bald.

Ein Schmerz durchzuckt sie, als sie daran denkt, wie sie am Todestag ihrer Mutter in eine nahe gelegene Weltidentität ging, eine kleine Trauerhalle inmitten eines jüdischen Friedhofs. Sie war damals sechzehn und auf ihren Aufruf „Lenah Avalux, geborene Mabhena, geboren am 7. Juli 2035 in Gwanda, Simbabwe" erhielt sie nur die lapidare Nachricht: „Kein Eintrag vorhanden." Es war nicht richtig, den eigenen Kindern nichts zu hinterlassen.

Julia steht auf und geht langsam zum Paravent hinüber. Auf den grauschwarz gekörnten Innenseiten des Buches sind die Abdrücke einer linken und einer rechten Hand zu sehen. Sie streckt die linke

Hand aus und legt sie behutsam auf die entsprechende Stelle im Buch. Über ihrer Hand erscheint ein leuchtend gelber Schriftzug, „Buch der Weltidentität" ist dort zu lesen. Vorsichtig nimmt Julia die Hand wieder weg, und das Hologramm folgt ihr zurück zum Hocker.

„Peter Avalux, geboren am 8. September 2022 in Liverpool, Großbritannien", sagt Julia leise. Ein blinkender, vielfarbiger Schriftzug erscheint:

Bitte warten – bitte warten – bitte warten.

Immer noch, nach den vielen Jahren, seit sie die Botschaft ihres Vaters zum ersten Mal gesehen hat, kann sie nur mit Mühe verhindern, laut aufzuschreien. Er lächelt, wie sie es in Erinnerung hat, auch sein Dreitagebart und die kurzen, wild abstehenden, rötlichen Haare sind ihr so vertraut. Er trägt einen dunklen Anzug mit einem hellen, einfarbigen Hemd, ohne Krawatte.

Eine amtliche Stimme sagt: „Peter Avalux hat eine personalisierte Nachricht hinterlassen. Bitte identifizieren Sie sich, um zu klären, ob diese Nachricht für Sie bestimmt ist."

„Julia Avalux, geboren am 11. Juli 2061, Tochter von Peter und Lenah Avalux."

„Euer Peak-Baby", flüstert sie leise. Ihre Worte verklingen, und es herrscht absolute Stille. Wieder kriecht die Sorge in ihr hoch, die Angst, dass er ihr vielleicht nichts zu sagen hat. Dass sie seine Liebe und Zuneigung nicht verdient hat.

„Hallo Julia, mein Schatz?"

„Papa", sagt sie leise, obwohl sie weiß, dass er sie nicht hören kann.

„Hallo Julia, mein Schatz, du bist gerade geboren worden, das wundervollste Ereignis, das ich je erlebt habe und je erleben werde. Ich habe gesehen, wie du zum Leben erwacht bist, wie deine Finger und Zehen erst blau waren und dann rot wurden und wie du deinen ersten Atemzug auf dieser Erde getan hast. Für dich möchte ich uns in der Weltidentität verewigen."

Er lacht und wirkt ausgesprochen fröhlich. Kein Vergleich zu den letzten Monaten.

„Ich stelle mir vor, wie du eines Tages mit deinen Enkelkindern durch unser Haus gehen wirst, meine Münzsammlung und die anderen Schätze in deinen Händen, und an uns denkst, deine Familie, deine Eltern, die einen Grundstock für deine Zukunft gelegt haben. Dein Fleiß und unsere Herkunft werden dir vieles ermöglichen."

Das Haus hat Julia lange verkauft, wie so vieles andere. Die neue Zeit hat vieles verändert.

„Ich stelle mir vor", spricht ihr Vater weiter, „wie du zu einer wichtigen Person wirst, anderen Menschen ein Vorbild. Deswegen haben wir dich Julia genannt. Sei so stolz wie eine Königin, lass dich nie herumkommandieren! Wir lieben dich, meine kleine Julia, und werden immer bei dir sein."

Julias Vater wirft ihr einen Kuss zu, legt eine Hand auf sein Herz und verschwindet. Eine ganze Weile bleibt sie still sitzen und sinnt ihrem Leben nach. Schließlich macht sie sich auf den Weg zurück zum Roadhouse. Vorsichtig klopft sie an Patheins Tür.

„Warte", antwortet er, als er öffnet, „ich will dir etwas schenken." Lächelnd schließt sie die Augen, während er sich zu ihr herüberbeugt und ihr einen innigen Kuss gibt.

Das gefährliche Erbe

21. Juli 2104

Mehrere gläserne Fahrzeuge ziehen an Julia und Pathein vorbei, als sie am nächsten Morgen in der Nähe des Roadhouse die Straße überqueren. Es ist ein wundervoller Tag.

„Hast du was Neues von deiner Sozialen Gerechtigkeit gehört?", fragt Julia so beiläufig wie möglich und hakt sich bei Pathein unter.

„Nein, nichts."

Die Soziale Gerechtigkeit, die Organisation der Entrechteten und Benachteiligten, wie sie sich selbst lange Zeit nannte, ist vor vielen Jahren in den großen Armenvierteln der Welt gegründet worden, mit dem Ziel, gemeinschaftlich an einer Verbesserung der Lebensbedingungen zu arbeiten. Sie entwickelte sich schnell zu einer weltweit agierenden Dachorganisation, mit der den Interessen der Armen global Gehör verschafft werden kann. Von 2091 bis Anfang 2104 stand ihr Pathein als Vorsitzender vor.

„Und bei dir bei der Freiheitsbewegung?" Er schaut sie fragend an.

In der Freiheitsbewegung organisieren sich jene Menschen, denen es schwerfällt, sich mit einem geänderten Verhalten auf die neue Welt einzulassen. Der Dachverband der Reichen und Wohlhabenden, wie es manchmal spöttisch heißt. Julia ist dort, als junge TV-Moderatorin ein gutes Aushängeschild für die Interessen des Verbandes, schon früh in den damals überwiegend mit älteren Herren besetzten Vorstand aufgenommen worden. 2094, dreizehn Jahre später, hat sie die Leitung übernommen und wie Pathein Anfang 2104 an ihren Nachfolger abgegeben.

„Nein, nein, auch nicht", entgegnet sie. „Muss ich auch nicht."

Beide waren zur Übernahme ihrer Ämter gedrängt worden. Und das nicht ohne Grund, denn sehr viele personelle Alternativen gab es in beiden Organisationen schon damals nicht mehr. Je mehr sich die Gleichmäßige Ressourcenverteilung in der Welt durchsetzte, je mehr Menschen sich überzeugen konnten, dass es keine Alternativen mehr dazu gab, desto mehr Mitglieder verließen die beiden Verbände. Diese Entwicklung verschärfte die Spaltung in beiden Organisationen zwischen den eher Gemäßigten, die eine Annäherung an den politischen Gegner suchten, und den Extremen, die, je länger die Auseinandersetzungen dauerten, nur noch mehr auf Abgrenzung und Konflikte bedacht waren.

Schon in den ersten Jahren ihrer Amtszeit kamen Julia Avalux und Pathein U Tin zu dem Ergebnis, dass beide Organisationen gemeinsam eine viel stärkere Wirkung entfalten konnten als jede für sich allein. So kam es, dass sich die gemäßigten Kräfte beider Organisationen nach einigen ersten vorsichtigen Schritten in den folgenden Jahren immer weiter annäherten. Gemeinsam brachten sie schließlich den Gedanken der weltweiten Entmilitarisierung der Staaten, der schon längere Zeit diskutiert wurde, auf den Weg und sorgten mit zahlreichen öffentlichen Aktionen für dessen Umsetzung.

Trotz dieser Erfolge waren sie bis zum Schluss intern alles andere als unumstritten und konnten den Mitgliederschwund nicht aufhalten. Im Gegenteil, die Verbliebenen wurden mit der Zeit noch radikaler als je zuvor. Julia und Pathein waren sich dieser Ironie der Geschichte bewusst.

„Eigentlich möchte ich gar nicht mehr daran erinnert werden, dass ich dort immer noch Mitglied bin", sagt Pathein und spricht damit auch Julia aus dem Herzen. „Früher oder später werde ich austreten."

„In ein paar Jahren wird das alles Geschichte sein", raunt Julia, „etwas, an das man sich erinnert, das aber nichts mehr mit dem eigenen Leben zu tun hat."

Schweigend überqueren sie die Holzbrücke zur Lagerverwaltung. Saliha Mujaj und Iván Villegas stehen auf der Rasenfläche neben dem Fahnenmast vor dem weißen Gebäude und schauen ihnen betroffen entgegen.

„Unsere Fahne ist gestohlen worden!", ruft Mujaj. „Warum das denn? Wer macht denn so etwas?", entgegnet Julia irritiert.

Villegas zeigt auf den Fahnenmast und Julia tritt näher heran. „Die Staatspatrioten" steht dort geschrieben.

„Das sind doch die Demonstranten, die vorgestern dabei waren. Sind die denn überhaupt noch da?", fragt sie überrascht.

„Einige von ihnen. Aber hinschmieren kann das letztlich jeder. Wir müssen das untersuchen."

„Tun Sie das, und sagen Sie uns dann Bescheid", weist Julia Mujaj an. „Das ist schon ungewöhnlich."

Aus dem Gebäude der Lagerverwaltung kommt Ermias Hersi mit einer neuen Fahne. Er befestigt sie an der Leine des Masts und zieht sie nach oben. Sofort steht sie im Wind und die Erdkugel auf der Fahne wölbt sich leicht nach vorn.

„Wir sollten jetzt aufbrechen", sagt Villegas. Er zeigt auf einen gläsernen Geländewagen mit erhöhtem Unterboden. Sie steigen über das Heck ein, dessen Tür sich sogleich in die Rückbank faltet. Pathein klopft gegen das Fenster.

„Panzerglas. Brauchen wir das heute?"

„Das entspricht den Vorschriften für das Betreten des Waffenlagers", erwidert Villegas ernst.

Hersi winkt ihnen zu, als der Wagen anfährt und auf die Hauptstraße einbiegt. Schon nach wenigen Metern lenkt das Fahrzeug ruckartig auf die Gegenfahrbahn, weil ein Känguru aus dem Gebüsch auf die Straße gesprungen ist. Früher wäre es unweigerlich zu einem Unfall gekommen. Julia muss an die vielen Millionen Verkehrstote denken, als Menschen noch selbst Autos bedienten und die Fahrwege eigenmächtig bestimmten. Rückblickend mutet das geradezu abenteuerlich an.

Auf der linken Seite kommen mehrgeschossige, kegelförmige Gewächshäuser in den Blick.

„Imponierend! Alles grün", stößt Julia sichtbar angetan hervor.

Sie passieren das Farmgebäude mit den Ställen und etwas Weideland, dann folgen weitere Gewächshäuser.

„Später einmal möchte ich wieder auf einer Farm leben", sagt Pathein. „So wie früher."

„Das gefällt mir sehr", nickt Julia ihm zu, und auch Mujaj und Villegas bedeuten ihre Zustimmung.

Als sie die Siedlung verlassen, legt das Auto deutlich an Geschwindigkeit zu. In immer rascherer Folge ziehen die Gewächshäuser an ihnen vorbei. Auf dem gläsernen Boden geben Julias rote Schuhe über der vorbeiziehenden grünen Straße ein merkwürdiges Bild ab. Je länger sie hinschaut, desto blasser wird die Farbe. Irritiert streicht sie mit der Hand über ihre dunkelblaue Hose, doch die Farbe bleibt gleich.

Die Zeiten, in denen Kleidung nur aus einer Farbkombination und ganz bestimmten Eigenschaften bestand, sind weitgehend vorbei. Seitdem sie vollständig synthetisch hergestellt wird, können Farbe und Qualität mit dem eigenen Lesegerät zu jeder Zeit verändert werden. Peinlich nur, wenn es trotz aller Sicherheitsfeatures einen technischen Defekt gibt und die Kleidung durchsichtig wird. Oder die Verbindung gehackt wird, was eine Zeit lang vor allem prominenten Schauspielern und anderen Personen des öffentlichen Lebens passierte. Aufmerksamkeit erregte auch der Fall von drei Diamantenräubern, die auf der Flucht vor der Polizei auf diese Weise entblößt wurden und sich kurz darauf ergaben. Daher tragen nicht wenige immer noch konventionelle Kleidung. Weggeworfen wie früher, im schlimmsten Fall sogar ungetragen, wird sie aufgrund der hervorragenden Recyclingstrukturen indes nicht mehr.

Je länger Julia nach unten blickt, desto klarer wird ihr, dass der Straßenbelag zu einem undefinierbaren Grau-Rot geworden ist. Es dauert nicht lange, bis das Auto die Geschwindigkeit verringert und sie an einem schwarzen Metallungetüm vorbeikommen, das mitten auf der Straße installiert wurde und sich als Panzer aus alten Tagen entpuppt, der auf einen Betonsockel montiert wurde.

„Was ist denn das für eine Begrüßung für all diejenigen, die auf diesem Weg zu uns kommen!", beschwert sich Julia ungehalten.

„Angeblich ist das der letzte auf der Welt produzierte Panzer", erklärt Mujaj. „Ich habe all diese Dinge, die sich die Staaten in den letzten Tagen noch gewünscht haben, mitgemacht. Hauptsache, die Waffen sind alle hier und nicht anderswo. Und wer soll hier schon vorbeikommen?"

Bis zur Übernahme durch den Kreis der 1000 wurde das Waffenlager vom Verteidigungsbündnis und damit den Staaten selbst betrieben. Wie hätte Mujaj, die bis dahin selbst beim Verteidigungsbündnis beschäftigt war, da schon widersprechen sollen?

Links und rechts der Straße ist jetzt nur noch Wüste zu sehen. An den Seitenfenstern bilden sich kleine Rinnsale aus Sand. Ab und an rücken in der Ferne Waffen ins Blickfeld, aber zu weit weg, um Genaueres zu erkennen. Nach einiger Zeit werden sie wieder langsamer und biegen nach links ab. Auf dem unebenen Weg fängt der Wagen kräftig zu schaukeln an. Villegas zeigt auf die Landschaft zu seiner Linken, australische Wüste wie überall. Er blickt hinunter zu seinem Lesegerät, dem multifunktionalen Alleskönner, der für so viele Dinge des Alltages ein guter Begleiter ist. Jetzt vergrößert er damit die Aussicht. Julia lehnt sich erstaunt nach vorn. Was sie zunächst als Felsen wahrgenommen hat, stellt sich bei näherer Betrachtung als Waffen heraus.

„Können wir mal anhalten?", fragt sie.

Villegas schüttelt den Kopf und zeigt auf die andere Seite. „Das wäre hier keine gute Idee."

Nicht weit entfernt steht ein Kampfroboter. Die vier Beine bohren sich in den Untergrund, sein ganzer Körper verrät höchste Wachsamkeit. Wie eine Gottesanbeterin steht er da, mit glühend roten Augen. Sein Äußeres ist der Umgebung nahezu perfekt angepasst, einschließlich der Laserkanone und der Maschinengewehre zu beiden Seiten sowie der Granaten. Dabei würde es schon ausreichen, von einem der messerscharfen Beine erwischt zu werden. Jetzt kippt der Roboter den Oberkörper nach hinten und hebt langsam beide Vorderbeine. Julia bekommt Gänsehaut. Dann dreht der Kampfroboter in schneller Folge die Vorderbeine um sich selbst und gegeneinander. Trotz des schweren Autoglases ist das schabende Geräusch deutlich hören.

Villegas bleibt ganz ruhig. Er zeigt in die Ferne und sagt: „Dort hinten sind die Container mit der zugehörigen Ausrüstung untergebracht. So wie hier sieht es überall aus. Panzer und Mannschaftswagen, Drohnen, Kampfflugzeuge und Hubschrauber, was Sie wollen. Doch ich will Ihnen noch etwas ganz Besonderes zeigen!"

Langsam fährt der Wagen in einigen Metern Entfernung an dem Kampfroboter vorbei. Wie viel uns das Panzerglas wohl helfen würde?, geht es Julia durch den Kopf. Aufmerksam verfolgt der Kampfroboter die Bewegung. Sein Gesicht scheint von innen zu leuchten. Fast so, als würde er lächeln.

Sie fahren langsam in eine Schlucht hinein. Die hohen Felsen nehmen ihnen jegliche Sicht. Nach einigen Minuten Fahrt beschleunigt der Wagen erneut und fährt eine steile Anhöhe hinauf. Dort hält er an, und die Hecktür öffnet sich. Die Luft ist staubig und trocken. Vor ihnen erstreckt sich eine über viele Kilometer ausgedehnte Tiefebene. Überall verstreut sind Waffensysteme deponiert, Kampfflugzeuge hier, Raketenwerfer dort, langsam bewegen sich Kampfroboter durch sie hindurch. Nicht weit hinter der Kuppe liegt ein riesiges Kriegsschiff im Sand. Man hat sogar den Anker herabgelassen, als befürchte man, es könne einfach wegtreiben. Von der Bewaffnung selbst ist nicht viel zu sehen.

Die Neugier treibt Julia näher heran. Am Vorschiff entdeckt sie den Namen *Qingdao* und die aufgemalte Fahne von China, darunter die Nummer CPG 4546. Ein Beiboot schaukelt im Wind, an einer Stelle im hinteren Bereich des Schiffes ist ein Stück der Reling herausgebrochen. Julia lässt sich neben dem Schiff in den heißen Sand fallen. Der Zerstörer vor ihr ist so gewaltig und groß, und doch vollkommen nutzlos an diesem Ort. Mitten zwischen all diesen Waffen zu sitzen, den letzten auf der Welt, ist ein merkwürdiges Gefühl.

Schließlich brechen sie wieder auf.

„So viele Waffen", sagt Julia zu den anderen und schüttelt dabei den Kopf.

Ohne ein Wort blendet Mujaj eine liebliche Berglandschaft auf den Autoscheiben ein, in der sie einem kleinen Fluss folgen.

„So besser?", fragt sie.

„Nein, nicht", erwidert Julia, „das brauche ich nicht."

Mujaj lässt die Imagination wieder verschwinden. Es dauert eine Weile, bis sie die Hauptstraße erreichen. Der Geländewagen biegt nach links ab.

„Wie weit müssen wir jetzt noch fahren?", erkundigt sich Julia.

„Ungefähr siebzig Kilometer", antwortet Villegas. „Machen Sie es sich gemütlich, es wird nicht lange dauern."

Julias Hände suchen einen der Haltegriffe im Auto. Schweigend betrachten sie die Waffen, die hier und da zu sehen sind. Dunkle Schatten, die über dem Land liegen.

Das Fahrzeug hält schließlich an einem kleinen Holzhaus mit überdachter Terrasse.

„Das hier ist der ehemalige Kontrollpunkt an der Grenze des militärischen Sperrgebietes", informiert sie Mujaj.

Sie steigen aus. Mujaj und Julia betreten die Terrasse, auf der es angenehm schattig ist.

„Kommt doch auch herauf!", ruft Julia Pathein und Villegas zu, doch beide winken ab. Sie geht zum Fenster und blickt ins Innere der Blockhütte: ein Schreibtisch mit einer Lampe und einem Bürostuhl, ein Regal zur Rechten, auf dem eine Kaffeemaschine steht, auf der anderen Seite ein einfacher Tisch mit drei Stühlen sowie ein schmaler Kleiderschrank.

„Sehr gemütlich", sagt Julia betont langsam.

Mujaj grinst. Sie zeigt auf eine weit offen stehende Schranke, ein paar Meter vom Blockhaus entfernt.

„Bisher hatten nur vom Verteidigungsbündnis autorisierte Personen Zugang zum Waffenlager. Jetzt kann kommen, wer will."

Sie geht über die Terrasse bis zur Brüstung. Der Fahnenmast ist verwaist. Jemand hat an der Straße ein Schild aufgestellt, das von dieser Seite nicht zu lesen ist. Doch Julia weiß, was darauf steht:

Betreten auf eigene Gefahr.
Vor der Annäherung an Waffen oder
Waffensysteme wird gewarnt!

Unmerklich schüttelt sie den Kopf über die Entscheidung. Auch wenn der Kreis der 1000 kein militärisches Sperrgebiet einrichten konnte und der Verteidigungsring das Waffenlager unangreifbar macht: Nur allein die Haftung zu regeln und sich darauf zu verlassen, dass Anninarra weit entfernt von jeder Zivilisation liegt, war vielleicht doch etwas leichtfertig.

Gleich hinter dem Haus entdeckt Julia einen Kampfroboter. In mehr oder weniger regelmäßigen Abständen folgen weitere bis in die Ferne. Der Roboter vor Julia bewegt leicht den Kopf, und Julia wird unruhig.

„Kommt da weg!", ruft sie Pathein und Villegas zu.

„Die stehen nicht überall so dicht beieinander wie hier. Sie sorgen selbst dafür, dass immer genügend von ihnen an den richtigen Stellen sind", beschwichtigt sie Villegas. Julia ist nicht überzeugt.

Nach einiger Zeit haben alle genug gesehen und gehen zurück zum Auto. Der Wagen nimmt schnell Geschwindigkeit auf, langsam verschwinden die Kampfroboter des Verteidigungsringes in der Ferne. Vereinzelt treiben Vegetationsbüschel über den steinigen Untergrund. Als sie das Panzerdenkmal passieren, tastet Julia heimlich nach Patheins Hand. Zärtlich erwidert er ihre Berührung.

Hinter der Farm biegt der Wagen nach links ab und hält schräg hinter dem Hangar vor einem kleinen Industriegebäude. Julia wäre gern einfach sitzen geblieben, doch Mujaj zeigt schon auf etwa zwei Dutzend Zelte, die schachbrettartig am Rand der Siedlung errichtet worden sind. Auf einem mit den Flaggen einzelner Staaten geschmückten Platz neben den Zelten trainieren einige junge Männer mit nackten Oberkörpern. Pathein und Julia schauen Mujaj fragend an.

„Das sind die Staatspatrioten", sagt sie.

„Was die wohl hier wollen?", wundert sich Julia.

„Keine Ahnung. Die weigern sich zu gehen. Aktuell haben wir keine Möglichkeit, sie von hier zu vertreiben."

„Das müssen wir also noch klären", mischt sich Pathein ein. „Die können nicht so hierbleiben."

„Ach was! Irgendwann vergeht denen schon die Lust und dann verschwinden sie von allein", entgegnet Mujaj unbekümmert.

Gemeinsam betreten sie das Gebäude. Der Raum, in dem sie sich nun befinden, ist sauber und ordentlich, zahlreiche Maschinen stehen herum. Peter Sturt kommt ihnen entgegen und begrüßt sie. Sogar hier trägt er seinen Cowboyhut.

„Alles, was man zu Hause in den Home-Druckmaschinen nicht herstellen kann, lässt sich hier aus recyceltem Material produzieren", sagt er. Er bittet Julia und Pathein, ihm je einen Gegenstand zu nennen. Pathein entscheidet sich für einen Sonnenschirm, Julia für eine römische Münze mit der Göttin Libertas. Nach nur drei Minuten sind beide fertig.

„Solche Recyclingfabriken gibt es bisher nur an abgelegenen Orten", erläutert Sturt. „Sicher aber wird sich diese Möglichkeit noch weiter herumsprechen. Das, was wie Zauberei aussieht, folgt einer einfachen Logik: Das meiste von dem, das produziert wird, lässt sich in Grundkomponenten zerlegen, die dann wieder für neue Produkte verwendet werden können."

Wenig später treten sie den Rückweg zum Roadhouse an, wo sich Mujaj und Villegas verabschieden.

„Lass uns reingehen und einen Tee trinken", sagt Julia zu Pathein und weist in ihr Zimmer. Er lächelt, und gemeinsam verschwinden sie im Haus.

Die Bürgerversammlung

Der orange-gelb schimmernde Straßenbelag der Hauptstraße taucht die abendliche Siedlung in ein warmes Licht. Die Fenster des Roadhouse sind hell erleuchtet. Bis über die Straße hinweg ist das Stimmengewirr zu hören.

Als Pathein die Tür zum Bistro öffnet, kommt ihm ein Schwall abgestandener Luft entgegen. Die gesamte Siedlung hat sich bereits zur Einwohnerversammlung eingefunden. Einige stehen, andere sitzen an den Tischen, auf den Barhockern oder den Bänken, die zusätzlich aufgestellt worden sind.

„Hey, Pathein!", hört er eine Männerstimme. Unbestimmt macht er einen Schritt in diese Richtung. Jayden Moore lächelt ihn über seine randlose Brille hinweg freundlich an. Der dunkle Anzug sitzt makellos. Jayden Moore? An diesem Ort? Dann wird es Pathein klar: Es ist bloß ein Hologramm.

„Herzlich willkommen, Pathein U Tin", begrüßt ihn der holografische Moore und lächelt weiter. „Denken auch Sie daran, heute noch für den Weltvertrag zu stimmen?"

„Sicher, warum auch nicht?"

„Mehr als drei Viertel der Einwohner von Anninarra haben bereits unterschrieben, innerhalb von nur vier Tagen", informiert ihn Moores digitales Ebenbild.

„Wie erfreulich", entgegnet ihm Pathein und schweigt.

„Wir müssen an die Zukunft denken. Sie können auch gleich bei mir unterschreiben."

Das Hologramm holt ein hübsches altes Papierbuch hervor und hält es Pathein aufgeschlagen für eine virtuelle Unterschrift hin.

Pathein blickt sich um. „Nein, das mache ich in einer Weltidentität."

Er will weitergehen, doch Moore stellt sich ihm in den Weg. Irgendwie scheut sich Pathein, einfach durch das Hologramm hindurchzugehen und damit das Gespräch zu beenden. Junge Menschen machen das heutzutage, denkt er und ärgert sich über sich selbst. Wir Alten nennen es dann häufig respektlos.

Zwischen dem Hologramm und dem Schaufenster entdeckt er eine kleine Lücke. Schnell schiebt er sich hindurch und lässt Moore zurück, der sich mit dem Buch der Weltidentität in den Händen erstaunt nach ihm umdreht. Die Seiten rascheln im virtuellen Wind.

Julia steht am Tresen. Ihre Hand liegt neben der von Ramin Sabet, einem Mitte zwanzigjährigen Iraner mit schönen, dunklen Augen. Wie er in seinem Alter schon hat Arzt werden können, ist Pathein ein Rätsel.

„Hallo", sagt er zu Pathein und grinst dabei schief.

Überrascht dreht sich Julia zu Pathein um. Das gelbschwarze Satinkleid steht ihr ausgezeichnet.

„Hallo", antwortet sie knapp. Eine Sekunde wirkt es, als würde sie ihm einen Kuss geben wollen. Pathein blickt sie ernst an, dann schaut er zu Ramin Sabet, doch der hat sich schon abgewandt.

„Wir haben uns gerade darüber unterhalten, dass Ramin in seiner Freizeit Insekten erforscht. Darin hat er sogar noch einen zweiten Doktortitel in Madrid gemacht, nach dem Medizinstudium."

„Ein wahres Wunderkind!", bemerkt Pathein. Julia schaut ihn an.

„Lass nur", sagt sie gelassen. „Mich beeindruckt das."

Eine Frau mit einem roten Punkt auf der Stirn kommt auf Pathein und Julia zu. Susanthinka Kaur Hoare, die Farmerin der Siedlung, erzählt nach der Begrüßung, wie sie vor sechzig Jahren als Sechsjährige mit ihren Eltern hierhergezogen ist und in Anninarra als Farmerin angefangen hat. Später hat sie gemeinsam mit ihrem Mann die Rinderzucht ihres Vaters übernommen, nur um sich anschließend mit Rechtsanwälten zu streiten, die für das Recht auf Leben auch für Wirbeltiere eintraten. Schließlich ist die Haltung von Schlachttieren in der ganzen Welt verboten worden. Sie hat modernisiert und neuartige Verfahren ausprobiert, um die Restfeuchte aus der Luft herauszuholen, denn Grundwasser gab es hier schon damals nicht.

„Ab dann lief es also wieder besser für Sie?", fragt Julia.

„Nein, das nicht. Mein Mann starb in den Neunzigern, das war eine bittere Zeit. Dann kam letztes Jahr die Regierung. Ich weiß noch, wie die an unserem Küchentisch saßen und mir erzählten, sie würden alle Waffen der Welt hierherholen. Ehrlich gesagt, ich habe es nicht geglaubt."

Saliha Mujaj winkt von der anderen Seite des Raumes zu ihnen hinüber. Die Einwohnerversammlung soll beginnen.

Gemeinsam gehen sie zu einem Tisch, der vor den Ladenregalen aufgebaut worden ist, und Julia und Pathein nehmen links und rechts von Hoare Platz. Sie legt eine Hand auf die Tischplatte und startet die Aufzeichnung der Sitzung für das Protokoll. Dann erzeugt sie mit ihrem Lesegerät einen Avatar. Langsam lässt sie das Hologramm durch den Raum gehen und die Anwesenden bitten, Platz zu nehmen. Danach erlischt es.

Julia steht auf. „Herzlich willkommen zu dieser Einwohnerversammlung", begrüßt sie die Menschen von Anninarra. „Wie ihr wisst, haben wir dieses Gebiet mit neuen Verträgen vor einigen Tagen von der Gemeinschaft der Staaten übertragen bekommen. Wir haben damit in Anninarra eine große Verantwortung auf uns genommen, und wir werden ihr gerecht werden. Gemäß australischem Recht sind wir aufgefordert, jetzt auch eine kommunale Selbstverwaltung zu bilden."

„Bitte, das verstehe ich noch nicht ganz", sagt Peter Sturt. „Mir sind die rechtlichen Zusammenhänge nicht ganz klar. Bisher waren wir ein militärisches Sperrgebiet und konnten an den Orten, von denen wir stammen, zur Wahl gehen. Ist Anninarra jetzt kein militärisches Sperrgebiet mehr? Was hat sich denn jetzt geändert?"

„Gemäß internationaler Verträge war Anninarra bisher eine vom Verteidigungsbündnis betriebene militärische Sonderzone. Jetzt wurde diese vom Kreis der 1000 übernommen, einer nicht staatlichen Organisation. Sie kann auf ihrem Gelände entscheiden, wer es betreten darf und wer nicht. Bisher ist jeder willkommen – sicher auch in der Annahme, dass dies hier in der Wüste nicht allzu viele sein werden. Nach den neuen Gegebenheiten ist es erforderlich, in Anninarra eine eigene Kommune einzurichten. Damit gestalten wir unsere kommunalen Angelegenheiten in Zukunft in eigener Zuständigkeit."

„Mich wundert nur", meldet sich Sturt erneut zu Wort, „dass wir jetzt, wo alle Waffen der Welt bei uns sind, dem Recht eines einzelnen Staates unterliegen sollen. Ich lebe gern hier und bin auch sehr einverstanden mit den Regelungen. Ich verstehe nur nicht, wie das mit unserem Auftrag zusammenpasst."

Julia sieht ihn an und fährt mit ihren Erläuterungen fort. „Wir müssen uns in eine Rechtsordnung einfügen, und das ist hier die australische. Und es geht ja auch nur um kommunale Angelegenheiten, zum Beispiel bessere Straßen, mehr Fördermittel und solche Dinge. Einzige Alternative wäre sonst, uns eine eigene Rechtsordnung zu schaffen, was bedeuten würde, aus Anninarra einen eigenen Staat zu machen. Da sehe ich niemanden, der so etwas gut finden würde, mich eingeschlossen. Dies wäre ja dann auch der einzige Staat auf der Welt, der über Waffen verfügen würde. So ist also die Lösung: Für alles, was die Beaufsichtigung der Waffen betrifft, sind wir weiter nur gegenüber dem Kreis der 1000 und den Staaten, die sie besitzen, nicht aber der australischen Regierung verantwortlich. Alles andere betreffend unterliegen wir der australischen Rechtsordnung. Die kommunalen Angelegenheiten erledigen wir ab sofort selbst. Dafür wählen wir heute eine dafür verantwortliche Person."

Sturt schaut sie immer noch verwirrt an. Julia wird ungeduldig.

„Im Grunde genommen kommt dieser ganze Mist nur daher, dass die Staaten einen Teil ihrer Waffen unbedingt behalten wollten", sagt sie. „Sonst hätten wir diese Probleme jetzt nicht."

„Okay, alles klar", sagt Sturt. Während Julia sich wieder setzt, erhebt sich Pathein.

„Hiermit übergebe ich die Leitung der Einwohnerversammlung an Susanthinka Kaur Hoare. Sie lebt am längsten in Anninarra, damit gebührt ihr auch die Ehre, den Vorsitz über die Wahl zur Bürgermeisterin oder zum Bürgermeister zu übernehmen."

Ohne etwas zu sagen, wischt Hoare einmal kurz mit der Hand über den Tisch. Vor ihr erscheint eine Liste mit den Namen aller in Anninarra wahlberechtigten Personen.

„Ich stelle fest", sagt sie mit Blick in die Runde der Anwesenden, „dass eine ausreichende Zahl von Bürgerinnen und Bürgern unserer Einladung gefolgt ist, sodass die Wahl durchgeführt werden kann. Gibt es hierzu Anmerkungen? Bitte, Ermias Hersi."

„Ich möchte darauf hinweisen, dass heute keine der Personen, die vor der Recyclingfabrik ihr Lager aufgeschlagen haben, unter uns ist. Es ist ihr demokratisches Recht, sich nicht an Wahlen zu beteiligen. Zugleich haben es einige von uns, dazu zählen unter anderem Babro Ackland, Susanthinka Kaur Hoare, aber auch die neue Leitung des Waffenlagers, als wichtig erachtet, mit ihnen zu sprechen. Hiervon kann ich berichten, dass diese Menschen unsere Rechtsordnung fundamental ablehnen und sich darüber hinaus weder humanistischen noch wissenschaftlichen Grundsätzen gegenüber verpflichtet sehen. Es ist schwierig, mit Personen zu sprechen, die anderen Menschen ihre Daseinsberechtigung absprechen und wissenschaftliche Erkenntnisse ablehnen, nur weil sie ihnen gerade nicht in den Kram passen. Die Frage war, wie wir darauf reagieren wollen. Wir haben uns in unserer Gruppe lange dazu beraten und sind zu dem Ergebnis gekommen, dass Gespräche nur dann sinnvoll sind, wenn es dafür eine gemeinsame Basis gibt. Wir können uns nicht jeden Tag erneut auf irgendwelche wilden Ideen, die sich gerade jemand ausgedacht hat, einlassen. Neben der Forderung nach der Rückgabe der Waffen an die Staaten, zu der diese Gruppe bereits Dutzende von Eingaben an die unterschiedlichsten Stellen gemacht hat, haben wir bei diesen Menschen auch eine

Ablehnung der Gleichmäßigen Ressourcenverteilung wahrgenommen. Natürlich ist die Gleichmäßige Ressourcenverteilung noch immer ein freiwilliges Angebot, auch wenn sie inzwischen vom größten Teil der Menschheit angewandt wird."

„Ich finde es nach wie vor schade, dass sich diese Gruppe gegen die heutige Teilnahme entschieden hat", fährt Hoare fort. „Aber das ist ihre Entscheidung. Wir wollen unsere Zukunft hier gut gestalten, und das schaffen wir nur gemeinsam."

Damit beginnt die Abstimmung. Hoare fragt nach Kandidaten für das Amt des Bürgermeisters. Iván Villegas schlägt Mujaj vor. Da es keine weiteren Vorschläge gibt, beginnt sie, einen Stimmzettel-Avatar zu kreieren, auf dem der Name „Saliha Mujaj" steht, gefolgt von drei kleinen Kästchen: „Ja", „Nein" und „Enthaltung".

„Dieser Stimmzettel wird hier im Shop in der letzten Ladenzeile bei den Haushaltswaren installiert, sodass jeder unbeobachtet seine Stimme abgeben kann." Mit einer Handbewegung lässt sie den Avatar verschwinden. „Wenn ich Sie nun bitten darf …"

Nach und nach begeben sich alle zur Wahl. Als sie wieder auf ihren Plätzen sitzen, erscheint der Stimmzettel vor Hoare. Die Zahl „63" leuchtet auf und informiert über die abgegebenen Stimmen. Mujaj wird mit neunundfünfzig Ja-Stimmen gegen zwei Nein-Stimmen und zwei Enthaltungen gewählt. Es gibt Applaus, Mujaj erhebt sich und verbeugt sich vor den Anwesenden, dann leistet sie vor Hoare den erforderlichen Amtseid ab.

„Damit, liebe Saliha Mujaj, bist du jetzt nach australischem Recht Bürgermeisterin unserer Siedlung Anninarra. Ich gratuliere zur Wahl!"

Noch einmal klatschen alle, und Mujaj bedankt sich für das ihr entgegengebrachte Vertrauen. Auch sie verspricht, mit den Staatspatrioten im wilden Lager weiter in Kontakt zu bleiben, aber auch darauf zu achten, dass die Rechtsordnung eingehalten und konstruktiv zusammengearbeitet wird.

Zum Abschluss der Sitzung meldet sich Babro Ackland zu Wort. „Es wäre schön, wenn gerade in Anninarra, auf das ja nun die ganze Welt schaut, die Unterzeichnung des Weltvertrages zügig zum Abschluss käme und Einstimmigkeit hergestellt werden könnte."

„Allerdings", stimmt Pathein zu. „Das wird aber schon allein wegen der Staatspatrioten nicht gelingen können. Wir haben es eben gehört. Aber wir sollten uns Gedanken machen, wie wir sie davon überzeugen können, doch noch zu unterzeichnen."

Julia runzelt die Stirn. „Es ist schwierig, mit Menschen zu reden, die sich anderen gegenüber unsolidarisch verhalten. Jedenfalls sollten wir keine Anreize setzen, ein solches Verhalten auch noch zu belohnen. Ich baue darauf, dass sich über kurz oder lang die Vernunft durchsetzt und sie ihr kindisches Verhalten aufgeben."

„Ich fände es nur schön", meldet sich Ackland noch einmal zu Wort, „wenn wir die Idee des Weltvertrages nicht ganz aus den Augen verlieren würden. Es ist nicht egal, wie gerade wir uns verhalten. Anninarra steht für die neue Welt, in der wir angekommen sind: zuerst die Entmilitarisierung, jetzt der Weltvertrag. Lasst uns das zusammen regeln, ehe andere es für uns regeln."

Weitere Fragen werden nicht gestellt. Hoare wischt mit der Hand über den Tisch und beendet die Aufzeichnung der Versammlung. Bald schon ist der Tresen wieder überfüllt. Es wird ein fröhlicher Abend.

Eine unverhoffte Nachricht

29. Juli 2104

Julias Lesegerät leuchtet grün. Sie rückt sich im Zimmer den Sessel zurecht und nimmt den Hologramm-Anruf entgegen. Lin Fengliu sitzt auf einem Bürostuhl und hat die Beine seitlich unter dem grünen Kleid untergeschlagen.

„Julia! Bist du dir zu hundert Prozent sicher, dass du schwanger bist?"

„Ja", antwortet Julia, während sie an einem Knopf ihrer Strickjacke spielt.

„Und der Vater?"

„Pathein. Es ist Pathein."

„Dann habt ihr euch also in Anninarra gefunden? Das ist so schön. Weiß er es denn schon?"

Julia schüttelt den Kopf. „Nein, noch nicht. Ich möchte noch etwas abwarten."

Nachdenklich dreht Fengliu ihren Teebecher. „Hast du nicht mal gesagt, du könntest gar nicht schwanger werden?"

„Es ist etwas passiert, was eigentlich nicht mehr hätte passieren können, hat mir der Arzt heute erklärt. Ein kleines Naturwunder." Julia grinst schief. „So ganz verstanden habe ich das selbst auch noch nicht. Ich freue mich riesig auf das Kind, aber ich muss das erst mal verarbeiten."

Sie streckt den Rücken und blickt geradeaus in die Kamera. Fengliu beugt sich nach vorn.

„Das ist doch toll! Das wird toll werden. Soll ich zu dir kommen, Julia? Brauchst du mich?"

„Nein, bleib, bitte!", antwortet Julia sofort. „Ich komme zurecht, wirklich."

Ein Anzugträger tritt zu Fengliu und wechselt ein paar Worte mit ihr, dann verschwindet er wieder.

„Ich muss wieder an die Arbeit", sagt sie. „Bitte, Julia, sei vorsichtig und achte auf dich."

Fengliu rutscht von ihrem Bürostuhl und breitet die Arme aus. „Komm, lass dich drücken!"

Beide zählen langsam bis fünf und legen die Zeigefinger der rechten und linken Hand über Kreuz, dann nehmen sie sich in die Arme. Virtuell spüren sie ihre Wärme und Verbundenheit. Fengliu duftet wunderbar. Das muss ein irres Datenvolumen verbrauchen, geht es Julia durch den Kopf. Aber diesmal ist es ja auf Firmenkosten.

Als sie sich wieder voneinander lösen, greift Fengliu nach Julias Händen und schaut ihr tief in die Augen.

„Bitte achte gut auf dich!", sagt sie noch einmal.

„Danke, meine Liebe."

Fengliu lächelt zurück. Dann ist die Übertragung beendet.

Der Kreis der 1000

Gerade ist der Halbmond am Nachthimmel untergegangen. Die Digitaluhr am anderen Ende des Konferenzraumes zeigt 01:30 Uhr. Leise Fanfarenmusik ertönt. Bilder der Delegierten des Kreises der 1000 steigen aus dem Konferenztisch in der Mitte des Raumes auf und beginnen sich umeinander zu drehen. Erst langsam, dann immer schneller, bis sie sich zu einer Kugel vereinen, einem blauen Planeten. Das Licht des Hologramms fällt auf Pathein.

„Auf diese Nachtsitzungen kann ich gut verzichten", sagt Julia.

„Das ist nun mal so, wenn virtuelle Sitzungen für Menschen aus aller Welt gemacht werden. Dafür haben wir dann beim nächsten Mal wieder einen besseren Starttermin. Das wird schon gerecht verteilt." Pathein seufzt müde.

Die Erdkugel verschwindet, stattdessen erscheinen die Aufschrift KREIS DER 1000, darunter die Profile von Pathein und Julia, in der Mitte zwei schwarze Flächen und ganz links das Profilbild von Ghazala Hussain. Egal wo man sich im Raum befindet, man hat immer Sicht auf alles. Das Profilbild zeigt die Präsidentin des Kreises der 1000 in einem weißen Gewand. Auf dem Schreibtisch vor ihr stehen zwei Figuren aus Kinderfilmen: Reno, der Elch und der kleine Löwe Mi-Chu. Ein paar Tage im Monat arbeitet sie immer noch als Kinderärztin in einem Krankenhaus. Erneut ertönt Fanfarenmusik. Das Profilbild von Ghazala Hussain rutscht nach oben und ein Hologramm von ihr in einem cognacfarbenen Blazer erscheint. Die knisternde Stimmung, die aus dem Zusammentreffen so vieler kreativer und mutiger Menschen entsteht, lässt sich förmlich mit den Händen greifen.

„Liebe Freunde der Welt", sagt die Präsidentin, „ich eröffne die 1407. Sitzung des Kreises der 1000. Es ist zugleich unsere erste Sitzung nach der Übernahme der Verantwortung über das Waffenlager Anninarra. Wieder einmal ist die Welt mit uns einen großen Schritt nach vorn gegangen."

Mehr als siebzig Jahre ist es mittlerweile her, dass der Kreis der 1000 gegründet wurde. In einer Zeit, in der die Probleme der Welt der Menschheit die Luft abzuschnüren drohten und die Staaten kaum mehr ihre eigenen Herausforderungen bewältigen konnten, entstanden im Internet neue Kommunikationsformate, die die wichtigsten Fragen in den Blick nahmen und nach alternativen Lösungen suchten. Vieles hat in dieser Zeit seinen Anfang genommen: die Gleichmäßige Ressourcenverteilung, der Ökologische Index, die Preisbildungsmaschinen und die Sachbezogene Bürgerbeteiligung. Für den Kreis der 1000 stand von Anfang an im Mittelpunkt, Standards für eine gute weltweite Zusammenarbeit zu entwickeln und sie mit der Weltgemeinschaft zu diskutieren. Hierfür wurde eigens ein besonderes Berufungsverfahren etabliert: In den Kreis wurde nur aufgenommen, wer bei der Zertifizierung seines Einkommens nach ökologischen und sozialen Gesichtspunkten sowie auf Basis der Anzahl seiner Unterstützer die höchsten Punktzahlen bekam, unabhängig davon, wie viel er oder sie tatsächlich verdiente. Das Verfahren war so erfolgreich, dass es immer noch Bestand hat. Frei nach dem Motto: Sag mir, womit du dein Geld verdienst, und ich sage dir, was für ein Mensch du bist.

„Durch die Übernahme in Anninarra geben wir nun zum ersten Mal nicht mehr nur Empfehlungen ab oder organisieren politische Abstimmungen. Wir üben jetzt direkt Verantwortung aus", fährt die Präsidentin fort. „Dies unterscheidet den Kreis der 1000 von allen anderen Organisationen, die ebenfalls für eine gerechte Welt kämpfen. Ich freue mich sehr, dass sich Julia Avalux und Pathein U Tin bereit erklärt haben, in Anninarra die Leitung zu übernehmen. Hierfür gebührt ihnen unser Dank. Da die Verwaltung in Anninarra künftig den Weisungen unseres Kreises unterworfen ist, haben wir uns – wie bei ähnlich gelagerten Fällen in anderen Gremien – entschieden, die beiden als Mitglieder aus dem Kreis der 1000 zu entlassen. Sie haben nun den Status ständiger Teilnehmer ohne Stimmrecht und sind weiterhin zu den Sitzungen zugelassen. Hierdurch können wir gewährleisten, dass wir gegenseitig informiert bleiben und Julia Avalux und Pathein U Tin sich nicht dem Vorwurf einer unzulässigen Einflussnahme auf dieses Gremium ausgesetzt sehen.

Im Augenblick ist vieles im Umbruch. Vor uns liegt eine Zeit, in der die Menschheit endlich Frieden mit sich und ihrem Heimatplaneten finden kann. Eine Zeit, in der wir uns den Dingen zuwenden können, die uns als Menschen wirklich ausmachen: Liebe, Kreativität und Freude. Um dieses Ziel zu erreichen, brauche ich Sie, die kreativsten und mutigsten Menschen der Welt. Wir, liebe Kolleginnen und Kollegen, haben einen wichtigen Anteil daran. Lassen Sie uns weiter gemeinsam an einer besseren Zukunft arbeiten! Ich freue mich darauf."

Ghazala Hussain lächelt entschlossen in die Kamera. Der Applaus der Delegierten brandet auf. Yuki Fukumura, einer der Vizepräsidenten im Kreis der 1000, kommt ins Bild.

„Wir danken der Präsidentin für die Eröffnung. Unser erster Tagesordnungspunkt ist ein Bericht aus Anninarra."

An den Profilbildern von Julia und Pathein erscheinen grüne Punkte. Wie abgesprochen beginnt Pathein.

„Die meisten Dinge laufen hier weiter wie bisher. Das betrifft beispielsweise den Umgang mit Notfällen und bestimmte Versorgungsfragen. Durch die Wahl von Bürgermeisterin Saliha Mujaj haben wir jetzt die Möglichkeit, uns noch stärker mit anderen australischen Dienststellen zu vernetzen."

Julia berichtet anschließend von den ersten Tagen in Anninarra. Ihre ausführlichen Schilderungen des Waffenlagers und des von dort ausgehenden Gefährdungspotenzials machen viele der Delegierten betroffen. In der anschließenden Aussprache werden vor allem Stimmen laut, die für eine vollständige Vernichtung aller Waffen plädieren. Präsidentin Hussain stellt schließlich klar, dass sich der Kreis der 1000 mit den Verträgen von Maropeng gegenüber den Staaten gebunden habe und eine kurzfristige Vertragsänderung mit Sicherheit auf Unverständnis stoßen würde. Dennoch reißt die Kritik nicht ab, vor allem, dass mit den verbliebenen Waffen immer noch sehr viel Unheil angerichtet werden könne, sollten sie in die falschen Hände geraten.

Schließlich leitet Yuki Fukumura zum nächsten Punkt über.

„Der Kreis hat beschlossen, die Beobachtung der Staaten in den nächsten Jahren fortzusetzen, als eine Art Frühwarnsystem für den Fall, dass einzelne Länder doch wieder damit beginnen, eine militärische Infrastruktur aufzubauen. So unwahrscheinlich das bei der heutigen Vernetzung auch sein mag, wollen wir es doch nicht ganz ausschließen. Ich bitte daher nun um die Berichte zu den Entmilitarisierungsmaßnahmen. Wir haben die Reihenfolge wieder ausgelost und beginnen diesmal mit Brasilien."

Es meldet sich ein junger Mann, der die Ergebnisse mehrerer Agenturen und anderer Organisationen zusammenfasst und zu dem Ergebnis kommt, dass alles sehr zufriedenstellend verläuft. So geht es die nächsten zwei Stunden weiter. Land für Land wird aufgerufen. Werden Verstöße festgestellt, sind sie nur geringfügig und ihre Beseitigung ist bereits zugesichert worden.

Australien fragt an, ob vor dem Hintergrund des Waffenlagers in Anninarra nun nicht auch die Polizeikräfte im Land verstärkt werden müssten. Premierministerin Nova Kantilla, die dem Aborigine-Stamm der Tiwi angehört, schildert mit eindringlichen Worten, wie schutzlos sich diese angesichts der Konzentration dieser vielen Waffen fühlen. Die Diskussion geht hin und her. Schließlich entscheidet die Sitzungsleitung, mögliche Szenarien mit einigen technischen Simulationen, die sich auf die Entwendung von Waffen und Gewaltausbrüche von Kampfrobotern beziehen, durchzuspielen. Keines der Szenarien führt zu einer tatsächlichen Bedrohung. Somit wird auch dieser Berichtspunkt abgeschlossen.

Präsidentin Hussain schaltet sich wieder ein, es ist inzwischen kurz nach fünf.

„Zum Abschluss habe ich noch einen heiklen Punkt, den ich ansprechen muss. Wie Sie wissen, hat das Internationale Sekretariat der Gleichmäßigen Ressourcenverteilung zur Unterschrift unter einen Weltvertrag aufgerufen. Ihnen allen ist bekannt, wie intensiv wir dieses Vorhaben hier im Kreis in den letzten Jahren diskutiert haben. Obwohl wir es inhaltlich unterstützen, haben wir uns dafür ausgesprochen, es noch nicht umzusetzen. Wie Sie sich sicher denken können, habe ich im Vorfeld zu dieser Sitzung deutliche Worte gegenüber Jayden Moore gefunden. Natürlich braucht er für sein Vorhaben keine Genehmigung von uns. Doch es gilt auch die Absprache von Guayaquil, in der wir uns unter den tragenden Weltorganisationen dahin gehend verständigt haben, wesentliche Aktionen nur im Einvernehmen miteinander durchzuführen. Das betrifft auch die Ausführung des Weltvertrages. Alles, was wir nicht miteinander absprechen, kann schnell zum Nachteil für die gute Sache werden. Jayden Moore hat das eingesehen und möchte nun das Wort an Sie richten."

Moore erscheint im Bild. Er sitzt auf einem weißen Sofa, die Beine lässig übereinandergeschlagen. Als er seinen Namen hört, beugt er sich leicht nach vorn. Er bewegt den Kiefer, als würde er Kaugummi kauen.

„Liebe Frau Präsidentin, liebe Kolleginnen und Kollegen", adressiert er die Delegierten, „ich habe das Gefühl, man erwartet eine Entschuldigung von mir, allerdings bin ich nicht sicher, ob es angebracht ist, …"

„Ihr Weltvertrag ist zeitgleich mit dem größten Vorhaben ausgerufen worden, das die Welt jemals gesehen hat", unterbricht Präsidentin Hussain giftig, „der Vernichtung großer Teile von Kriegswaffen und der Einlagerung des Restes an einem einzigen Ort auf der Welt. Machen Sie sich bewusst, welche Irritationen Sie ausgelöst haben, was noch hätte passieren können, wenn Sie die Welt gleich mit einem zweiten Thema überrollen, das derartige Konsequenzen hat?"

Beschwichtigend hebt Moore die Hände. „Ich entschuldige mich. Für mich erschien der Zeitpunkt gut gewählt: Im Schatten der Ereignisse von Anninarra gleich den nächsten Schritt zu gehen, vielen endlosen Diskussionen, die sonst noch zu führen wären, einfach vorzugreifen …"

Viel weiter kommt er nicht, denn es setzt ein gellendes virtuelles Pfeifkonzert ein.

„Es war nicht richtig, ich sehe es ja ein", ruft er darüber hinweg, und es wird wieder ruhig. „Ich entschuldige mich in aller Form. Bei Ihnen, Frau Präsidentin, bei allen Mitgliedern des Kreises der 1000, mit denen wir so oft schon über mein Vorhaben diskutiert haben, und nicht zuletzt auch bei Frau Avalux und Herrn U Tin, die das vor Ort in Anninarra haben erfahren müssen. Für Sie alle war es eine Zumutung, und ich entschuldige mich. Ich entschuldige mich! Was wollen Sie noch von mir hören?"

Immer noch sind einzelne Pfiffe im Hintergrund zu vernehmen, doch langsam werden es weniger.

„Wichtig ist mir", sagt Präsidentin Hussain, „dass sich so etwas nicht noch einmal wiederholt, dass wir uns in Zukunft auf Guayaquil verlassen können."

„Ja, ja, das können Sie", entgegnet Moore matt.

„Gut. Dann lassen Sie uns jetzt nach vorn schauen", fährt die Präsidentin fort. „Wie geht es jetzt weiter?"

„Ich traue mich kaum, es auszusprechen, aber seit meinem Aufruf vor elf Tagen in Karatschi haben sich Dinge ereignet, die selbst ich nicht für möglich gehalten habe: Über eine Milliarde Menschen sind dem Aufruf inzwischen gefolgt und haben den Weltvertrag unterschrieben. Über eine Milliarde!"

Moore ist von seinen eigenen Worten sichtlich ergriffen.

„Und nach allem, was ich höre, ist die Bereitschaft auch bei denen hoch, die noch nicht unterschrieben haben. Gegenstimmen hat es bisher kaum gegeben, und mit diesen Menschen sind wir vom Sekretariat der Gleichmäßigen Ressourcenverteilung in Kontakt. Es sind nicht so viele, dass wir restlos überlastet sind, trotzdem würde ich mich freuen, wenn wir hier noch etwas Unterstützung durch andere Organisationen bekommen könnten. Das ist aber nur ein Nebenaspekt.

Kurz und gut, ich bin sehr zuversichtlich, dass wir bis zum Überlebenstag nächstes Jahr alle Bürgerinnen und Bürger der Erde für den Weltvertrag werden gewinnen können."

„Streben Sie wirklich an", wird er von einem Teilnehmer aus Nischni Nowgorod gefragt, „dass jeder Einzelne unterschreiben muss? Wie wollen Sie das durchsetzen? Genau deswegen hat der Kreis der 1000 ja immer eine skeptische Haltung zu dem Vorhaben behalten."

„Ich möchte, dass sich niemand mehr verstecken kann", antwortet Moore. „Dass sich jeder bekennen muss. Auch diejenigen, die aus Hass oder Habsucht immer noch keinen Beitrag für eine gerechte Welt leisten wollen. Ich möchte, dass diese Menschen namentlich bekannt werden, dass jeder erfährt, um wen es sich handelt."

„Ich finde das sehr radikal", geht Präsidentin Hussain dazwischen. „Sie kennen meine Haltung: Gewalt erzeugt immer auch Gegengewalt. Ich bin weiterhin nicht sicher, ob wir Ihnen dazu wirklich die Hand reichen wollen. Wenn wir uns als Kreis der 1000 dagegen aussprechen, wird Ihr Projekt auf jeden Fall scheitern."

Moore ist blass geworden. „Ich möchte nicht, dass Sie sich dagegen aussprechen", sagt er leise, fast, als wäre er ein Schulkind, das von der Lehrerin bei einer Untat ertappt wurde. „Es wäre doch auch falsch. Schließlich haben sich doch schon so viele vom Kreis der 1000 dem Weltvertrag angeschlossen. Und bei anderen, wie Julia Avalux und Pathein U Tin, deren Organisationen sich immer noch ablehnend zur Gleichmäßigen Ressourcenverteilung äußern, erwarte ich erst einmal gar keine Zustimmung. Die können da leben, wie sie wollen. Aber wir können und müssen das Thema gemeinsam voranbringen. Mehr wünsche ich mir nicht von Ihnen."

Präsidentin Hussain kommt wieder ins Bild. „Vielen Dank", sagt sie, aber ihre Worte klingen immer noch hart. „Bitte, liebe Delegierte, lassen Sie uns dazu jetzt in eine Aussprache gehen." Während etwa ein Dutzend Redner Statements vortragen, geben viele parallel dazu Meinungen auf ihren Profilseiten ein. Das Verhalten von Moore wird fast einhellig kritisiert, aber die meisten unterstützen dennoch seinen Vorschlag zur Zusammenarbeit. Am Ende stimmen über achtzig Prozent für eine Kooperation mit dem Internationalen Sekretariat der Gleichmäßigen Ressourcenverteilung. Es wird ein Gremium für die näheren Absprachen zwischen den beiden Organisationen eingerichtet, mit dem auch verhindert werden soll, dass sich solche Alleingänge noch einmal wiederholen.

Moore bedankt sich und schließt mit einer Bitte: „Machen auch Sie, wo Sie nur können, Werbung für den Weltvertrag. Und die beste Werbung ist, ihn selbst zu unterschreiben."

„Vielleicht können wir, was den Weltvertrag betrifft, doch nicht mehr so lange warten, wie wir uns das eigentlich vorgenommen haben", sagt Julia langsam.

„Dann ist das so", erwidert Pathein. „Im Prinzip haben wir beide uns doch schon längst entschieden zu unterschreiben. Wir müssen es nur noch tun."

Das Bild ist zu Yuki Fukumura gesprungen. Schnell klärt er einige letzte Formalitäten. Ghazala Hussain spricht ein verbindliches Schlusswort, dann endet die Sitzung und alle Bilder erlöschen. Es ist kurz vor sechs.

Die ersten Strahlen der aufgehenden Sonne schieben sich hinter den Baum des Lebens und an der Spitze des Berges beginnt die Luft zu flimmern. Julia streckt sich und gähnt herzhaft.

„Alles Gute, lieber Pathein", ruft sie, „ich muss jetzt sofort ins Bett. Über den Weltvertrag reden wir später noch einmal." Damit verabschiedet sie sich und verlässt den Raum. Pathein regelt noch einige Kleinigkeiten, dann folgt auch er rasch nach.

TEIL 2
SCHATTEN DER VERGANGENHEIT

Die Neubürger

Die Hütte ist die Hütte seiner Kindheit. Der Boden ist aus Lehm, die Wände aus Weidengeflecht und das Dach aus Blech. Wind und Regen zerren an ihr. Genüsslich schiebt sich Pathein näher an das Feuer heran. Anfang der Woche hat er das Examen zum Verfahrensingenieur bestanden. Nächsten Monat beginnt er bei *bo jew naeepanyar* in Yangon, einem Unternehmen, das Biokraftstoffe für ganz Ostasien produziert.

„Was für ein Sturm", sagt seine Frau Nan und rührt weiter in dem Kochtopf über der Feuerstelle. Es gibt die traditionelle Mohingasuppe mit Reisnudeln, Chili und Tofuwürfeln.

„Wollen wir nicht doch wieder nach drüben zu deinen Eltern gehen?", fragt sie.

Pathein zögert, sie haben sich schon so lange auf den Abend ohne die Kinder gefreut.

„Gehen können wir immer noch."

Nan rührt weiter im Kochtopf. Bei jeder Bewegung wippen die Jasminblüten in ihrem Haar und Pathein bewundert ihre Schönheit. Sie bemerkt den Blick und schenkt ihm ein Lächeln.

„Morgen koche ich wieder, darauf bestehe ich, Frau zukünftige Staatsanwältin."

Nan legt den Kochlöffel beiseite und sie küssen sich.

Das Wasser kommt so schnell, dass es einen Augenblick später schon die ganze Hütte durchspült. Mit einem Zischen erlischt das Feuer. Nan und Pathein springen hoch und reißen die Haustür auf.

„Oh nein!", ruft Nan in den Sturm. Um sie herum ist nichts als Wasser.

„Verdammt, der Deich muss gebrochen sein", brüllt Pathein. Eine Welle brandet gegen die Hütte. Das Wasser reicht ihnen fast bis zur Hüfte, dann ebbt es wieder ab. Einige Äste und eine tote Ziege treiben vorbei.

Nan schreit: „Die Kinder!" Sie will nach draußen, doch Pathein hält sie fest. „Nicht! Es ist zu gefährlich! Meine Eltern sind bei ihnen!"

Pathein zieht Nan zurück in die Hütte. „Los, da hoch!", ruft er ihr zu und schiebt sie auf den unteren Absatz des Küchenschranks. Das Wasser steigt unaufhörlich. Schnell klettert er ihr nach und steigt zwei Regalbretter weiter nach oben. Er bekommt die Decke zu fassen, bohrt die Finger hinein und schafft es, das Dachblech an dieser Stelle zur Seite zu schieben. Regen läuft ihm über das Gesicht.

„Hier rauf!"

Nan schiebt sich an ihm vorbei nach oben und Pathein folgt ihr. Vorsichtig steigen sie über das glitschige Blech bis an die höchste Stelle des Daches. Hier finden sie einen Balken, an dem sie sich festhalten können. Wind und Regen zerren an ihnen. Um sie herum wird das Wasser vom Wind aufgepeitscht. Mit starren Augen blickt Pathein in die Wellen. Man hat in den letzten Jahren mit internationaler Unterstützung in den Küstenschutz investiert, doch nun ist es passiert. Und das alles nur, weil früher nicht genug gegen die Klimaerwärmung unternommen wurde. In der Hölle sollen sie schmoren. Aus der Dachöffnung quillt Wasser nach draußen. Als sich Pathein zu Nan umdreht, sieht er, dass sie sich trotz des tobenden Windes an einem Balken am Dachfirst aufgerichtet hat. Ihre nasse Kleidung schlägt im Wind hin und her. Pathein zieht sich zu ihr hoch. Mit Mühe erkennt er das Haus seiner Eltern. Sie haben es vor einigen Jahren erst gebaut, guter europäischer Standard, feste Mauern, ein stabiles Dach. Es steht tiefer als die Hütte.

„Die Kinder!", kreischt Nan. Myo ist drei, ein stolzer Kerl, Khaing gerade ein Jahr alt. Pathein sieht, wie das Wasser das Dach überspült. Durch den Wind meint er, das Klopfen und die Schreie seiner Eltern zu hören. Und seiner Kinder. Er packt Nan am Handgelenk, panisch schlägt sie um sich, rutscht nach hinten ab. Pathein sieht noch ihr erstauntes Gesicht und eine Hand, die sie nach oben streckt. Dann ist sie in den braunen Fluten verschwunden. Fassungslos blickt Pathein ins Nirgendwo. Niemand ist zu sehen, kein Nachbar, nichts. Langsam hebt er die Faust zum Himmel. Dann rutscht er am Balken wieder nach unten und beginnt hemmungslos zu weinen.

Schweißgebadet wacht er auf. Sein Mund ist trocken, die Hände zu Fäusten geballt. Lange schon hat er diesen Traum nicht mehr gehabt. Auch nach dreißig Jahren fühlt es sich an, als wäre es gestern passiert. Der Schrecken endet nie. Ein leises Piepen ertönt. Ungelenk greift er nach dem Lesegerät, auf dem das Profilbild von Saliha Mujaj zu erkennen ist. Pathein richtet sich auf, dann aktiviert er das Telefonat.

„Es tut mir leid, Sie so früh wecken zu müssen. Wir haben einen Vorfall. Am besten, Sie kommen gleich nach vorn."

Einige Minuten später steht Pathein im Bistro.

„Gut, dass Sie da sind", begrüßt ihn Mujaj.

Pathein nickt ihr bloß zu. Er fühlt sich wie erschlagen. Am Fenster neben der Bar stehen Iván Villegas, Ermias Hersi und Julia. Alle drei drehen Pathein den Rücken zu und starren nach draußen. Pathein geht zu Julia hinüber und berührt sie kurz am Rücken. Ihr Kopf bewegt sich leicht in seine Richtung, dann blickt sie wieder nach draußen.

„Da!", sagt Villegas. „Da ist der Nächste!"

Auf der Straße sieht alles aus wie immer. Doch dann biegt ein Kleinbus langsam vor dem Bistro auf die Straße, ein älteres Modell, in dem noch nicht so viel Glas verbaut wurde. Etwa zwanzig Meter weiter entdeckt Pathein einen dunklen Caravan, der in der Wüste abgestellt wurde. Um ihn herum stehen Kisten, Tische und Stühle. Ein schwarzer Beutel mit Trinkwasser baumelt an einer Stange. Ein Mann geht um den Wagen herum. Er klettert über die Motorhaube auf das Dach des Caravans und beginnt, eine altertümliche Empfangsantenne neu auszurichten. Schon kommt das nächste Fahrzeug um die Ecke, ein gläsernes Auto mit einem alten Wohnwagen.

„Das sind nicht die Einzigen", sagt Mujaj, „und es werden immer mehr."

„Was wollen die hier?", fragt Pathein.

„Sie sagen, sie müssten hierher. Sie behaupten, der einzige Platz, an dem sie sein könnten, sei hier."

„Hier? Mitten in der Wüste?"

Mujaj hebt schweigend die Schultern.

„Wenn sie hier leben wollen, sollen sie es doch tun. Wir haben nichts zu verbergen", sagt Julia.

„Weiß Ghazala Hussain schon Bescheid?", fragt Pathein. „Ich habe heute Morgen das Präsidialbüro informiert", antwortet Mujaj. „Wir sollen die Lage beobachten und mit den Menschen sprechen."

„Dann fangen wir doch gleich damit an", beschließt Julia und macht sich auf den Weg.

Von der anderen Straßenseite sind dumpfe Schläge zu hören. Die Sonne ist aufgegangen und der Baum des Lebens leuchtet hell. Von rechts nähert sich ein Jeep mit einem Wohnanhänger, der im Bogen um sie herumfährt, ohne die Geschwindigkeit zu verringern. Dann sehen sie ihn. Der Mann ist hager, von mittlerer Größe und mittleren Alters. Er befestigt gerade in gebückter Haltung etwas am Boden. Als er sie kommen hört, richtet er sich auf und dreht sich um. In der rechten Hand hält er einen massiven Hammer, der auf der Rückseite in einer scharfen Kante endet. Seine Augen taxieren sie, während sich sein Unterkiefer bewegt. Dann hellt sich sein Gesicht auf.

„Julia Avalux!", ruft er. „So viele Jahre haben Sie der Freiheitsbewegung vorgestanden, und jetzt sind Sie hier. Der letzte Platz, an dem wir noch frei sein können."

Julia verschränkt die Arme vor der Brust. „Ich bin schon seit Monaten nicht mehr Vorsitzende der Freiheitsbewegung. Das hier in Anninarra hat nichts damit zu tun."

„Dann eben nicht", brummt der Mann und wendet sich wieder seiner Arbeit zu.

Um den Caravan herum hat er in regelmäßigen Abständen Stäbe in den Boden getrieben. Dahinter liegt eine Rolle Maschendraht auf dem Boden.

„Bauen Sie einen Zaun?", fragt Pathein ungläubig. „Das wäre der erste in Anninarra."

Der Mann lässt sich nicht beeindrucken. Er drückt den Rücken durch, während kalte Augen in Patheins Gesicht nach einer Antwort suchen.

Langsam sagt er dann: „Ist das verboten?"

„Nein", mischt sich Mujaj ein, „das ist nicht verboten. Aber was machen Sie hier?"

Er ballt die freie Hand zur Faust, lächelt aber. „Ich will hier einen Laden eröffnen."

„Einen Laden?", erwidert Mujaj, nun ebenfalls lächelnd. „Es gibt hier schon einen Laden, das Roadhouse, und eine Recyclingfabrik. Wir haben alles, was wir brauchen."

Das Lächeln des Mannes wird noch breiter. Es verstärkt die vielen Furchen, die sich durch sein Gesicht ziehen.

„Ich verkaufe nur Produkte, die ohne Gleichmäßige Ressourcenverteilung angeboten werden."

Pathein dreht sich zu Julia um, sagt aber nichts. Bei den Schwierigkeiten, die Julia mit ihren Ressourcen hat, könnte der neu entstehende Laden zu einem attraktiven Angebot für sie werden. Verlegen schaut Julia zur Seite.

Mujaj tritt einen Schritt nach vorn. „Das ist Ihr gutes Recht. Aber ich glaube kaum, dass damit viel Geld zu verdienen sein wird."

Der Mann dreht sich wortlos um und fängt an, einen neuen Stab in den Boden zu rammen. „Wir werden sehen."

Mujaj und Villegas gehen um ihn herum, bis sie direkt vor ihm stehen. Er blickt zu ihnen auf und kneift die Augen zusammen. Die Sonne scheint ihm genau ins Gesicht.

„Ja?", sagt er schroff.

„Wieso kommen Sie gerade hierher?", fragt ihn Villegas. Langsam erhebt sich der Mann. Seine Halsschlagadern pulsieren. „Woanders wurde ich daran gehindert, einen Beruf meiner Wahl zu ergreifen. Ich möchte Produkte ohne Gleichmäßige Ressourcenverteilung anbieten. Es wurde mir ohne rechtliche Grundlage verwehrt, weil die Leute es nicht haben wollten. Die ganze Welt spielt verrückt. Deswegen bin ich hier."

„Wir wollen Sie hier aber auch nicht", sagt Mujaj. Der Mann nimmt den Hammer in die andere Hand und umschließt ihn so fest, dass die Knöchel hervortreten.

„Ich gehe hier nicht mehr weg. Da werden Sie schon Gewalt anwenden müssen." Er wendet sich wieder dem Zaun zu und arbeitet weiter. Plock, plock, plock. Metall auf Metall.

Julia blickt ihn nachdenklich an. „Wie heißen Sie?" Der Mann hebt den Hammer nach oben und zeigt mit einem Grunzen auf die Stelle über der Tür am Caravan. Dort steht:

DANIEL LOWLANDS – PRODUKTE ALLER ART
OHNE GR

Julia dreht sich um und geht. Die anderen folgen.

„Ich schlage vor, dass wir noch eine Runde durch die Siedlung fahren."

Mujajs Vorschlag trifft auf Zustimmung. Ein gläserner Bus fährt vor. Julia steigt als Erste ein, Pathein als Letzter. Langsam fahren sie die Hauptstraße entlang. Unterwegs kommen ihnen immer wieder Wohnwagen entgegen. Andere haben in der Wüste schon einen Stellplatz gefunden. Am Hangar steigen sie aus, laufen über die Straße und eine kleine Böschung hinunter. Rechts von ihnen stehen die ersten Gewächshäuser, die zur Farm gehören. Nicht weit entfernt ist eine Ansammlung von Wohnwagen und Zelten, zwischen denen bereits Hütten aus Wellblech und Pappe errichtet wurden. Aus einer der Gassen tritt ein schlanker Mann um die fünfzig hervor.

„Pathein U Tin!", ruft er.

„Kennen wir uns?", fragt dieser.

„Wir haben uns beim letzten Vesakh am 10. Mai in Bhutan getroffen. Ich habe Ihnen in Paro einen Sperling gegeben, den Sie freigelassen haben."

Julia blickt Pathein irritiert an. „Das ist ein Ritual, mit dem wir an die Geburt, die Erleuchtung und das Verlöschen von Buddha Siddhartha Gautama erinnern. Seinen Austritt aus dem Kreislauf der Wiedergeburt. Das ist die höchste Aufgabe, die wir Buddhisten verfolgen können." Pathein wendet sich wieder dem Mann zu. „Aber ich muss gestehen", sagt er, „an Sie erinnere ich mich leider nicht."

„Sie haben so viel für die Welt getan, jeder kennt Sie", sagt der Mann. „Sie setzen sich für Gerechtigkeit ein."

„Sie dürfen hier nicht siedeln", mischt sich Villegas ein, „das hier ist eine Pufferzone zum Waffenlager."

Der Mann sieht auf einmal traurig aus. „Wir möchten hier doch nur leben. Wir wollen unser eigenes Land, genügend Platz für uns und unsere Familien."

„Menschen, die etwas erreichen wollen, sollten wir unterstützen", sagt Julia.

„Aber doch nicht hier", erwidert Pathein sofort. „Und warum kommen Sie gerade jetzt?"

Der Mann dreht sich zu ihm um. „Man hat uns in den letzten Tagen in aller Öffentlichkeit beschimpft. Sich über uns lustig gemacht. Unsere Kinder in den Schulen beleidigt. Das alles nur, weil wir die Gleichmäßige Ressourcenverteilung ablehnen. Nicht weil wir keine Gerechtigkeit wollen, sondern weil wir der Ansicht sind, dass die Gleichmäßige Ressourcenverteilung in dieser Form nicht ausreicht. Es muss viel mehr geschehen, um das Unrecht früherer Zeiten auszugleichen. Der Moore hat allen Menschen aufgetragen, diejenigen zu finden, die gegen den Weltvertrag sind. Mit uns sprechen soll man, uns überzeugen!" Der Mann spuckt die letzten Worte förmlich aus. „Wir sind gegen den Weltvertrag", sagt er. „Deswegen sind wir hier."

„Aber warum gerade hier?", fragt Mujaj. „In der Nähe so vieler Waffen?"

Der Mann schaut zu Pathein. „Früher hat sich Pathein U Tin immer für unsere Belange eingesetzt. Darauf hoffen wir auch jetzt."

Müde schließt Pathein die Augen.

„Wie heißen Sie?", fragt Mujaj.

„Ugyen Gasa. Ich heiße Ugyen Gasa."

Hinter sich hören sie das Geräusch eines heranfahrenden Autos. Der Wagen kommt über den Wüstensand direkt auf sie zu. Auf der offenen Ladefläche sitzen mehrere Menschen.

„Hier können wir nichts mehr tun", konstatiert Mujaj. „Lassen Sie uns gehen."

Als sie auf dem Weg zurück sind, hören sie ein lautes Hupen von der Hauptstraße. Dort bietet sich ihnen ein Bild des Chaos: Es steht Auto hinter Auto, Caravans, Kleinbusse, Wohnmobile, PKW mit Wohnwagen.

„Das darf doch alles nicht wahr sein!" Mujaj ist sichtlich irritiert. Direkt vor ihnen sind ein Caravan und ein Auto mit Wohnwagen zusammengestoßen.

„Und das in Zeiten von automatisierter Fahrzeugsteuerung." Ermias Hersi schüttelt den Kopf.

„Sie muss wohl ausgestellt worden oder defekt sein", mutmaßt Villegas.

„Nun sehen Sie sich mal diesen Schaden an", ruft eine Frau unten auf der Straße. Der Angesprochene verschränkt die Arme vor der Brust und setzt sich auf den Fußtritt an der Seite des Wohnwagens. „Wenn Sie nicht genügend Abstand halten, dann kann ich auch nichts machen."

„Sie Idiot. Sie Vollidiot. Am liebsten würde ich Sie ...", schimpft die Frau, verzichtet aber darauf, den Satz zu Ende zu führen.

Der Mann lacht.

„Das ist alles andere als zum Lachen", empört sich die Frau, „Sie geben mir die Schuld, dabei haben Sie zu schnell gebremst, Sie schwachsinniger Idiot."

Mujaj kommt zu ihnen herüber. „Was ist hier los?"

„Der Kerl hat so abrupt gebremst, dass ich aufgefahren bin."

Der Mann lacht wieder und macht eine wegwerfende Handbewegung.

„Nun beruhigen Sie sich", versucht Mujaj zu beschwichtigen. „Wir nehmen den Unfall auf, und dann klärt sich alles."

Die Frau dreht sich wütend zur Seite, und Mujaj erkennt, dass sie unter der Jacke eine Pistole trägt. Sie erstarrt.

„Bitte geben Sie mir Ihre Waffe."

Um sie herum wird es still. Die Frau dreht sich überrascht zu ihr um. Bevor sie etwas sagen kann, redet Mujaj weiter: „Woher haben Sie die überhaupt?"

Die Frau wird rot. „Ein Familienerbstück."

Wenig wahrscheinlich, aber sicher noch gefährlich.

„Warum haben Sie sich nicht an einer der vielen Tauschaktionen beteiligt, Waffen gegen Ressourcen? Da hätten Sie sich für diese Pistole fast schon ein neues Auto kaufen können!"

Insbesondere, seit die Staaten im Jahr 2075 das erste Mal versprochen haben, ihre Waffen abzubauen, hat es viele von diesen Tauschaktionen gegeben. Für eine Privatwaffe das Zehnfache des Materialwertes an Ressourcen zu bekommen, das hat schon gezogen. Ein Auto war aber nie dabei.

„Als ich vor zwei Jahren in New York an der Metro-Station World Trade Center bei einer Tauschaktion mitgearbeitet habe, kamen kaum noch Waffen zusammen", erinnert sich Pathein. „Die meisten waren schon in den Jahren davor abgegeben worden."

„Gut so", bemerkt Villegas. „Eine Pest auf Erden weniger. Aber merkwürdig, wo solche Dinger jetzt immer noch auftauchen."

Erwartungsvoll schaut Mujaj die Frau auf der Straße an. „Ich weiß auch nicht so genau, warum ich die noch nicht getauscht habe."

„Dann lassen Sie uns jetzt tauschen", schlägt Mujaj vor. „Geben Sie mir Ihre Waffe, und wir sorgen dafür, dass Sie Ihre Prämie bekommen."

Die Frau denkt kurz nach und nickt dann. „Was soll ich auch noch damit? Bringt doch nur Unheil."

Sie greift nach der Waffe, nimmt den Lauf in die Hand und reicht sie ihr. Villegas kommt dazu und übernimmt sie. „Das ist noch eine ganz Alte", sagt er zu Pathein, der ebenfalls gefolgt ist. „Wir werden sie unbrauchbar machen und in ihre Rohstoffe zerlegen."

Mujaj organisiert, dass sich jemand um die Unfallaufnahme kümmert, dann setzen sie ihren Weg durch die Siedlung fort. Überall sind Autos, überall Menschen, die einen Stellplatz in Besitz genommen haben. Kurz bevor sie in Richtung Lagerverwaltung abbiegen, entdecken sie bei den Staatspatrioten neben dem Hangar ein großes Lagerfeuer. Die Menschen dort scheinen um das Feuer herumzutanzen, doch der gläserne Bus fährt weiter, und keiner hat den Wunsch, noch einmal anzuhalten. Am Roadhouse steigen Julia und Pathein aus und verabschieden sich von den anderen. Als Pathein zu seiner Zimmertür geht, hält Julia ihn am Arm fest.

„Sehen wir uns heute Abend?"

„Ich will versuchen, später noch rüberzukommen", antwortet er. „Es ist einfach zu viel, und vielleicht brauche ich nur etwas Zeit für mich."

„Pass auf dich auf. Sonst treffen wir uns eben morgen. Schlaf gut!"

Pathein wirkt erleichtert. Er nickt ihr noch einmal zu. „Ja, so machen wir es."

Neue Verantwortung

4. August 2104

Die Ankunft der Neubürger sorgt für viel Gesprächsstoff in Anninarra. Noch am gleichen Tag bilden sich Gruppen, die ihnen mit Rat und Tat zur Seite stehen. Als eine der ersten Aktionen wird über der Hauptstraße ein Transparent mit der Aufschrift „Willkommen in Anninarra" angebracht. Der Alltag geht weiter wie bisher.

Zwei Tage später findet in der Lagerverwaltung die wöchentliche Besprechung der Leitungsebene statt. Der Umgang mit den Neubürgern steht ganz oben auf der Tagesordnung. Auch Ghazala Hussain schaltet sich von Pakistan aus zu.

„Einige Regierungschefs sind besorgt über die Sicherheit des Lagers. Ich konnte sie beruhigen, dass sich niemand irgendwelche Waffen aneignen kann", beginnt sie die Sitzung. „Trotzdem zeigen die Nachfragen eine gewisse Nervosität."

Julia, die diese Sitzung turnusmäßig leitet, bittet Saliha Mujaj um einen Bericht. „Hier und da wurden Wasser und Strom angezapft und auch die Entsorgung des Abwassers läuft nicht überall reibungslos. Uns wurden einige Diebstähle gemeldet. In einem Fall waren es Wertsachen, die während einer Einladung zu einem Abendessen entwendet wurden. Diese Sachen sind immer noch verschwunden."

„Wollen wir die Neubürger denn überhaupt hierbehalten?", fragt Pathein.

„Mit dieser Situation konnte niemand rechnen", seufzt Ghazala Hussain. „Jayden Moore hätte den Aufruf zum Weltvertrag mit uns absprechen müssen. Doch solche Gedanken sind jetzt müßig. Wir haben immer gesagt, dass Anninarra allen seine Tore öffnet, die sich über unsere Arbeit informieren wollen. Dazu müssen wir stehen. Ich werde versuchen, Moore nach Anninarra einzuladen. Er soll das Gespräch mit den Leuten suchen."

„Die sind von allein hergekommen, die fahren auch wieder von allein", murmelt Julia. „Vielleicht machen wir uns zu viele Gedanken."

Am Abend meldet sich Ghazala Hussain noch einmal bei Julia, Pathein und Mujaj. „Ich habe eben mit Moore gesprochen. Er lässt uns hängen, zu viele Termine. Das ist typisch für ihn: Wenn es ernst wird, kneift er. Sagt, er *wollte* die Menschen provozieren. *Wollte*, dass sich alle mit der Frage auseinandersetzen, wie sie Verantwortung in der Welt übernehmen können. Er hat ja recht, dass das eine wichtige Frage ist. Aber so bringt er nur alle gegen sich auf."

Sie hält kurz inne. „Egal wie, wir müssen es jetzt wieder gerade biegen."

Pathein runzelt die Stirn. „Unsere Zusage, dass sich jeder von unseren Sicherungsmaßnahmen überzeugen kann, wird damit sehr strapaziert. Aber natürlich haben wir immer noch die Möglichkeit, die Spielregeln zu ändern und alle Neubürger aus Anninarra auszuweisen."

„Wir könnten die Polizei aus Alice Springs oder Darwin anfordern. Das habe ich heute schon einmal erfragt. Allerdings müssten alle Staaten zustimmen." Mujajs Stimme klingt entschlossen.

„Australische Polizei nach Anninarra zu holen, ist für viele gleichbedeutend damit, einem einzelnen Staat die Kontrolle zu übergeben. Das müssten alle Staaten gemeinsam auf den Weg bringen und eigene Polizisten für eine internationale Einheit nach Australien schicken, und das wäre ein Riesenaufwand und eine Riesenblamage für den Kreis der 1000", sagt Ghazala Hussain. „Keine Polizei! Das meine ich ernst. Wir müssen diese Menschen mit Argumenten überzeugen."

Sie bedeckt mit einer Hand die Augen und murmelt: „Das ist es doch, was alle sehen wollen. Dass wir es nicht hinbekommen. Wenn es in Anninarra zu Gewalt kommt, ist unsere Glaubwürdigkeit dahin. Dann haben wir in den letzten Jahrzehnten umsonst gearbeitet. Wir sind für eine bessere, gewaltfreie Welt angetreten. Es muss möglich sein, dass wir das auch jetzt hinbekommen."

Mit diesen Worten verabschiedet sich Ghazala Hussain aus der Runde.

Die Rechte der Minderheit

6. August 2104

Die Versammlung mit den Neubürgern findet im Hangar statt. Die graublauen Blechwände halten nur wenig von der Hitze ab, obwohl die Abendsonne schon tief am Horizont steht. Von dem an der Rückwand errichteten Podium blicken Julia, Pathein und Mujaj, eingerahmt von je zehn Stühlen links und rechts, durch das gegenüberliegende Tor über das Flugfeld bis hin zu einem Kampfroboter, der in der Ferne sein bizarres Tänzchen aufführt. Selbst über das Gewirr der vielen Stimmen im Hangar hinweg meint man, das schabende Geräusch zu hören.

„Es ist noch nicht einmal drei Wochen her, dass wir bei der Übergabe hier gesessen haben", sagt Julia nachdenklich.

„Und vor fünf Tagen sind die ersten Neubürger gekommen", führt Mujaj den Gedanken weiter. „Nun sind es schon so viele, dass wir einen Hangar damit füllen können."

Die Stuhlreihen mit den bunt zusammengewürfelten Menschen stehen dicht an dicht, nur im hinteren Drittel ist noch Platz. Pathein beugt sich mit dem Lesegerät in der Hand herüber. „Fünf Minuten, dann wird Ghazala Hussain zugeschaltet."

Julias eigenes Lesegerät leuchtet auf.

„Hallo Julia."

„Ja?" Es ist so laut, dass sie fast brüllen muss. Sie dreht dem Publikum den Rücken zu und öffnet das Hologramm in der Minimalansicht. Fengliu! Ein Lächeln huscht über Julias Gesicht, dann hält sie das Lesegerät ganz nah an den Mund. „Du, ich kann gerade nicht."

„Meine Firma schickt mich", hört sie Fengliu sagen. „Ich komme zu dir!" Ihre Augen leuchten hell.

„Wirklich?", antwortet Julia, bemüht, den Lärm zu übertönen. „Wie hast du das denn hingekriegt?"

„Die haben in Anninarra eine Stelle im Außendienst zu besetzen gehabt. Ist zwar weit unter meinem jetzigen Gehalt, aber fürs Erste reicht es!"

„Ehrlich? Das ist ja wunderbar!" Julia strahlt sie an. „Ist da wirklich was dran, dass die alle nur nach Anninarra gekommen sind, weil ihr den Weltvertrag noch nicht unterschrieben habt?"

Die Frage lastet schwer auf Julia. „Quatsch", antwortet sie kurz. „Das hat nichts miteinander zu tun." Fengliu möchte etwas sagen, doch Julia ist schneller. „Ich muss Schluss machen. Gib Bescheid, wann du ankommst, ich kümmere mich um alles."

Ihre Freundin nickt. In dem geblümten Sommerkleid sieht sie bezaubernd aus. Julia spürt, wie ihr mit einem Mal neue Energie zufließt.

„Ich habe es in den drei Wochen hier in Anninarra noch nicht geschafft, in eine passende Bleibe für mich umzuziehen. Wenn du willst, kannst du aber trotzdem die erste Zeit bei mir wohnen. Wär' ja nichts Neues."

Fengliu lächelt. „Gern!" Sie hebt die Hand und winkt ihr zu, reckt noch einmal den Kopf, als würde sie herausfinden wollen, wo Julia gerade ist. Dann ist die Verbindung beendet. Inzwischen ist Präsidentin Hussain als Hologramm zugeschaltet. Pathein schaut kurz zu Julia und Mujaj herüber, dann aktiviert er sein Lesegerät und erhebt sich.

„Herzlich willkommen!" Seine Stimme hallt durch den Hangar. Schnell tritt Ruhe ein. „Ich freue mich, dass Sie dem Aufruf zur Einwohnerversammlung gefolgt sind. Noch vor einem Jahr bestand dieser Ort nur aus einer Farm und einem verfallenen Roadhouse. Erst vor zwei Wochen haben wir unsere erste, konstituierende Einwohnerversammlung mit dreiundsechzig Anwesenden durchgeführt. Heute Abend sind wir schon über zweitausend Menschen. Sie können sich denken, dass ein solcher Bevölkerungszuwachs einen Ort wie diesen massiv verändert. Doch nicht nur hier, auch in der ganzen Welt hat Ihre Reise nach Anninarra große Aufmerksamkeit hervorgerufen. Wir wollen mit Ihnen darüber sprechen. Ich freue mich, dass sich auch die Präsidentin des Kreises der 1000, Ghazala Hussain, zugeschaltet hat. Herzlich willkommen, Frau Präsidentin!"

Das Hologramm von Ghazala Hussain, das sich links neben Mujaj, Julia und Pathein eingereiht hat, verbeugt sich leicht. Vereinzelt ist Applaus zu hören, doch überwiegend bleibt es still.

Pathein atmet tief ein. „Wir wollen heute von Ihnen lernen und verstehen, warum Sie hier sind, was Sie von uns wollen. Aus meiner Sicht ist absolut klar, dass Anninarra ein Waffenlager ist und als solches betrieben werden muss. Uns erreichen täglich Nachrichten von Menschen, die sich Sorgen machen, ob die Waffen noch sicher sind, und diese Sorgen müssen wir ernst nehmen. Daher kann ein Ziel der heutigen Sitzung nur sein, zu besprechen, wie wir Ihre Abreise aus Anninarra gemeinsam gestalten können. Um für einen reibungslosen Austausch zu sorgen, haben wir Sie im Vorfeld gebeten, sich auf zwanzig Personen zu verständigen, die als Ihre Sprecher auf die Bühne kommen können. Alle anderen sind eingeladen, sich gegebenenfalls mit weiteren Fragen und Hinweisen zu Wort zu melden. Bitte kommen Sie nun nach vorn."

Es entsteht eine leichte Unruhe, dann kommen zwanzig Menschen auf die Bühne, unter ihnen auch Daniel Lowlands und Ugyen Gasa. Sie setzen sich auf die bereitgestellten Stühle und bilden einen Halbkreis um Pathein, Julia, Mujaj und Ghazala Hussain.

Julia beginnt. „Warum sind Sie hier? Mir fällt auf, dass viele von Ihnen gegen die Gleichmäßige Ressourcenverteilung sind. Aber was hat das mit uns zu tun? Wir haben hier nur die Aufsicht über die Waffen."

„Nichts hat das mit Ihnen zu tun", antwortet Lowlands. In seiner Stimme liegt eine Portion Verachtung. „Wir wissen, dass Sie und Pathein sich immer mehr von Ihren ursprünglichen politischen Positionen entfernt haben. Wir erwarten nichts von Ihnen und den anderen hier." Er macht eine wegwerfende Handbewegung Richtung Mujaj und der Präsidentin.

„Aber der Ort Anninarra ist für uns zu einem Ort der Hoffnung geworden", fährt er fort. „Ein Ort, an dem wir zum ersten Mal seit langer Zeit wieder atmen können. Hier sind so viele von uns zusammen, dass wir reden und unsere Gedanken frei äußern können. Hier wollen wir bleiben."

„Aber, liebe Mitbürger", schaltet sich Ghazala Hussain ein, „ich möchte jetzt nicht die unzähligen Argumente wiederholen, die im Zusammenhang mit der Gleichmäßigen Ressourcenverteilung schon ausgetauscht wurden. Ich sage nur, dass wir alle einen Maßstab brauchen, wie viele Ressourcen der Welt jedem Einzelnen zustehen. Und dass jeder, der mehr haben will, diese von anderen, die mit weniger auskommen, abkaufen muss. Die Gleichmäßige Ressourcenverteilung schränkt niemanden ein."

„Ich glaube nicht an diese Art von Mathematik", sagt ein Mann aus der Runde. „Ich kann überhaupt dieser ‚Wissenschaft' …", er hebt die Hände, als würde er Gänsefüßchen in die Luft malen, „… wenig abgewinnen. Es hat doch früher auch immer alles funktioniert."

„Ja, aber mit welchen Konsequenzen?", entgegnet Mujaj. „Hunger, Kriege, Umweltzerstörung. Es war, als würde die Menschheit sehenden Auges gegen eine Wand fahren!"

„Das wird alles immer völlig übertrieben. Das war gar nicht so schlimm. Das wird alles nur manipuliert."

„Auf dieser Basis kann ich kein Gespräch führen", sagt Ghazala Hussain. „Wir müssen uns schon an Zahlen und Fakten halten."

„Die haben für mich keine Relevanz. Ich glaube nur das, was ich sehe. Oder das, was meine Väter gesehen haben."

„Auf diese Weise wird Ihnen vieles im Leben für immer verborgen bleiben", sagt Ghazala Hussain ernst.

„Mir werden meine Freiheiten genommen, deswegen bin ich hier", meldet sich Lowlands wieder zu Wort. „Ich möchte meinen Laden ohne GR betreiben. Immer wieder musste ich von einem Ort zum nächsten weiterziehen, von Staat zu Staat. Die Menschen wenden sich einfach ab, kaufen nicht mehr bei mir. Wie kann es sein, dass man mich dermaßen ausgrenzt? Und das, obwohl es noch nicht einmal ein Gesetz gibt, dass mir den Handel ohne GR verbietet."

Ghazala Hussain blickt ihn nachdenklich an. „Die Menschen sehen wohl die Notwendigkeit, dass eine Regelung wie die Gleichmäßige Ressourcenverteilung kommen muss, wenn es auf der Welt besser werden soll."

„Aber was ist", entgegnet Lowlands gereizt, „wenn ich es gar nicht gerecht haben will? Ich bin Kaufmann. Was habe ich mit Gerechtigkeit am Hut?"

„Jeder Beruf kann einen Beitrag für eine gerechte Welt leisten. Auch Kaufleute."

„Wir wissen alle, wie wichtig es ist, Gutes zu tun", erwidert Lowlands. „Tag für Tag entscheidet jeder von uns, wann er oder sie etwas Gutes tun will und wann nicht. Es ist von vielen Faktoren abhängig: von der Zeit, die jemand hat, vom Geld, von der Sympathie der Person gegenüber, die man unterstützen will, von äußeren Umständen. Schwierig wird es für mich, wenn das Gute verordnet wird, wenn man keine Wahl mehr bekommt, Ja oder Nein zu sagen. Wenn man helfen muss, weil man ansonsten als Soziopath abgestempelt wird. Das macht aus mir einen Geisteskranken, der sich gegen die Gesellschaft stellen will. Dabei will ich nur meine Freiheit behalten, selbst darüber zu entscheiden, was mir wichtig ist und wann ich helfen will."

„Verantwortung, Verantwortung", zischt eine Frau von unten dazwischen, „die kann mir gestohlen bleiben."

„Wir sind ganz anderer Meinung als er und trotzdem gerade deswegen mit ihm verbunden", mischt sich nun Ugyen Gasa ein und zeigt dabei seine Zähne. „Wir sind der Meinung, dass auch mit der Gleichmäßigen Ressourcenverteilung lange noch nicht genug dafür getan wird, Gerechtigkeit auf diese Welt zu bringen. Denken Sie an die Millionen, ach, Milliarden Kinder, die im Lauf der Weltgeschichte verhungert sind, an Kriege, Sklaverei, Ausbeutung. Denken Sie daran, was sogar heute noch an Ungerechtigkeiten auf der Welt passiert, dass Menschen allein aufgrund ihrer Herkunft mehr haben als andere. Hat nicht jeder ein Recht auf die gleichen Lebenschancen? Wir sagen, dass diejenigen, die mehr haben, uns nach wie vor etwas schulden. Dass das, was sie haben, nicht nur auf ihren Fleiß und ihre Lebenseinstellung zurückzuführen ist."

„Sollten wir nicht zuerst eine gerechtere Welt für die Zukunft schaffen, bevor wir uns Gedanken über die Vergangenheit machen?", fragt ihn Ghazala Hussain mit großer Ernsthaftigkeit. „Glauben Sie mir, ich verstehe Sie gut. Aber wo endet die Forderung, die Sie aufstellen? Wann wird es genug sein mit dem Ausgleich? Müssten dann nicht genauso viele Menschen in der Zukunft sterben wie durch das vergangene Unrecht – nur diesmal auf der Täterseite? Wollen Sie auch noch Enkel und Urenkel bis hinein in die fernste Zukunft dafür bestrafen?"

„Der Schmerz ist immer noch da", antwortet Gasa entschieden.

„Sie beantworten Schmerz mit Schmerz, Mord mit Mord. Aber Sie wissen doch selbst, dass das zu nichts führt. Es muss andere Wege geben." Gasa schüttelt bloß den Kopf und wendet sich ab.

Ghazala Hussain sieht in die Runde. „Ich habe nun verstanden, dass Sie alle die Ablehnung der Gleichmäßigen Ressourcenverteilung eint. Aber es erklärt nicht, warum Sie ausgerechnet hier sind."

„Dass wir die Gleichmäßige Ressourcenverteilung ertragen müssen, ist schlimm genug", meldet sich eine Frau, die neben Lowlands sitzt. „Dass man uns nun zwingen will, die Regelungen mit dem Weltvertrag verbindlich zu machen, geht gar nicht."

Ghazala Hussain räuspert sich. „Sie haben sicher verfolgt, wie ich dazu stehe. So wichtig ich die Gleichmäßige Ressourcenverteilung finde, so kritisch sehe ich das Verfahren, das Jayden Moore mit dem Weltvertrag gestartet hat. Doch jetzt, wo sich so viele Menschen dafür aussprechen, kann auch ich nicht anders, als diesem Weg zu folgen. Und wenn Sie mich fragen, ist er alternativlos, wenn wir eine bessere

Zukunft erreichen wollen. Wir alle sollten uns wie gute Demokraten verhalten und akzeptieren, wenn sich Mehrheiten für neue Wege finden."

„Nun", sagt Lowlands, „dann sind wir jetzt am entscheidenden Punkt. Wir halten das, was gerade passiert, für absolut undemokratisch und lehnen es deswegen ab."

„Bitte?", wundert sich Pathein. „Was meinen Sie damit?"

„Moore hat die Abstimmung zum Weltvertrag im Buch der Weltidentität gestartet. Das Buch, in das alles hineingeschrieben werden kann, was für die Nachwelt erhalten bleiben soll. Das, was von mir bleiben soll, wenn ich selbst nicht mehr da bin. In dieses Buch soll ich also reinschreiben: ‚Ich bin gegen den Weltvertrag.' Für alle Ewigkeit wird das dann dort stehen, für alle meine Freunde, Kinder, Enkelkinder und alle weiteren Nachfahren sichtbar. Dass Moore das macht, ist ja kein Zufall: Er will Druck machen, er will uns zwingen, zu unterschreiben und uns der Gleichmäßigen Ressourcenverteilung zu unterwerfen. Das nenne ich undemokratisch."

„Genau das habe ich auch kritisiert", pflichtet Präsidentin Hussain ihm bei. „Sein Argument war, dass es nicht sein kann, dass eine große Mehrheit, die für die Gleichmäßige Ressourcenverteilung einstehen will, diejenigen mitschleppen muss, die mit ihrem unsozialen Verhalten auf Kosten aller anderen leben wollen. Dass sich diese Menschen zumindest dazu bekennen müssen, wie unsozial sie sich verhalten und dass es ihnen egal ist, was andere von ihnen denken."

„Diese Diskussionen sind allgemein bekannt", entgegnet Gasa. „Wobei ich es für eine abenteuerliche Unterstellung halte, dass wir uns nicht der Meinung einer Mehrheit beugen würden. Wir können doch gar nicht wissen, ob der Weltvertrag überhaupt eine Mehrheit in der Weltbevölkerung finden würde. Es gibt Organisationen wie den Kreis der 1000, die das behaupten, aber genauso gibt es auch andere, die das sehr in Zweifel ziehen."

„Wie ich heute Morgen erfahren habe, erreichen die Unterschriften unter den Weltvertrag bald drei Milliarden", sagt Ghazala Hussain,

„dabei läuft die ganze Aktion erst seit drei Wochen. Das sind also ganz beachtliche Zahlen."

„Sehen Sie, das ist genau, was ich meine", Lowlands Ton gewinnt an Schärfe. „Keiner von uns kann sagen, wie viele von diesen drei Milliarden unter Druck und Zwang ihre Stimme abgegeben haben. Nein, nein ...", er hebt die Hand, um einer Wortmeldung von Mujaj zuvorzukommen, „wenn wir hier weiterkommen wollen, müssen wir das Verfahren vom Kopf auf die Füße stellen. Wir müssen nach demokratischen Spielregeln darüber abstimmen lassen. Unabhängig, frei, aber vor allem auch geheim. Und erst dann, wenn zwei Drittel der Weltbevölkerung zustimmen, wäre dies eine Mehrheit, der auch ich folgen würde, denn das, was da geplant ist, greift in meine Grundrechte ein. Sie wissen, dass diese Forderung auch schon an anderer Stelle erhoben wurde, und wir wissen, dass auch das Büro von Moore schon damit befasst ist."

Ein Anflug von Frustration erfasst Ghazala Hussain. „Ihnen ist klar, dass es keinen Weltstaat gibt und damit auch keine Weltverfassung, die einen klaren rechtlichen Rahmen für so etwas vorgibt?"

„Den gibt es für den Weltvertrag ja auch nicht. Es ist nicht das erste Mal, dass so etwas organisiert wird, und die Spielregeln sind mehr als eindeutig."

Die Präsidentin legt die Stirn in Falten. Gerade erst ist ihr die Schlussrechnung für die weltweiten Abstimmungen zur Entmilitarisierung präsentiert worden. Die Kosten beinhalten sowohl die Organisation der Abstimmung überall als auch deren Überwachung durch Rechtsanwälte und Notare und werden das schmale Budget des Kreises der 1000 vermutlich noch auf Jahre belasten. Auch wenn durch den Betrag, den die Staaten für die Verwaltung Anninarras an den Kreis der 1000 zu zahlen hatten, wenigstens eine Grundlage für eine Gegenfinanzierung geschaffen wurde.

Lowlands beobachtet sie genau. Er verzieht das Gesicht zu einem Lächeln, was die ledrige Haut nur noch mehr in Falten zieht. „Ich finde", sagt er betont gelassen, „Sie sollten das auch mit Moore besprechen.

Er sollte sich an der Organisation einer Wahl beteiligen, wenn er auf seinen Weltvertrag nicht doch noch verzichten will."

Das wäre ihm gerade recht, wenn wir jetzt auch noch anfangen würden, uns zu zerstreiten, geht es Ghazala Hussain durch den Kopf.

„Ich werde mit ihm reden", erwidert sie ungerührt. „Ob wir auf Ihre Zwei-Drittel-Forderung eingehen, kann ich noch nicht sagen."

„Das ist das Minimum", sagt Gasa.

Ghazala Hussain verliert die Geduld. „Sie sind hier ein paar wenige und wollen uns vorschreiben, wie wir eine Abstimmung für die ganze Welt durchzuführen haben?"

„Wir können Ihnen gar nichts vorschreiben." Lowlands lächelt gelassen. „Aber wenn Sie wollen, dass wir uns auf einen Deal einlassen, dann ist das unsere Bedingung: freie, unabhängige, geheime Wahlen weltweit. Zwei-Drittel-Zustimmung zum Weltvertrag nicht über die abgegebenen Stimmen, sondern über die Anzahl der Wahlberechtigten auf Grundlage der neun Komma eins Milliarden Weltbevölkerung. Wenn Sie das erreichen, dann verlassen wir Anninarra."

„Sie wissen sehr wohl, dass wir die wilden Lager auch räumen lassen können", sagt Mujaj.

„Ich sehe schon vor mir, was das für schöne Bilder geben wird", antwortet Lowlands ungerührt. „Wie die Gegner des Weltvertrages mit Gewalt mundtot gemacht werden. Das wird bestimmt gut ankommen."

Tatsächlich hat die Lagerverwaltung erst am Tag zuvor mit einigen Experten ein solches Szenario durchgespielt. Angesichts der Ausgangsbedingungen wäre mit Dutzenden, vielleicht Hunderten Verletzten zu rechnen, Menschen könnten dabei zu Tode kommen. Auch die Diskussion mit den Staaten, die einem Polizeieinsatz zustimmen müssten, würde alles andere als einfach werden und viel Zeit verschlingen. Die Kollegin aus dem Büro von Moore ist höchst erschrocken, als ihr dies alles bewusst wurde. Das wäre auf jeden Fall das Ende für den Weltvertrag, da ist sie sich ganz sicher. Wer würde noch unterschreiben wollen, wenn er solche Bilder sähe?

Die Präsidentin fixiert Lowlands mit einem dunklen Blick. Am Ende ist es vielleicht genau das, was er will. Gewalt und Krawalle. Nur um sich selbst nicht ändern zu müssen. Ungeachtet dessen, was für die Zukunft aller gut ist.

„Wie gesagt", antwortet sie langsam. „Ich werde das mit Moore besprechen. Ohne ihn wird es nicht gehen."

Gasa wirkt zufrieden. „Wie Sie es machen, ist uns egal. Ohne eine solche Abstimmung wird es keine Akzeptanz für den Weltvertrag geben."

Ghazala Hussain nickt Pathein zu. Pathein fragt nach weiteren Wortmeldungen, und schließt die Veranstaltung, als sich niemand rührt. Begleitet vom Stimmengewirr des Aufbruchs ziehen sich Ghazala Hussain, Julia, Mujaj und Pathein an die Rückseite des Hangars zurück. Die Zornesfalte auf der Stirn der Präsidentin ist deutlich zu sehen.

„Wahlen in der ganzen Welt!" Ihre Augen, eben noch schmal und ernst, blitzen. „Dafür wird Moore aufkommen, so wahr ich hier stehe!"

Mujaj, Julia und Pathein schauen bitter in die Menge. Viel mehr fällt ihnen dazu auch nicht ein. Zornig verlischt das Hologramm von Ghazala Hussain.

„Dann haben wir jetzt wenigstens eine klare Richtung", flüstert Mujaj, als wollte sie Julia und Pathein wieder etwas aufbauen.

„Wir werden sehen, wohin das führt", antwortet Julia. „Kommt, wir gehen etwas trinken", sagt Pathein. „Mehr können wir heute Abend ohnehin nicht mehr tun."

Zwiegespräch

Fengliu hebt mit einer Hand zwei Eier in die Höhe, in der anderen hält sie eine Portion Mehl. Sie schiebt mit dem Fuß einen Koffer beiseite und steigt über eine Tasche, aus der ein paar Schuhe hervorlugen. Am Bett angekommen, streckt sie beide Arme nach vorn.

„Nicht!", ruft Julia.

Fenglius Grinsen wird breiter. Sie dreht die Hände und die Eier und das Mehl fallen nach unten. Langsam fließt das weiß bestäubte Eigelb in den blauen Teppich und wird mit dem Mehl zu einer klebrigen Masse.

„Fengliu!", ruft Julia empört. „Muss das sein?"

„Ja!", sagt die und strahlt über das ganze Gesicht. „Damit du siehst, womit ich mich so beschäftige." Sie greift hinter sich und zieht einen kugelförmigen Saugroboter nach vorn. „Taraaa! Das ist die neueste Generation, der Dirt Demon Deebot DM 42!"

„Aber ich weiß doch, dass du als Verkäuferin nach Anninarra gekommen bist."

„Aber das hier ist wirklich etwas Besonderes."

Julia verdreht die Augen. „Nur schade um die Lebensmittel."

„Eben nicht!" Fengliu stellt das Gerät auf den Boden. Der Saugroboter fährt los. Nach kurzer Zeit glänzt der Teppich wie neu.

„Und?", fragt Julia. „Was ist daran jetzt so besonders?" Fengliu beugt sich hinunter und öffnet den Deckel. „Taraaa! Taraaa!"

„Was? Wie bitte?" Julia blickt ins Innere des Saugroboters. Dort liegen die beiden Eier, vollkommen unversehrt, als wäre ihnen nie etwas zugestoßen, neben einer Tüte mit dem Mehl. Schmutz und

Fasern sammeln sich im Fach daneben. Vorsichtig nimmt Julia die Eier in die Hand.

„Das ist die neueste Entwicklung auf dem Markt. Dieser Roboter reinigt nicht nur Böden, Wände und Decken, er sortiert auch das Saug-Gut, sodass es sogar noch gegessen werden kann."

Schnell legt Julia die Eier wieder zurück. „Wirklich? Ich glaube, da würde ich doch lieber verzichten."

„Du musst keine Bedenken haben", entgegnet Fengliu. „Alle Innenteile des Saugroboters sind mit einer besonders glatten und keimabweisenden Schutzschicht ausgekleidet. Da haftet nichts, alles ist selbstreinigend. Wissenschaftler haben festgestellt, dass die Eier danach sauberer sind als zuvor." Fengliu strahlt über das ganze Gesicht. Ihren Job als Verkäuferin für Haushaltsartikel würde sie zweifellos gut machen.

„So wichtig war es dir also, wieder bei uns zu sein, dass du jetzt sogar Staubsauger verkaufst? Wie heißt dieses Ding noch mal?"

Fengliu betont jedes einzelne Wort: „Dirt Demon Deebot DM 42." Sie blickt Julia ernst an. Dann bricht sie in herzhaftes Lachen aus. Julia kann nicht anders und stimmt ein. Vergnügt holt sich Fengliu einen Becher Tee von der Kommode, setzt sich neben Julia ans Kopfteil des Betts und legt ein Bein auf die Matratze.

„Danke, dass ich bei dir wohnen kann."

„Gern", antwortet Julia. Sie richtet sich auf und lehnt sich mit dem Rücken gegen einen Bettpfosten. Ihre nackten Füße berühren sich fast. Im Grunde ihres Herzens hat sie nichts dagegen, dass Fengliu etwas Abwechslung in ihren Alltag bringt. Nicht zuletzt wegen Pathein. In letzter Zeit läuft die Beziehung zu ihm immer mehr ins Leere. Sie kann gar nicht sagen, dass etwas Bestimmtes vorgefallen ist. Pathein wird einfach immer ernster, von Tag zu Tag. Erst gestern hatte er angekündigt, sein Büro in der Lagerverwaltung in das Erdgeschoss zu verlegen, sodass er nicht mehr Tür an Tür mit Julia arbeiten würde.

„Und?", fragt Fengliu. „Was machst du jetzt?"

Julia schaut starr nach vorn. „Keine Ahnung. Ich freue mich auf das Kind, aber geplant war da nichts. Wenn nur nicht alles so kompliziert wäre."

„Aber, was ist mit Pathein? Hat er nicht auch das Recht, sich auf seine Vaterrolle zu freuen?"

„Ich bin noch nicht einmal im dritten Monat. Im Augenblick habe ich so viel mit mir selbst zu tun. Ich werde es ihm schon noch sagen."

Fengliu schüttelt den Kopf. „In dem Jahr, in dem ich mit euch gearbeitet habe, habe ich mir manchmal gewünscht, dass ihr eines Tages ein Paar werdet. Ihr wart so unterschiedlich, aber immer, wenn ihr zusammen wart, stand der Raum unter Spannung. Es Pathein nicht zu sagen, egal wie ihr gerade zueinander steht, finde ich nicht richtig."

„Das hier ist ein Dorf", wirft Julia ein. „Ich weiß nicht, wie sich die Nachricht von meiner Schwangerschaft auf unsere Arbeit auswirken wird. Und irgendwann bin ich ja sowieso weg. Ich werde es ihm schon noch erzählen, und wir werden Wege finden."

„Du ziehst weg, wo ich doch gerade erst angekommen bin?"

„Keine Sorge. Jetzt noch nicht. Ich habe mit Ghazala Hussain ursprünglich ein Jahr vereinbart. Da werde ich irgendwann nachverhandeln müssen. Zunächst aber will ich alles geregelt wissen, bevor ich wieder gehe. Und wenn du möchtest, kannst du gern mitkommen. Das wäre doch schön, oder?"

Fengliu verschränkt die Arme vor der Brust. Ein Haus auf dem Land, Julia mit einem Kind an der Hand. Eine schöne Vorstellung. Ihr Gesicht nimmt einen besorgten Ausdruck an. „Wie zufrieden bist du denn mit den Entwicklungen der letzten Tage?"

„Ghazala Hussain ist ein Profi. Ich glaube kaum, dass andere es so schnell hinbekommen hätten, diese Wahlen auf den Weg zu bringen. Nur, was die Finanzierung betrifft, hat sie sich nicht durchsetzen können. Die Kosten sollen nun zwischen dem Sekretariat der Gleichmäßigen Ressourcenverteilung und dem Kreis der 1000 aufgeteilt werden. Gegen einen Jayden Moore kommt man einfach nicht an."

Julia atmet tief ein. „Ich glaube, wir sind auf einem guten Weg", sagt sie und seufzt. Ihre Freundin nimmt sie in den Arm.

„Das ist alles ganz schön viel für dich."

„Jetzt, wo auch noch ein Wahlkampf um den Weltvertrag beginnt, bestimmt. Aber auch das werden wir hinbekommen."

„Vielleicht ja auch das mit Pathein und dir", sagt Fengliu.

Julia schaut sie scharf an. „Wehe, du sagst ein Wort!"

„Niemals. Darauf kannst du dich verlassen."

Von unten stößt etwas gegen das Bett. Julia dreht sich zur Seite und sieht den Saugroboter, der sich wieder in Bewegung gesetzt hat. Wenn es jetzt schon Maschinen gibt, die etwas heiler machen können, als es zuvor je gewesen ist, müssen wir Menschen das doch auch können.

Alte Weggefährten

15. August 2104

Kameradrohnen schweben über Pathein, als er auf das wilde Lager zugeht. Fast zwei Wochen sind die Neubürger jetzt schon dort, und immer noch werden es mehr. Pathein aktiviert die Navigation am Lesegerät und betritt die dunkle Gasse zwischen den Rückseiten zweier Wohnwagen. Er drückt sich an einigen spielenden Kindern vorbei und geht nach links. Dann folgt er einem Gang unter den Dächern weiter geradeaus, bis er auf einen breiten Weg kommt. Die Menschen auf der Straße blicken zu ihm herüber. Müde kommen sie ihm vor. Ist das die Welt, die ihr euch gewünscht habt, als ihr nach Anninarra gekommen seid?, geht es ihm durch den Kopf. Er strafft den Rücken und tritt aus der dunklen Ecke hervor. Sofort tauchen neue Kameradrohnen auf. Eine bleibt direkt vor seinem Gesicht stehen. Seitdem die Wahl um den Weltvertrag eröffnet ist, scheint sich Anninarra zu einem Hotspot für Journalisten zu entwickeln. Gemessenen Schrittes geht Pathein den steinigen Weg zwischen den einfachen Behausungen hinunter. Schließlich macht die Straße eine leichte Biegung nach links und endet unvermittelt auf einem kreisrunden Platz mit einem Durchmesser von etwa fünfzig Metern. Auf der anderen Seite steht der silberne Caravan, der sich von den angrenzenden Hütten und Wohnmobilen abhebt. Auf dem Dach ist ein Schild angebracht:

FÜR DIE FREIHEIT – GEGEN DEN WELTVERTRAG

Daneben ist das Logo der Sozialen Gerechtigkeit zu sehen.

Pathein setzt ein Lächeln auf und geht über den Platz direkt auf den Wagen zu. Die Kameradrohnen vereinen sich mit weiteren, die bereits den Caravan umkreisen. Schnell geht er weiter und weist die vor dem Wagen wartenden Journalisten mit einer kurzen Geste ab. Stattdessen öffnet er die Tür und macht einen großen Schritt in die Dunkelheit hinein.

Ugyen Gasa sitzt an einem Tisch gegenüber der Tür und schaut überrascht auf. Unwillkürlich schüttelt sich Pathein, als er dem abgestandenen Geruch nach zu viel Arbeit in zu engen Räumen nicht mehr ausweichen kann. Sofort fühlt er sich an sein elterliches Zuhause erinnert.

„Hey", brummt Gasa und vertieft sich wieder in ein Hologramm, das vor ihm auf einem kleinen Tisch zu sehen ist. Das kantige Gesicht wirkt in dem spärlichen Licht wie gemeißelt.

„Hätte nicht gedacht, dass ihr hier so schnell ein Wahlkampfzentrum der Sozialen Gerechtigkeit einrichtet", sagt Pathein.

„Warum nicht?", ist eine tiefe Frauenstimme aus dem Hintergrund zu hören. Pathein hält den Atem an.

„Yvonne? Du bist schon da?"

Im dunklen Ende des Caravans schabt ein Stuhl über den Boden, dann steht sie vor ihm. Ihre blauen Augen mustern ihn aufmerksam.

„Du trägst dein Haar jetzt kurz", stellt Pathein fest. Als er sie vor vielen Jahren kennengelernt hat, war sie noch blond. Jetzt ist ihr Haar grau. Es passt zu dem von Falten durchzogenen Gesicht. Und zu ihrer Einstellung den Dingen gegenüber.

„Du bist eine Legende!", lächelt sie ihn an. „Hast sogar Ghazala Hussain kleingekriegt und die Wahlen durchgesetzt."

Yvonne Atleo, seine Nachfolgerin in der Leitung der Sozialen Gerechtigkeit, eine echte Aktivistin. Für gewöhnlich erreicht sie, was sie sich vornimmt. Als Pathein Anfang der Neunziger Vorsitzender wurde, war sie schon zwanzig Jahre Geschäftsführerin. Kannte alles und jeden.

„Bruder!", sagt sie und breitet die Arme aus. Das hat Pathein schon immer gehasst. Dieser blöde Umgang miteinander. „Schwester", antwortet er und lächelt freundlich. Sie umarmen sich. Wie immer landet er mit dem Gesicht an ihrer Brust, denn Yvonne Atleo überragt ihn um mindestens zwei Kopflängen. Er beeilt sich, die Umarmung so schnell wie möglich zu beenden. Irritiert stellt er fest, wie sehr ihn ihr Duft an die alten Zeiten erinnert.

„Setzt euch", sagt Gasa und zeigt auf zwei Klappsitze, die links und rechts neben der Eingangstür angebracht sind. Pathein sieht sich um. Erst jetzt erkennt er die Plakate an den Wänden und die vielen geöffneten Hologramme – alles aktive Kommunikationskanäle.

„Wie viele Lesegeräte nutzt ihr parallel?"

„Siebenhundertdreiundachtzig", antwortet Gasa.

„Und hier wollt ihr also Wahlkampf machen."

„Nicht nur für Anninarra", bestätigt Atleo, „für die ganze Welt!"

„Wie bitte?"

Atleo lächelt in sich hinein. „Es gibt einen Vorstandsbeschluss dazu. Wenn du einmal teilnehmen oder wenigstens die Protokolle lesen würdest, wüsstest du das."

„Ich habe jetzt hier zu tun."

„Ja, ich weiß", erwidert Atleo und verzieht das Gesicht zu einer Grimasse.

Pathein verkneift sich einen Kommentar. „Warum gerade hier?"

„Hier liegt das größte Mobilisierungspotenzial. Über neunzig Prozent! In anderen Teilen der Welt erreichen wir vielleicht hier und da einmal zwei, in ganz seltenen Fällen drei Prozent. Hier können wir etwas werden, dank dir! Und hier ist es natürlich auch noch dramatischer. Mit den Waffen und so." Sie dreht die Hände nach oben, als würde sie aus der Decke etwas herausschrauben.

„Mutombo ist auch gekommen. Die Freiheitsbewegung wird ihre Zentrale ebenfalls in Anninarra aufschlagen", sagt sie.

„Ich weiß. Das Bauvorhaben am Rand der Siedlung ist nicht zu übersehen."

„Schöne Geschichte, die da um die Welt ging", sagt Atleo. „Wie fassungslos der war, als er das Zimmer von der Avalux im Roadhouse gesehen hat. ‚Wie wohnst du denn?‘, soll er gerufen haben. Hat sich wohl etwas verschlechtert, die Dame aus feinem Hause.“

Das Lachen breitet sich über Atleos ganzen Körper aus.

Pathein zuckt mit den Schultern. „Wir sind ja gerade mal vier Wochen hier und beide noch auf der Suche.“

„Aber doch wohl hoffentlich nicht zusammen?“

Pathein schüttelt den Kopf und schweigt. Innerlich fühlt er sich wie zerrissen.

„Im Wahlkampf ist diese Geschichte eindeutig ein Minuspunkt für die Freiheitsbewegung“, fährt Atleo fort. „Und das ist die einzige Maßeinheit, die jetzt noch zählt.“

Wieder zeigt sie dieses unverschämte Grinsen. „Wie auch immer, wir können uns nicht beklagen. Du hast deinen Job hier gut gemacht. Alles steht kopf. Für all die Menschen, die den Weltvertrag ablehnen, bist du noch immer ein Held.“

„Ist das so? Da bin ich mir nicht so sicher.“

„Wer sonst hätte dafür sorgen können, dass so viele Gegner des Weltvertrages nach Anninarra kommen? Unglaublich, was hier los ist, und es werden immer mehr! Wir müssen dir danken.“

„Ich habe nichts gemacht, es ist einfach passiert“, gibt Pathein zurück. Langsam wird es ihm zu bunt. „Nun also: Warum wolltet ihr mich heute unbedingt sprechen?“

Atleo beugt sich zu ihm herüber. „Wir brauchen einen Frontmann für den Wahlkampf gegen den Weltvertrag. Niemand könnte die Menschen so mobilisieren wie du.“

„Ich glaube nicht, dass das eine gute Idee ist“, sagt Pathein langsam, aber bestimmt. „Ich habe in Anninarra bereits eine Position inne, die auch für euch wichtig ist und die ich damit gefährden würde.“

„Es ist doch nicht wegen Julia, oder?“

„Da ist nichts. Außerdem wäre das meine Privatsache.“

Atleo sieht ihn nachdenklich an. „Das glaube ich kaum“, sagt sie. „Du könntest damit viel kaputt machen.“

„Ich werde es mir merken“, bemerkt Pathein trocken.

Um sie herum klappen weitere Hologramme auf. Immer mehr Kommunikation über den Weltvertrag. Oder vielmehr dagegen.

Atleos Ton wird sanfter. „Wir haben schon so viele Kampagnen zusammen gemacht. Und gegen die Freiheitsbewegung doch sowieso."

„Das ist alles Vergangenheit. Ich werde euch nicht helfen können. Wir sollten es dabei bewenden lassen, dass ich immer noch im Vorstand bin."

Wie eine dunkle Wolke kommen Erinnerungen an die jahrzehntelange gemeinsame Arbeit in ihm hoch, auch an die vielen schönen Momente, die Erfolge, die es gegeben hat. Ob er diesen Teil seines Lebens je hinter sich lassen könnte, weiß er nicht zu sagen.

Fast sieht es so aus, als würde Patheins ehemalige Weggefährtin ähnlich empfinden. Enttäuscht senkt sie den Kopf. „Dann leite ich den Wahlkampf für die Soziale Gerechtigkeit eben selbst."

„Das scheint mir das Beste", sagt Pathein. Er schweigt und schaut sie kurz an. „Ich sollte jetzt besser gehen."

Mit einem kurzen Nicken verabschieden sie sich voneinander, dann reißt Pathein die Tür auf und springt aus dem Wagen. Kameradrohnen umschwirren ihn wie Fliegen. Er scheucht die Journalisten beiseite und marschiert schnellen Schrittes in Richtung Siedlung, zurück zu seinen eigentlichen Aufgaben.

Wahlkampf

15. August 2104

Julias Absätze klappern über den hell glänzenden Marmorboden. Die Eingangshalle allein misst schon deutlich mehr als einhundert Quadratmeter, vom restlichen Haus ganz zu schweigen. Ein Palast.

„Da schaffen wir schon alle Waffen der Welt an diesen einen Ort, und ihr habt nichts Besseres zu tun, als hinterherzukommen?", sagt sie. Ihre Worte werden von den kunstvollen Wandteppichen verschluckt.

„‚Schöne Dinge wachsen inmitten von Dornen', sagt man bei uns im Kongo", antwortet Kapenda Mutombo. Seine Haut glänzt im Licht der Sonne. Dunkler Nadelstreifenanzug, blütenweißes Hemd und eine dunkelblaue Krawatte. Der perfekte Nachfolger als Vorsitzender der Freiheitsbewegung. Gänzlich unangekündigt hat er vor einer Woche im Roadhouse vor ihrer Tür gestanden. Und als er sich dann auch noch lautstark darüber empörte, dass Julia nicht standesgemäß untergebracht sei, hätte sie ihn am liebsten sofort wieder zurückgeschickt.

Nachdenklich blickt Julia über das abschüssige Gelände hinweg auf das Gebäude der Lagerverwaltung, das in einiger Entfernung zu sehen ist. „Und gerade hier wollt ihr die Wahlkampfzentrale der Freiheitsbewegung unterbringen?"

„Wo sonst?"

„Du bist gerade mal eine Woche in Anninarra und hast schon einen Investor gefunden, der das hier bauen will, und auch noch sofort. Ich bin beeindruckt."

Ein Lächeln huscht über Mutombos Gesicht. „Wenn wir nicht gegen den Weltvertrag mobilisieren, wer sonst?", sagt er. „Wir sind die Freiheitsbewegung. Wir vertreten die Menschen, die mehr haben als andere. Wir müssen schon aus Prinzip gegen Solidarität sein."

„Freiheit ist mehr, als nur über Geld zu verfügen", wendet Julia ein. „Während einige im Geld ersaufen, das schon seit Generationen in ihren Familien ist, kommen anderswo Menschen zu schaden. Unsere Gleichgültigkeit ist uns schon immer vorgehalten worden."

Mutombo blickt sie missbilligend an. „Anninarra scheint dir nicht zu bekommen", sagt er. „Die von dir benannten Zeiten sind ja nun vorbei. Jetzt ist genug für alle da. Noch mehr Grund für uns, unseren Wohlstand unabhängig von Verpflichtungen zu genießen."

Doch Julia lässt sich nicht beirren. „Zu tun ist auch jetzt noch mehr als genug. Auch wenn es den meisten Menschen schon besser geht." Schweigend betrachten sie die Silhouette der Siedlung von Anninarra. Nur der Baum des Lebens ist von der Villa aus nicht zu sehen. Vielleicht war auch das Absicht, geht es Julia durch den Kopf.

„Lass die Finger von diesem Clown U Tin", mahnt Mutombo ernst. „Er tut dir nicht gut."

„Nur weil er sich anders anzieht als du, musst du ihn nicht gleich schlechtmachen. Ich entscheide selbst, mit wem ich mich treffe und mit wem nicht. Im Übrigen haben Pathein und ich hier in Anninarra eine Aufgabe zu erfüllen."

„Es ist eine Sache, für die Entmilitarisierung mit ihm zusammengearbeitet zu haben. Jetzt brauchen wir dich aber für den Kampf gegen den Weltvertrag. Wenn wir erst die Abstimmung gewonnen haben, wird alles zusammenfallen wie ein Kartenhaus. Kein Weltvertrag, keine Gleichmäßige Ressourcenverteilung, keine Sachbezogenen Bürgerbeteiligungen mehr. Dann können wir wieder leben wie früher."

„Hast du zu tief ins Glas geschaut? Nie im Leben wird es eine Mehrheit gegen den Weltvertrag geben. Und das ist gut so."

„Es ist traurig, das aus deinem Mund zu hören. Früher hast du anders gesprochen."

„Ja, früher. Jeder hat das Recht, klüger zu werden."

„Wir brauchen dich als Zugpferd", wendet sich Mutombo mit hoffnungsvollem Blick an sie.

„Ich kann dir nicht helfen."

Eine Kameradrohne kommt von außen an die Terrassentür. Intuitiv macht Julia einen Schritt zurück. „Es wird Zeit zu gehen", sagt sie.

Mutombo dreht sich zu ihr um. „Ich habe Anrufe von wirklich wichtigen Männern und Frauen bekommen, die sich nichts anderes vorstellen können, als dass du wieder die Führungsrolle übernimmst. Solche Menschen verärgert man nicht."

„Das ist mir egal. Ich werde mich nicht wieder öffentlich für die Arbeit der Freiheitsbewegung einspannen lassen. Es reicht." Mit diesen Worten lässt sie Mutombo stehen und verlässt das Haus durch den mit Blumen und Kitsch völlig überladenen Haupteingang. Ein Hausdiener schließt hinter ihr ab. Julia streicht sich durch das Haar und lächelt den Pressedrohnen entgegen. Sie geht den akkurat gepflegten Kiesweg hinunter, der aus dem brachliegenden Gelände hervorsticht. Es dauert eine Weile, bis sie die Zufahrt erreicht, die durch ein Eisentor gesichert ist. Es ertönt ein Alarmsignal, dann öffnet sich das schwere Tor. Schnell schlüpft Julia durch die Lücke nach draußen.

Überall in Anninarra ist inzwischen der Wahlkampf im Gange. Grellbunte Plakat-Hologramme, wohin das Auge blickt. Roboter verkünden ihre Botschaften in den Straßen und verteilen elektronische Nachrichten, und auch das Internet kennt nur noch ein Thema. Zügig geht Julia weiter in Richtung Roadhouse, als sie Schreie hört. Eine große Zahl Kameradrohnen schwebt an der gleichen Stelle.

„Bußgeld, Bußgeld", ruft eine Gruppe von Menschen, wobei sie das scharfe S besonders lang ziehen. „Buß-geld, Buß-geld."

„Für die Verhungerten!", fügen einige von ihnen hinzu. „Buß-geld, Buß-geld."

„Für die Versklavten!"

„Buß-geld, Buß-geld."

„Für die Getöteten!"

„Buß-geld, Buß-geld."

Niemanden scheint zu stören, dass es weder Sklaverei noch Hunger mehr gibt. Ihr wollt immer noch mehr, denkt Julia und wird wütend. Ihr wollt Sühne für Verbrechen, deren Täter schon lange tot sind. Sie erreicht die Kreuzung an der Hauptstraße und sieht von links die Gruppe näher kommen. Auf einem digitalen Plakat, das vor ihnen hin- und herschwebt, steht mit großen Lettern GERECHTIGKEIT FÜR ALLE. Daneben sind einige historische Aufnahmen zu erkennen. Dahinter befindet sich ein zweites großes Plakat mit der Aufschrift WELTVERTRAG VERHINDERN. Julia bleibt stehen, um die Gruppe passieren zu lassen. Alle tragen die gleiche Kleidung. Kameradrohnen filmen sie von jeder Seite. Nachdem der Zug endlich vorbei ist, überquert sie die Kreuzung und folgt der Straße in die Siedlung hinein.

Kurz bevor sie das Roadhouse erreicht, biegt vor ihr ein junger Mann in einem seidenen, blau schillernden Anzug um die Ecke. Demonstrativ blickt er auf seine goldene Uhr und sagt mit näselnder Stimme: „Es ist noch nicht zu spät."

„Zu spät? Zu spät wofür?", fragt Julia irritiert.

Vor dem Mann erscheinen verschiedene Hologramme mit Bildern von wunderbaren Urlaubsorten, Luxusautos und teurer Kleidung.

Julia blickt ihn überrascht an. „Was wollen Sie damit?"

„Das alles", sagt der Mann, „darauf werden Sie verzichten müssen, wenn Sie sich für den Weltvertrag entscheiden."

Julia schaut ihn irritiert an.

„Früher war das möglich", fährt der Mann fort und zieht die hübsche Nase ein wenig nach oben, „früher hätten Sie sich zehn Autos und zwanzig Häuser kaufen können, überall auf der Welt. Früher wurde Leistung noch belohnt. Früher war der Unterschied klar zwischen den Reichen, Wohlhabenden und den Armen, den Nichtstuern." Seine blauen Augen verdunkeln sich. „Heute haben alle die gleichen Chancen", sagt er verächtlich, „heute zählen sogar Familie und Erbe nichts mehr." Er spuckt die Worte förmlich aus.

Julia schüttelt den Kopf. „Leistung lohnt sich immer noch, um mehr als andere zu verdienen", sagt sie. „Nur die krassen Gewinnmargen von Unternehmen gibt es heutzutage nicht mehr. Jeder hat dadurch die Chance bekommen, sich um sein eigenes Glück zu kümmern. Das war früher anders."

„Sie enttäuschen mich", sagt der hübsche Mann steif und schüttelt seinerseits den Kopf. Er schnippt mit der rechten Hand und zaubert eine Karte hervor. Echtes, altes Papier. „Wir haben Ihrem Konto soeben zweitausend ECE gutgeschrieben", sagt er, „und wenn Sie wollen, folgen noch weitere zweitausend. Eine hübsche Summe Geld ist das."

Julia nimmt die Karte entgegen. FREIHEIT STATT BEVOR-MUNDUNG: NIEDER MIT DEM WELTVERTRAG steht darauf. Auf der Rückseite ein großes Kreuz neben einem NEIN.

„Überlegen Sie es sich! Sie gehören zu denjenigen, die wirklich alles haben könnten. Für Sie könnte der Traum in Erfüllung gehen. Wenn Sie es nur wollen."

Mit diesen Worten wendet er sich ab und geht, gefolgt von zahl-reichen Drohnen, weiter in die Siedlung hinein. Julia ist froh, ihn los zu sein. Zügig legt Julia die letzten Meter bis zum Roadhouse zurück.

Im Bistro trifft sie auf Iván Villegas. „Pathein bat mich, Ihnen das zu zeigen", sagt er und öffnet ein Hologramm von Anninarra. Zwischen der Siedlung und dem Waffenlager bilden die wilden Lager einen Ring um die eigentliche Siedlung.

„Der Ring ist inzwischen fast so breit wie die Siedlung selbst", sagt Villegas. „Pathein macht sich Sorgen, wie das in der Öffentlichkeit ankommt. Pressedrohnen sind ja nun genug unterwegs."

„Das kann ich verstehen. Aber bis zur Abstimmung in zwei Wochen müssen wir noch durchhalten. Dann wird sich sowieso alles finden. Oder hat Pathein noch irgendwelche Ideen?"

Villegas schüttelt den Kopf.

„Melden Sie das bitte wie immer auch an den Kreis der 1000 und an Präsidentin Hussain", bittet Julia. „Letztlich muss die Zentrale etwas dazu sagen. Vor Ort können wir das nicht mehr entscheiden." Mit diesen Worten verabschiedet sie Villegas, der sich zurück auf den Weg zu Pathein macht.

Babro Ackland, die bisher am Tresen gestanden hat, kommt zu Julia herüber und zeigt aus dem Fenster. Auf der anderen Seite der Straße ist ein Hologramm von Jayden Moore zu sehen. Niemand beachtet ihn weiter.

„„Übernehmen Sie Verantwortung für die Welt, in der wir leben"", souffliert sie. „„Lassen Sie uns gemeinsam arbeiten, zu unserem Schutz und zu unserer Sicherheit! Wählen Sie den Weltvertrag!""

„Haben Sie den Eindruck, es wird in Anninarra zu wenig Werbung für den Weltvertrag gemacht?", fragt Julia.

„Die Gewichtung ist in Ordnung", sagt Ackland, „jeder kann sich über alles informieren. Aber ich habe mir überlegt, mit Ermias Hersi in Anninarra trotzdem noch eine Unterstützungsgruppe für den Weltvertrag zu gründen. Wir wollten Sie fragen, ob Sie auch dabei sein wollen."

„Pathein U Tin und ich müssen neutral bleiben. Wir können uns nicht an Werbung für oder gegen den Weltvertrag beteiligen. Das werden Sie verstehen."

Ackland schließt enttäuscht die Augen. „Ich verstehe. Ich kenne ja auch die Haltung von Ghazala Hussain dazu. Trotzdem ..." Sie zögert kurz und fährt dann fort: „Ich weiß, es ist eine persönliche Frage und ich bin mir nicht sicher ..."

„Bitte", sagt Julia, bietet ihr einen Stuhl an und setzt sich selbst.

Ackland zögert, dann fragt sie: „Wo stehen Sie? Sind Sie für oder gegen den Weltvertrag? Als Vorsitzende der Freiheitsbewegung haben Sie sich immer kritisch zur Gleichmäßigen Ressourcenverteilung geäußert, da haben Sie die Wohlhabenden darin bestärkt, nichts abzugeben. Als es um die Entmilitarisierung ging, wurde Ihre Einstellung an der Seite von Pathein U Tin immer positiver. Ihre Ankunft in Anninarra hat mir so viel Mut gemacht, dass der Weg in die Zukunft nun offen ist. Viele haben das so gesehen und Ihnen gern von ihren Ressourcen etwas abgegeben, wissen Sie noch? Doch jetzt könnte ich gar nicht mehr sagen, wofür Sie stehen, für oder gegen den Weltvertrag."

Julia schaut sie interessiert an. „Für mich ist das in erster Linie Privatsache. Ich möchte mich dazu nicht öffentlich äußern."

„Aber Sie sind eine öffentliche Person. Sie haben ein öffentliches Amt. Auf Ihre Meinung wartet man, so oder so. Man wird Ihnen sonst unterstellen, dass Sie in Wahrheit immer noch die Alte sind."

Julia spürt, wie dringlich Acklands Wunsch ist, zu erfahren, woran sie mit Julia und Pathein ist.

„Die Wahrheit ist", sagt sie, „dass es auch mir mit dem Weltvertrag zu schnell gegangen ist. Jayden Moore muss sich immer in den Mittelpunkt drängen, und das hat er auch jetzt wieder geschafft. Tatsächlich halte ich es für unabdingbar, dass sich jeder dazu bekennt, seinen Teil der Verantwortung zu übernehmen, damit ein gerechtes Leben für alle möglich ist. Ich weiß, dass Pathein das genauso sieht. Doch in unseren Ämtern sind wir auch gewissen Zwängen ausgeliefert. Zum gegebenen Zeitpunkt werden wir uns dazu aber öffentlich äußern."

Ackland nickt. „Warum können das dann nicht alle einsehen?", fragt sie leise.

Julia spürt die Verzweiflung hinter diesen Worten. „Der Mensch ist in einer Zeit Mensch geworden, in der die Natur unerschöpflich war und vermeintlich nur mit Gewalt zugänglich gemacht werden konnte. Heute ist die Erde vermessen, erforscht und scheinbar begrenzt in ihren Möglichkeiten. Tatsächlich ist sie genauso unerschöpflich wie früher, nur nicht mehr mit Gewalt zu beherrschen, sondern nur noch mit Liebe. Wer diese Tür in sich öffnet, erkennt die Vielfalt an Möglichkeiten, die es im Vergleich zu früher gibt, als wir Tag für Tag um das eigene Überleben kämpfen mussten. Wir müssen den Menschen helfen, die es noch nicht erkannt haben, einen Weg zu sich selbst und in die neue Zukunft zu finden."

„Sie meinen die Menschen, die jetzt die Freiheitsbewegung und die Soziale Gerechtigkeit bestimmen?", fragt Ackland.

„Wahrscheinlich gibt es noch mehr, doch in diesen beiden Organisationen haben sich sicherlich viele von denen eingefunden. Ein Glück ist, dass es immer weniger werden. Das ist auch ein Grund, weswegen ich mich nicht öffentlich äußere. Ich möchte diesen Menschen eine Brücke in die Zukunft bauen. So zufällig sich das Leben eines Einzelnen auch entwickeln mag, so vielfältig sind die Gründe, sich auch jetzt noch gegen den Weltvertrag zu stellen. Wir dürfen diese Menschen nicht verdammen oder sich selbst überlassen. Wir müssen ihnen helfen."

„Das sehe ich ein." Ackland nickt ein paarmal langsam. „Trotzdem dürfen wir diesen Menschen in ihrer Bequemlichkeit nicht auch noch recht geben."

Julia erhebt sich, um auf ihr Zimmer zu gehen. „Wir sind uns einig. Nun hoffen wir, dass es auch gelingt."

Mit diesen Worten verlässt sie das Bistro. Sehnsüchtig blickt Ackland hinüber zum Hologramm. Sei fleißig, Jayden Moore, geht es ihr durch den Kopf. Es ist noch viel zu tun.

Unter dem Brennglas

25. August 2104

Am Abend des 25. August ist alles bereit für die Weltpressekonferenz. Der Internationale Journalismusverband, mit mehr als drei Millionen Mitgliedern der wichtigste Zusammenschluss für hauptberufliche Journalisten weltweit, hat wie üblich durch eine Mitgliederbefragung entscheiden lassen, wo die Pressekonferenz stattfinden soll. Mit großer Mehrheit hat man sich für Anninarra ausgesprochen, den Ort, an dem sich, wie es eine Journalistin ausdrückte, die Wahrheit über den Weltvertrag wie unter einem Brennglas zu kristallisieren beginne.

„Auch das noch!" Ghazala Hussain reagierte konsterniert, als sie davon erfuhr. „War ja wohl klar, dass das passieren würde."

„Freie Presse funktioniert nun mal so", entgegnete ihr Julia. „Es ist doch gut, dass denen niemand Vorschriften machen kann, was sie zu sagen haben."

Man entschied sich für das obere, nördlich gelegene Ende des Flugplatzes als Veranstaltungsort, da man von dort einen guten Blick auf die Siedlung, die angrenzenden wilden Lager und einige der Waffen hat. Kurz vor acht Uhr am Abend treffen Julia und Pathein dort ein. Julia mustert Pathein in dem gelben Longyi und mit der goldenen Kappe.

Er deutet ihren Blick richtig. „Es ist ein Zeichen meiner Kultur und Herkunft, wie es dein Businesskostüm für dich ist", sagt Pathein. „Gerade dadurch, dass die Welt immer mehr zusammenwächst, wird es für mich wichtiger, die Verbundenheit zu meiner Heimat auszudrücken."

„Ohne unsere Wurzeln in der Vergangenheit können wir nicht leben", sagt Julia. Wenngleich sie das, was sie noch mit der Freiheitsbewegung verbindet, inzwischen gern über Bord werfen würde.

Sie gehen einige Schritte zum Nebeneingang, der sich unter der Südtribüne befindet. Viele Menschen haben drinnen keinen Platz mehr gefunden und sich deshalb unterhalb und neben der Arena niedergelassen. Nachdem Julia und Pathein den kleinen Tunnel unter der Südtribüne durchlaufen haben, betreten sie die aus blau-rotem Glas gebaute Bühne.

Schon vor zwei Tagen ist der Flugplatz für die Vorbereitung der Pressekonferenz gesperrt worden. Für die Anreise kam daher nur noch der Landweg über Alice Springs oder Darwin infrage. Trotz der beschwerlichen Anfahrt haben sich mehrere Hundert Menschen, darunter viele Journalisten, auf den Weg gemacht, um zusammen mit den Einheimischen an der Veranstaltung teilzunehmen.

Die Abendsonne ist schon seit einer Stunde hinter dem Horizont verschwunden. Trotzdem ist es in der Arena selbst taghell, denn Zehntausende von Kameradrohnen haben sich zusammengeschlossen und bilden eine riesige Kuppel für die mehr als zweitausend Besucher und das Podium. Dabei handelt es sich um einen Schutzmechanismus, der aktiviert wird, wenn die Gefahr der Kollision aufgrund zu vieler Drohnen am Himmel steigt. Sie bilden aus vielen Einzeldrohnen einen neuen Gesamtorganismus, der kräftiger und schöner ist als die Vielzahl der einzelnen. Dieses imposante Schauspiel vergisst niemand, der es einmal erlebt hat. Auch diesmal ist wieder der Luftzug der Propeller deutlich zu spüren, während sich die in der Luft schwebende Kuppel sacht hin- und herbewegt.

Schnell gehen Julia und Pathein zu ihren Plätzen in der ersten Reihe direkt vor der Bühne. Der Vorsitzende des Internationalen Journalismusverbandes, der Tibetaner Tenzing Jinpa, ein immer noch jugendlich wirkender Mann Mitte fünfzig, hat bereits zu sprechen begonnen. Links und rechts von ihm sitzen im Halbrund etwa ein Dutzend Gäste, Präsidentin Hussain und Jayden Moore auf der einen

Seite, Yvonne Atleo und Kapenda Mutombo auf der anderen. Nichts an der Haltung der Präsidentin lässt erkennen, dass es jemals Streit zwischen ihr und Moore gegeben haben könnte. Einige weitere Vertreter anderer Organisationen vervollständigen das Podium.

Bevor die Fragen der Journalisten eingeblendet werden, gibt jeder der Gäste auf der Bühne ein kurzes Statement zum Weltvertrag ab. Julia und Pathein fällt auf, mit welcher Entschlossenheit Ghazala Hussain für den Weltvertrag eintritt und Moore vor jeder Art von Kritik in Schutz nimmt. Dann beginnt die Fragerunde, bei der zu jeder Antwort am vorderen Bühnenrand ein Faktencheck eingeblendet wird. Trotz der Anspannung strahlen alle Redner auf ihre Weise Ruhe und Souveränität aus. Nur bei Atleo und Mutombo leuchtet der Boden unter ihnen ab und an rot auf. Ein deutlicher Hinweis, dass ihre Antworten Unwahrheiten enthalten. Doch immer dann, wenn die beiden sprechen, dringen von außen Applaus und Jubelrufe nach innen, während bei den ersten Worten Moores bereits Pfiffe und Buhrufe zu hören sind. Nur Ghazala Hussain stößt mit ihren Wortbeiträgen auf breites Interesse auch außerhalb der Arena, von wo aus einige Bravorufe ertönen. Am Ende stellt ein Journalist aus Norwegen die Frage, was passieren würde, wenn der Weltvertrag mit einer Zweidrittelmehrheit von der Weltbevölkerung angenommen werde. Werde dann die Abstimmung in der Weltidentität eingestellt?

Tenzing Jinpa schaut zu Moore, doch der zögert und blickt zu Ghazala Hussain.

„Also wirklich!", entfährt es Julia leise. „Der versteckt sich ja vor allem, wenn es ernst wird." Doch die Präsidentin lässt sich nicht aus der Ruhe bringen.

„An die geheime Wahl ist die Zusage der Bürger in Anninarra gebunden, nach einer Zustimmung zum Weltvertrag wieder in ihre Heimat zurückzukehren", sagt sie. „Das öffentliche Bekenntnis in einer Weltidentität hat eine andere Funktion. Jeder, der sich dort äußert, sichert zu, den Weltvertrag zu einem Teil seines Lebens zu machen."

„Je mehr Menschen sich auch auf diese Weise zum Weltvertrag bekennen", sagt Moore nun, „desto sicherer können wir unseren Weg in die Zukunft gehen."

Kurz darauf schließt Tenzing Jinpa die überraschend ereignislose Veranstaltung. Julia und Pathein erheben sich, und die anderen folgen. Das Publikum applaudiert. Ohne ein Wort mit den beiden zu wechseln, verschwindet Ghazala Hussain unter der Südtribüne.

„Ein Termin nach dem anderen", merkt Julia an. „So ein Irrsinn."

„Sie sorgt sich um ein besseres Leben für alle. Ich finde, das verdient Respekt."

Dem kann Julia nur zustimmen.

Von der Seite kommt Moore auf sie zu. Julia verliert die Beherrschung. „Das, was Sie da losgetreten haben, kann auch schiefgehen. Dafür tragen dann Sie die Verantwortung."

„Es wird nicht schiefgehen, da bin ich sicher", erwidert Moore selbstgewiss. „Manchmal muss man vorangehen, wenn man die Welt in die Zukunft bringen will. Mit den Verträgen von Maropeng ist so viel Schwung entstanden, den mussten wir einfach nutzen. Die alte Weltordnung kann schnell wieder die Oberhand gewinnen. Ich musste es tun."

„Wenn Sie meinen", sagt Julia.

„Lassen Sie uns nicht streiten", sagt Jayden Moore und entfernt sich schon. „Wir arbeiten alle am selben Ziel."

„Ob ihm bewusst ist, in was für eine Lage er Ghazala Hussain gebracht hat?", fragt Julia Pathein.

Der sieht sie aufmerksam an. Ihre Haut schimmert im künstlichen Licht der Drohnen.

„Du bist irgendwie verändert", sagt er.

„Wie meinst du das?"

„Deine Haut … Die Art, wie du dich bewegst. Ich weiß nicht", sagt er.

Julia streicht sich nachdenklich über den Bauch, dann zieht sie schnell die Hand weg und sieht ihn an.

„Es scheint dir nicht gutzutun, dass wir uns nicht mehr so häufig sehen."

„Meine neuen Büroräume im Erdgeschoss gefallen mir ganz gut, das kann gern so bleiben", lächelt er.

Das Lesegerät an Julias Arm leuchtet auf. Der nächste Termin. „Ich muss los", sagt sie und lächelt. „Bis später."

Eine Freundin zu Besuch

5. September 2104

Fengliu hat sich tief in Julias Couch eingegraben, den Kopf genüsslich nach hinten gelehnt und die Augen geschlossen. Die kleine rote Lampe am Wasserkocher erlischt. Julia gießt das kochende Wasser auf den Tee in der eleganten, gerade neu erworbenen Glaskanne.

„Warst du schon abstimmen?", fragt sie.

„Na klar", antwortet Fengliu.

Julia blickt durch das Fenster nach draußen in die Dunkelheit. Seit fünf Uhr nachmittags ist die Wahl in Anninarra eröffnet. Sie wurde überall in der Welt zur gleichen Zeit gestartet, um niemandem einen Vorteil zu verschaffen. Eine Entscheidung der Wahlkommission, das hätte man auch anders machen können. Genauso wie die Entscheidung, neben der digitalen Abstimmung zusätzliche Wahllokale überall einzurichten. Das Argument war, dass Wahllokale eine öffentliche Sichtbarkeit erzeugen sollen, die sich positiv auf die Wahlbeteiligung auswirkt. Ob das auch im Jahr 2104 noch der Fall ist, da hat Julia ihre Zweifel.

Fengliu hebt den Kopf und öffnet die Augen. „Verrätst du mir, was du gewählt hast?"

Julia lächelt in sich hinein. „Fengliu! Die Wahl ist geheim!"

„Ich habe für den Weltvertrag gestimmt!", sagt Fengliu.

„Warum?", fragt Julia.

„Ich weiß es nicht genau, es war eine Bauchentscheidung."

Julia ist überrascht, lässt sich das jedoch nicht anmerken. Irgendwie war sie immer davon ausgegangen, ihre Freundin würde dagegen stimmen. Vorsichtig stellt sie den Wasserkocher wieder auf die schmale Arbeitsplatte.

Fengliu blickt nachdenklich zu Julia herüber. „Was bedeutet die Wahl für dich?"

Julia schwenkt das Teesieb in der Kanne hin und her. „Ich wünsche mir, dass es wieder wie zu Beginn wird, als wir hier eintrafen."

„Und deine Freunde von der Freiheitsbewegung?"

„Freunde?", stößt Julia hervor. „Die können gern wieder verschwinden. Ich bin froh, dass ich sie los bin."

„Dass du sie los sein wirst ", korrigiert Fengliu.

„Egal wie die Wahl ausgeht, die verschwinden auch wieder", sagt Julia. „Über kurz oder lang werden die Diskussionen um den Weltvertrag aufhören."

„Meinst du wirklich? Was glaubst du, wie diese Wahl ausgehen wird?"

Julia kommt mit der Teekanne zu ihr hinüber und gießt in einen Becher ein. „Lass uns abwarten, bis die Wahllokale schließen." Sie stellt die Teekanne wieder an ihren Platz und setzt sich auf das Bett.

Fengliu sieht sie aufmerksam an. „Alles okay?"

„Die letzten Tage hat es im Bauch etwas gezogen, nichts Schlimmes."

„Oh!", stößt Fengliu aus.

„Meine Gebärmutter hat sich aufgerichtet", sagt Julia. „Das hat das Ziehen verursacht. Ist unproblematisch laut Ramin." Julia lacht auf. „Er freut sich, dass er mich hat, sagt er. Ich sei seine erste Patientin, seitdem er in Anninarra ist. Will mit mir essen gehen."

„Ein schöner Arzt ist das", murmelt Fengliu.

„Ich soll mich schonen und es nicht übertreiben. Die Übelkeit am Morgen, die ich zu Beginn manchmal hatte, ist zum Glück wieder verschwunden. Aber bestimmte Gewürze kann ich jetzt nicht mehr riechen. Kreuzkümmel zum Beispiel."

Als könne sie Pathein auf einmal nicht mehr riechen. Wenigstens ist der Wahlkampf jetzt vorbei.

„Von den Journalisten sind auch schon viele weg. Es dauert nicht mehr lange, dann ist der Spuk vorbei."

„Aber ich bleibe", sagt Fengliu und nimmt Julia in den Arm.

„Ja, natürlich", sagt Julia lachend, „wenn alle gehen müssen: Du darfst bleiben!"

Ein klares Ergebnis

6. September 2104

„So, jetzt ist Schluss", hört Julia Babro Ackland nebenan zu sich selbst sagen, als sie am Morgen um drei Uhr im Bistro die Tür zum Wahllokal schließt. Julia kuschelt sich noch etwas tiefer in den Sessel und streckt die Füße auf dem Hocker vor sich aus. Schlafen hat keinen Zweck, da Ghazala Hussain sich zum Ende der Wahl mit neuen Informationen melden will.

Also vertreibt Julia sich die Zeit mit anderen wichtigen Fragen. In ihrem Zimmer leuchten Hologramme von Kinderbettchen, Tagesdecken, Stramplern, Windeln, Fläschchen und Spielzeug. Was man für ein Kind alles braucht! Das leise Kribbeln des Lesegerätes auf Julias Haut mischt sich mit der Musik einer Party, die aus der Ferne an ihr Ohr dringt. Julia nimmt die Füße vom Hocker und beugt sich etwas nach vorn.

„Hallo", sagt sie leise.

„Ist Pathein auch da?", fragt Ghazala Hussain.

„Ich bin hier. Wir können anfangen."

„Mir liegen zwar noch nicht alle Rückmeldungen unserer Wahlbeobachter vor", sagt Ghazala Hussain, „aber wir haben inzwischen so viele Informationen zusammen, dass bei einer Wahlbeteiligung von über neunzig Prozent die Zustimmung für den Weltvertrag deutlich bei über zwei Dritteln, möglicherweise sogar bei über siebzig Prozent herauskommen wird. Der Sieg ist uns nicht mehr zu nehmen."

„Das ist gut", seufzt Julia erleichtert. „Dann hat sich der gemeinsame Kampf ja gelohnt."

„Überall auf der Welt wird schon gefeiert", sagt Pathein, „auch ohne amtliches Endergebnis. Die Menschen sind sich sicher, wie es ausgeht."

Julia öffnet einen Bildschirm und stellt die Nachrichten ein. Sie sieht Menschenmassen vor der Oper in Sydney, weitere vor der Dakshineswar Ramkrishna Sangha Adyapeath in Kalkutta, ebenfalls bei Nacht. Ähnliche Bilder auch aus Wien, Madrid und Kampala, bis hin zum Golden Gate Park in San Francisco, der im Schein der Morgensonne glänzt.

Julia lehnt sich zurück. Es ist geschafft.

„Wir gehen davon aus, dass es in der nächsten Stunde auch ein offizielles Statement von der Wahlleitung geben wird", informiert Ghazala Hussain. „Auch der Pressetext ist schon mit Moore abgestimmt."

„Sehr gut, dann wissen wir Bescheid", sagt Julia.

„Dann beenden Sie jetzt bitte den Spuk in Anninarra", weist Ghazala Hussain sie an. „Sie müssen die Menschen nach Hause schicken."

„Sie haben uns ihr Wort gegeben", erwidert Julia. „Das werden wir jetzt einfordern."

„Lösen Sie beide das gemeinsam. Auf gar keinen Fall darf die Kontrolle über die Waffen verloren gehen."

Pathein stöhnt leise auf. „Die nächste Sitzung wieder mit denen", sagt er. „So langsam geht mir das wirklich auf die Nerven. Ich könnte gern darauf verzichten."

„Das kann ich gut verstehen", sagt Ghazala Hussain. „Aber das ist nun mal Teil des Jobs, den Sie übernommen haben."

„Für den Schutz der Waffen haben wir unseren Eid abgelegt", erwidert er. „Wir werden das regeln. Machen Sie sich keine Sorgen."

„Was sagen denn die Staaten zur aktuellen Entwicklung?", fragt Julia.

„Das, was ich auch gesagt habe", sagt sie und verzieht ihr Gesicht zu einem breiten Grinsen. „Bringt das in Anninarra in Ordnung!"

Es ist vier Uhr morgens, und mit einem Schlag ist Julia sehr müde.

Schnell verabschieden sie sich. Julia steht schwankend auf, zieht sich das Kleid über den Kopf und wirft es in eine Ecke. Zwei Minuten später ist sie schon eingeschlafen.

Die Vergangenheit spricht

6. September 2104

„Soziale Gerechtigkeit, für immer!", ruft Pathein. Die Nachricht „Bitte Warten" leuchtet vor ihm auf. Heute in Zitronengelb. Pathein ist es egal. Er steht zwischen den würfelförmigen Hockern mitten in der Weltidentität. Seine Fersen drücken in den Boden und schieben seinen Oberkörper nach oben. Langsam neigt er den Kopf und spricht die Worte, die ihm schon von Kindestagen an geläufig sind: „Was habe ich zum dauerhaften Bestand der Erde, der Gemeinschaft der Menschen beigetragen?" Dann verharrt er still, während vor ihm weiter die Nachricht „Bitte Warten" blinkt. Auf einmal erscheint das Hologramm eines fast nackten Kindes: dunkle Haut, dünne Arme und Beine, aufgeblähter Bauch, ein großer Kopf und große Augen. Darunter steht:

Ntare Nonda, Vumbi (Burundi), 4 Jahre
† 9. Februar 2017, verhungert

Das Bild trifft Pathein hart. Er hebt die Faust in die Höhe und sagt entschlossen: „Du bist nicht vergessen!"
Ein neues Hologramm. Eine Frau in einem bunten Kleid. Sie lächelt ihn an. Eine schöne Frau.

Vasfije Hatice, Djakovica (Kosovo), 24 Jahre
† 14. April 1998, vergewaltigt und ermordet

„Du bist nicht vergessen!", ruft Pathein.
Ein junger Mann, gänzlich ohne Haare, mit dunklen Ringen unter den Augen, der über einem Lagerfeuer Elektroschrott erhitzt.

Atukwei Acquah, Accra (Ghana), 27 Jahre
† 13. Dezember 2002, Bleivergiftung

„Du bist nicht vergessen!", stößt Pathein aus.
Eine Frau im mittleren Alter mit einem Hidschab, die an einer Nähmaschine sitzt.

Shamsun Nahar, Chittagong (Bangladesch), 42 Jahre
† 25. November 2012, Krebs
(fehlende Krankenversorgung)

„Du bist nicht vergessen!", ruft Pathein.
Ein toter Säugling. Leere Augen, der Mund weit aufgerissen.

Leslie Waigani, Wabag (Papua-Neuguinea), sechs Monate
† 21. Juli 1967, Cholera
(verschmutztes Trinkwasser)

„Du bist nicht vergessen!" Auf Patheins Stirn bilden sich Schweißperlen.
Ein Mann im Anzug, in einem Laden stehend. Ein Geschäftsmann.

George Souvena, Meridian, Mississippi (USA), 57 Jahre
† 10. Januar 1966, von Rassisten verbrannt

„Du bist nicht vergessen!"
Ein Arbeiter beim Bau einer Straße in China. Nackter Oberkörper, Sandalen an den Füßen. Ein Wanderarbeiter.

Luo Yong, Tianjin (China), 37 Jahre
† 22. März 2007, unter Baugerüst begraben

Pathein streckt die Faust energisch nach oben. „Auch du bist nicht vergessen!"

Eine ältere Frau, dünn, viele Falten, in billiger Arbeitskleidung. Vor ihren Füßen ein Putzeimer mit einem Wischmopp, an dem sie sich festhält.

Irina Uralzewa, St. Petersburg (Russland), 62 Jahre
† 22. Dezember 2012, in der eigenen Wohnung erfroren

„Du bist nicht vergessen!", keucht Pathein.

Ein toter Junge, rotes Hemd, blaue Hose, dunkle Schuhe. Mit dem Kopf nach unten im Sand eines Strandes.

Banna Turki, Eftaloú (Griechenland), 2 Jahre
† 10. Oktober 2015, ertrunken

Hat sein Sohn Myo auch so ausgesehen? Pathein taumelt zurück und lässt sich auf einen Hocker fallen.

„Status", murmelt er. „Siebenhundertsechsundneunzig Millionen achthundertfünfundachtzigtausendsiebenhundertdreiundsiebzig", antwortet eine freundliche Männerstimme. So viele Schicksalsschläge, so viele Menschen, die Pathein und die Soziale Gerechtigkeit in den letzten Jahrzehnten mit dieser Dokumentation vor dem Vergessen gerettet haben. Die nur deswegen nicht völlig sinnlos gestorben sind. Wir müssen ihnen ein Denkmal setzen, das niemand ignorieren kann, geht es ihm trotzig durch den Kopf.

Nur so ist wirklich Frieden möglich: Jedem einzelnen Opfer zu gedenken und jedwede Ausflucht, warum das eine oder andere doch notwendig war, als das zu bezeichnen, was es tatsächlich ist: Beihilfe zum Mord.

Immer noch ist das Hologramm des kleinen Jungen am Strand zu sehen. Unbändiger Hass kommt in ihm auf und droht ihn zu verschlingen. Mit einer schnellen Handbewegung schließt er das Hologramm. „Julia Avalux", murmelt er und hebt den Kopf.

Warum hat er das gerade gesagt? Das Hologramm von Julia in ausgeblichenen Jeans erscheint. Eine Frau, die zeigt, wie gut es ihr geht. Lacht sie über uns? Über das Elend, das ihre Lebensweise über andere gebracht hat?

Unwillkürlich schieben sich seine Frau und seine Kinder in seine Gedanken.

„Nan", sagt er zärtlich in die Stille hinein. Sofort steht ihr Hologramm vor ihm. Direkt neben Julia. Nan mit den Blüten im Haar, dem blauen Wickelrock und der roten Seidenbluse, die sie so liebte. Ihre Augen strahlen mit dem Himmel um die Wette. Pathein weiß genau, wann sie die Aufnahme gemacht haben. Danach waren sie mit den Kindern Eis essen.

„Ich werde dich immer lieben", flüstert er ihr zu. An ihren Mundwinkeln bilden sich kleine Grübchen. Unsicher steht Pathein auf und macht einen Schritt auf sie zu, sodass er ganz nahe bei ihr ist. Ohne noch weiter nachzudenken, legt er die Zeigefinger der rechten und linken Hand über Kreuz aufeinander und zählt langsam bis fünf. Nans Lächeln verstärkt sich. Dann kommt sie ihm mit einer leichten Bewegung entgegen und nimmt ihn in den Arm. Pathein spürt ihre Hände auf seinen Schultern, dann finden ihre Körper zueinander. Sie werden eins, und seine Finger graben sich in ihren Rücken. Sie fühlen gegenseitig ihre Wärme, ihre Verbundenheit.

Nur ein Hologramm, geht es Pathein durch den Kopf, es ist nur ein Hologramm. Müdigkeit bindet sich wie Blei an seine Knochen. Dann sagt er mit brüchiger Stimme: „Myo. Khaing." Nur Nans Wärme hält ihn am Leben. Vor dem Buch der Weltidentität sieht er seinen dreijährigen Sohn auf sie zukommen. Er hält ihre kleine Tochter im Arm. Schnell beugt er sich herunter, und Nan folgt ihm. Sie greifen nach den Kindern und nehmen sie zwischen sich. Ihre Kinder, ihre Familie.

Mit einem Schrei stößt Pathein das Hologramm zurück und taumelt auf einen der Hocker. Nan winkt ihm zu, wie zum Abschied. Es ist, als würde sie rufen: „Lebe, Pathein, lebe! Liebe, Pathein!" Schweren Herzens hebt Pathein die Hand und winkt zurück, dann zieht er sie entschlossen zur Seite. Der Druck auf seine Brust ist so groß, dass er das Gefühl hat, keine Luft mehr zu bekommen. Mit Mühe sammelt er sich wieder und fährt sich langsam mit den Händen übers Gesicht.

Jetzt ist nur noch das Hologramm von Julia da. Auch sie hat Grübchen in den Mundwinkeln. Wie Nan. Warum ist ihm das noch nie aufgefallen? Ansonsten ist sie ganz anders. Bunt, laut, unbekümmert. Nachdenklich betrachtet er ihr Bild. „Du hast behauptet, dass du mich und meine Kultur achtest", sagt er leise. „Dann tu es auch."

Er wischt das Hologramm zur Seite, da klappt hinter ihm die Tür. „Pathein?"

Er steht auf und dreht sich um. Julia sieht ihn mit großen Augen an. „Ist alles in Ordnung?"

„Ja, natürlich", sagt Pathein schnell und besinnt sich. „Was für ein Ergebnis für den Weltvertrag. Dass es so hoch ausfällt, hätte ich nicht für möglich gehalten."

„Nur in Anninarra sieht es ganz anders aus."

Pathein runzelt die Stirn. Julia öffnet ein Hologramm:

Abstimmung zum Weltvertrag
Amtliches Endergebnis für Anninarra

Wahlberechtigte:	6747	
Wahlbeteiligung:	4278	63,4 %
Weltvertrag Ja:	82	1,9 %
Weltvertrag Nein:	4008	93,7 %
Enthaltungen:	131	3,1 %
Ungültige Stimmen:	57	1,3 %

„Mehr Enthaltungen als Ja-Stimmen", sagt Julia, „und eine deutlich geringere Wahlbeteiligung als im Rest der Welt."

„Dreiundneunzig Komma sieben Prozent gegen den Weltvertrag, das ist heftig", antwortet Pathein. Dann hängt jeder von ihnen seinen Gedanken nach.

Hinter dem Hologramm öffnet sich die Tür und Saliha Mujaj kommt auf sie zu. An Julia gerichtet sagt sie: „Wir waren wie besprochen überall in der Siedlung und in allen wilden Lagern. Es ist ruhig."

„Das ist gut", antwortet Julia und blickt dabei kurz zu Pathein.

„Der Ablauf für die Vollversammlung heute Nachmittag und Ihre Rede ist vorbereitet", sagt Mujaj.

Überrascht schaut Pathein auf. „Hältst du die Rede allein?"

„Das wolltest du doch", antwortet sie, „oder?"

„Die Präsidentin hat gebeten, dass wir uns gemeinsam darum kümmern", entgegnet Pathein.

„Aber in diesen Dingen habe ich doch viel mehr Erfahrung als du."

Pathein macht einen Schritt rückwärts. „Ist das so?"

Mujaj räuspert sich. „Wenn noch etwas zu tun ist, sagen Sie bitte Bescheid. Wir fahren jetzt zum ehemaligen Kontrollpunkt an die Außengrenze."

„Warum?", fragt Pathein.

„Da haben sich ein paar Demonstranten versammelt. Zur Vollversammlung sind wir wieder da."

Mujaj geht, Julia und er sind wieder allein. Pathein stellt sich ans Fenster und blickt hinaus. „Du entscheidest solche Dinge immer noch ohne mich? Hat sich denn seit dem Beginn unserer Zusammenarbeit vor zwei Jahren gar nichts geändert?"

„Es muss gerade alles so schnell gehen, und du warst nicht da", sagt Julia.

Pathein zeigt auf sein Lesegerät. „Ich war erreichbar."

„Manchmal habe ich irgendwie das Gefühl, dass wir uns gar nichts mehr zu sagen haben", sagt Julia. „Dabei wissen wir so viel voneinander, dass wir ohne Probleme auch für den anderen sprechen können."

„Das glaubst du", faucht Pathein. „Das ist typisch. Sich einzubilden, die Welt zu kennen und über sie bestimmen zu können. Ich kann dir sagen, wie das ist, immer das Gefühl zu haben, alles ist schon geregelt, wenn man dazukommt. Ghazala Hussain hat gesagt, wir sollen es gemeinsam machen. Daran sollten wir uns halten."

„Ist ja gut", sagt Julia und tritt neben Pathein ans Fenster, „wir machen es gemeinsam. Es wird schwierig genug." Graublau glänzt der Hangar neben der Betonpiste des Flugplatzes in der Mittagssonne.

„Wohl war", sagt Pathein. „Das, was zu tun ist, können wir nur gemeinsam schaffen."

Frei und unabhängig

6. September 2104

Pünktlich um fünf Uhr nachmittags eilen Julia und Pathein durch den Hangar zum Podium. Stundenlang haben sie zusammengesessen, um die Veranstaltung so gut es geht vorzubereiten. Ohrenbetäubender Lärm und abgestandene, muffige Luft umgeben sie nun. Die Halle ist voller Menschen, dicht an dicht, und hinter ihnen schieben sich immer noch mehr hinein. Für so viele Menschen war die Halle nie gedacht, sondern um Flugzeuge bei Reparaturen vor dem allgegenwärtigen Sand und den hohen Temperaturen zu schützen. Als sie an ihren Plätzen angekommen sind, streckt Julia den Arm über den Tisch zu Pathein herüber, der ihr mit seinem Lesegerät entgegenkommt. Dann legen sie die Lesegeräte aufeinander, bis sie gelb-grün leuchten. Jetzt sind alle Lesegeräte im Hangar zu einer einzigen großen Kommunikationsanlage verbunden.

Pathein erhebt sich. „Liebe Freunde!", hallt seine Stimme durch den Hangar. „Vor genau einem Monat sind wir schon einmal hier zusammengekommen. Seit heute Morgen steht nun das Ergebnis der Abstimmung zum Weltvertrag fest. Wie Sie wissen, ist es klar und eindeutig ausgegangen. Wie vereinbart, fordern wir Sie nun auf, Anninarra in den nächsten Tagen zu verlassen. Mit der Regierung von Australien ist besprochen, dass am ehemaligen Kontrollpunkt Hilfsorganisationen und staatliche Einrichtungen bereitstehen, um Sie zu empfangen, damit Sie Ihre weitere Reise gut und sicher gestalten können. Zudem wird im Buch der Weltidentität eine Dokumentationsseite eingerichtet, in der Sie Schwierigkeiten

– sollten sie auftreten – aufzeichnen lassen können. Wir wollen, dass Ihnen keine Hindernisse entstehen und dass da, wo es doch einmal Diskriminierung geben sollte, diese öffentlich dokumentiert wird und die Verantwortlichen zur Rechenschaft gezogen werden. Und wir sind bereit, noch mehr zu tun. Lassen Sie uns wissen, wo es noch Probleme und Fragen gibt, und wir werden uns darum kümmern. Wir machen Ihr Versprechen, nach der Abstimmung Anninarra wieder zu verlassen, zu einem gemeinsamen Versprechen, dass wir Sie nicht alleinlassen. Damit bleiben Sie auch jetzt, wo Sie Anninarra verlassen, weiter ein Teil von uns. Das ist unsere Zusicherung an Sie."

„Ich habe Ihnen gar nichts versprochen", tönt ein Mann von unten. Julia blickt in die vordere rechte Ecke des Publikums, aus der die Stimme kommt, und entdeckt einen älteren, bulligen Mann. Er hebt den Kopf und lächelt sie an. Ein Haifischlächeln.

„Wer sind Sie?", hört sie Pathein fragen.

„William Brown", antwortet eine kernige Männerstimme.

„Was wollen Sie?"

„Ich fordere die Gründung einer Freien Republik Anninarra!", ruft Brown. Die Worte klingen wie Hammerschläge.

„Wie bitte?" Pathein hat die Stimme erhoben.

„Es ist doch ganz offensichtlich, dass hier niemand bereit ist zu gehen. Und geben Sie sich keinen Illusionen hin, hier wird auch keiner gehen. Da können Sie sich auf den Kopf stellen."

„Immer noch sind wir es, die hier die Weisungen geben", sagt Julia.

„Ach, wirklich?", erwidert Brown. „Womit denn? Welche Mittel haben Sie denn?"

„Die Mitarbeiterinnen und Mitarbeiter der Lagerverwaltung stehen bereit", sagt Julia schnell. Viel können sie damit nicht bewegen, das ist auch ihr klar. Traurig genug, denn mit Hilfe von außen ist nicht zu rechnen, das hat Präsidentin Hussain eine Stunde zuvor noch einmal betont, obwohl Julia und Pathein deutlich gemacht haben, was alles passieren kann.

„Das beeindruckt mich nicht", spottet Brown. „Wir stehen auch bereit. Wollen wir es ihr einmal demonstrieren?", ruft er in die Menge, und ein unbändiges Johlen beginnt. Julia entdeckt Lowlands und Gasa, die mit anderen zusammenstehen und mit den Armen rudern, um die Massen in Bewegung zu bringen.

Ramin gibt Julia von der Seite des Podiums ein hektisches Zeichen, sofort zum hinteren Bühnenaufgang zu kommen.

„Was ist denn?" Erstaunt blickt sie ihn an, als sie vor ihm steht.

„Saliha Mujaj und die Polizisten der Lagerverwaltung sind am Kontrollpunkt verletzt worden", berichtet er. „Sie wollten verhindern, dass noch mehr Menschen nach Anninarra kommen. Aber sie wurden einfach überrannt."

„Ach, du meine Güte. Wo sind sie jetzt?"

„Man hat sie über die Grenze gebracht, wo sie von australischen Rettungskräften aufgenommen wurden. Ich bin so schnell hierhergefahren, wie es mir möglich war. Vor allen anderen, die vielleicht noch kommen."

Schnell eilt Julia zurück zu Pathein, um ihn zu informieren. Erschrocken springt er auf.

„Gebt jedem von uns ein Stück Land, dann kommen wir schon zurecht", tönt Brown von unten. „Wir brauchen Ihre Vorgaben nicht. Irgendwann schreiben Sie uns noch vor, wie lange wir in unseren Gärten arbeiten dürfen oder wer weiß noch alles. In meinem Haus bin ich der Herr, niemand sonst." Die Menge unten kann sich angesichts dieser Worte kaum mehr beruhigen.

„Wenn die Welt uns nicht entgegenkommt, so wie wir uns das wünschen, dann müssen wir unser Schicksal eben selbst in die Hand nehmen", fährt Brown fort. „Wir wollen und können beweisen, dass eine Welt ohne Weltvertrag nicht nur möglich, sondern sogar besser ist. Deswegen fordern wir die Gründung der Freien Republik Anninarra!"

„Aber wie lösen Sie dann die Probleme der Welt, die vor uns liegen?", ruft Pathein ihm zu.

„Es gibt keine Probleme. Mehr ist dazu nicht zu sagen. Wir gründen hier den 264. Staat der Erde. Niemand von uns möchte in die Zeit zurück, in der der Kommunismus oder andere Diktaturen das Leben von Menschen bestimmt haben. Das, was jetzt angeblich in die Zukunft zeigt, ist der falsche Weg. Wir können und werden selbst über unsere Zukunft entscheiden."

Julia schüttelt den Kopf.

„Sie alle hier, was sagen Sie?", ruft Brown in die Menge. „Wollen wir eine eigene Republik gründen? Wollen wir uns vom Rest der Welt unabhängig machen?" Großer Jubel bricht aus. „Dann stimmen Sie ab, mit Ihren Lesegeräten, stimmen Sie mit Ja, wenn Sie diese Republik haben wollen!" Über Brown erscheint ein Hologramm in weißer Schrift:

Abstimmung zur Gründung einer freien Republik Anninarra

„Nun denn", wendet sich Brown ans Publikum, „stimmen Sie ab!" Er drückt auf sein Lesegerät und verschränkt die Arme vor der Brust. Nach kurzer Zeit ist die Abstimmung beendet. Schweigend, immer noch die Arme vor der Brust verschränkt, blickt Brown nach oben. Die nächsten Zeilen im Hologramm blättern sich auf, eine nach der anderen:

Abgegebene Stimmen:	7104
Ja:	6695
Nein:	386
Enthaltungen:	9
Ungültige Stimmen:	14

„Eine Zustimmung von vierundneunzig Prozent", verkündet Brown triumphierend. „Wer in der Welt wird uns jetzt noch absprechen wollen, diese Republik zu gründen?"

Julia blickt hinüber zu Pathein. Sein Gesicht wirkt versteinert. Wir müssen etwas tun!, denkt sie verzweifelt. Irgendetwas, um zu verhindern, dass wir die Kontrolle gänzlich verlieren. In der dritten Reihe entdeckt sie Kapenda Mutombo. Er könnte mit den Leuten reden, als Vorsitzender der Freiheitsbewegung hätten seine Worte Gewicht. Doch wie kommt sie jetzt so schnell an ihn heran?

Während sie noch darüber nachdenkt, setzt sich Brown Richtung Podium in Bewegung und steigt mit kraftvollen Schritten die Stufen zu Julia und Pathein hinauf. Mit einem breiten Grinsen geht er auf die beiden zu, groß wie ein Schrank. Julia spürt Angst in sich aufkeimen. Wäre doch bloß Polizei in der Nähe. Sie spürt das Bedürfnis, bei Ghazala Hussain anzurufen und dort Schutz zu suchen. Doch was sollte das bringen?

Brown dreht sich zum Publikum und reißt beide Arme in die Höhe. Großer Jubel bricht los. Er setzt sein Haifischgrinsen auf und geht von links nach rechts die Bühne ab. Das schüttere, blonde Haar schwingt hin und her. Dann kommt er zu Julia und Pathein zurück.

„Und?", fragt Pathein. „Haben Sie erreicht, was Sie wollten?"

Brown blickt zu ihm hinunter. „Das Volk hat gesprochen", sagt er.

„Meinetwegen in der Siedlung", poltert es aus Julia heraus. „Aber im Waffenlager behalten wir das Sagen." Es ist ein Versuch, nicht völlig ins Abseits zu geraten. In anderen Situationen hat solch ein Verhalten durchaus schon funktioniert. Sie bemerkt ein Flackern in Browns Augen. Dann verzieht er das Gesicht zu einem breiten Grinsen.

„Ich will Ihre Waffen nicht. Aber ich will Sie beide als Präsidenten unserer Republik."

Julia fühlt sich wie vor den Kopf geschlagen. Was will er? Sie blickt zu Pathein, doch ihm scheint es nicht anders zu gehen.

„Glauben Sie mir, ich habe mir das gut überlegt. Sie bringen so viele Dinge zusammen, die wir hier brauchen. Und, Hand aufs Herz, Sie wollen es doch auch."

„Und wenn nicht?", fragt Julia.

Brown zuckt bloß mit den Schultern. „Dann schmeißen wir Sie raus."

Julia und Pathein sehen sich an. Es scheint die einzige Möglichkeit zu sein, die Waffen zu sichern. Später würden sie eine andere Lösung finden müssen, wenn sich alles beruhigt hat. Sie nickt Pathein zu, und er erwidert die Bewegung.

„Einverstanden", sagen beide zu Brown. Widerstrebend nehmen sie ihn in ihre Mitte.

„Ich möchte Ihnen Julia Avalux und Pathein U Tin als Präsidenten für unsere Freie Republik vorschlagen", ruft Brown ins Publikum. Der Lärm im Hangar nimmt spürbar ab.

„Beide haben in den vergangenen Wochen in Anninarra die Grundlagen dafür gelegt, dass Sie heute überhaupt hier sein können. Ich kann Ihnen versichern, unter der Aufsicht des Kreises der 1000 war das alles andere als einfach. Lange Jahre waren Julia Avalux und Pathein U Tin in Führungspositionen in der Freiheitsbewegung und der Sozialen Gerechtigkeit tätig. Sie wissen in- und auswendig, was uns bewegt. Sie verkörpern unsere Republik und verleihen ihr nach außen den Glanz, der uns zusteht. Sie stehen für alles, was die gute alte Zeit ausmacht: die Wünsche des Einzelnen in den Mittelpunkt zu stellen. Lassen Sie uns daher diese beiden Menschen zu unseren Präsidenten wählen!"

Brown blickt über das Publikum hinweg in die Ferne. „Lassen Sie uns abstimmen!"

Wieder erscheint der Countdown über seinem Kopf, und die Wahl beginnt. Am Ende stimmen dreitausendsechshundertvier Menschen für Julia und Pathein.

„Knapp einundfünfzig Prozent", ruft Brown aus. „Das ist doch ein guter Anfang!" Triumphierend blickt er zu Julia und Pathein.

„Damit sind Sie, Pathein U Tin, und Sie, Julia Avalux, die Präsidenten der Freien Republik Anninarra."

Jubel bricht bei den Menschen aus. Auch Julia und Pathein werden davon mitgerissen, ohne dass sie es wollen. Es bleibt alles noch vollkommen unwirklich. Da kommt ein Mann auf die Bühne gelaufen und flüstert Brown etwas ins Ohr, der erschrocken mitten in der Bewegung innehält.

„Freunde, Freunde", wendet er sich erneut ans Publikum und breitet die Arme aus. „Es sammeln sich australische Polizeikräfte an der Außengrenze."

Julia fährt zusammen. Hat Ghazala Hussain doch noch etwas erreicht? Oder ist es wegen Saliha Mujaj, die an der Grenze verletzt wurde? Hoffnung keimt in ihr auf. Vielleicht ist Rettung doch nicht mehr weit.

„Kehrt zurück zu euren Wagen und Hütten und macht euch bereit. Schon bald ist mit einem Angriff zu rechnen! Wir werden euch informieren."

Keiner im Saal rührt sich. „Nun geht endlich!", ruft Brown. Endlich springen die Ersten auf, und dann drängen alle zum Ausgang.

Teil 3
Der Weg ins Verderben

Die Abschottung

7. September 2104

Brown zieht Julia zur Seite. „Wir müssen sofort in die Lagerverwaltung."

Julia macht sich von ihm frei. „Fassen Sie mich nie wieder an!"

Überrascht lässt Brown los. „Sie haben sich kein Stück verändert", sagt er und beginnt zu lachen. „Wie lange kennen wir uns jetzt schon? Zwanzig Jahre? Ich habe damals nicht ohne Grund dafür gesorgt, dass Sie in den Vorstand der Freiheitsbewegung aufgenommen wurden. Sie waren ehrgeizig. So ehrgeizig, dass Sie Vorsitzende geworden sind. Und ich konnte mich weiter im Hintergrund halten. Eine glückliche Fügung, dass gerade Sie nach Anninarra gekommen sind."

„Das kann ich von Ihnen nicht behaupten", erwidert Julia. „Ich verstehe langsam, warum es am Ende der Entmilitarisierungskampagne so leicht wurde, alle in der Freiheitsbewegung so gefügig waren. Sie haben mich instrumentalisiert, damit ich in Anninarra Verantwortung übernehmen konnte."

Brown setzt ein breites Grinsen auf. „Und dann kam auch noch der Trottel Moore mit seinem Weltvertrag. Besser konnte es für uns nicht laufen."

„Dann haben Sie all die Leute nach Anninarra geschickt?", will Julia wissen.

„Mitnichten. Es hat völlig ausgereicht, zu kommunizieren, was mit dem Weltvertrag geplant war, und auf die besondere Situation in Anninarra hinzuweisen, da musste man gar nichts hinzufügen oder weglassen. Der Rest lief von ganz allein."

Julia sieht ihn sprachlos an. „Aber das hier", sagt sie und hat plötzlich das Gefühl, als würde sie etwas niederdrücken, „das hier …die Ausrufung der Freien Republik, das haben Sie inszeniert?"

Wieder grinst Brown. „Inszeniert ist ein starkes Wort", sagt er. „Fakt ist, dass wir jetzt eine Freie Republik sind und Sie beide Präsidenten. Von nichts kommt nichts, pflege ich immer zu sagen. Ein paar Vorbereitungen mussten wir schon treffen."

Der Hangar leert sich spürbar, und eine gewisse Unruhe macht sich bei Brown bemerkbar. „Wir müssen los, Frau Präsidentin. Oder wollen Sie hier allein zurückbleiben?"

Noch immer benommen von dem, was sie gerade gehört hat, willigt sie ein und folgt Brown die Treppe vom Podium hinab.

Irritiert schaut Pathein ihr hinterher. Woher kennt sie Brown?, geht es ihm durch den Kopf. Was haben sie gerade miteinander besprochen? Verärgert steigt er die Treppe herunter und eilt ihr nach. Als Pathein ins Freie kommt, sieht er, dass der Himmel nur so blinkt von den Lichtern der Drohnen.

Gasa kommt ihm entgegen. „Zur Lagerverwaltung!", weist er an und zeigt auf die letzte von mehreren dunklen Limousinen, an deren geöffneter Tür zwei kräftige Männer in dunklen Anzügen warten. Pathein ist misstrauisch, steigt dann jedoch ein. Langsam setzt sich die Kolonne in Bewegung. An der Hauptstraße laufen Dutzende von Menschen entlang. Im Licht der Straßenlaternen werfen ihre Körper große Schatten, ihre gebeugte Haltung zeugt von Sorgen und Nöten.

Patheins Lesegerät leuchtet gelb-grün auf.

„Ja, bitte", ruft er dem Anrufer entgegen. Es ist Ghazala Hussain.

„Julia, sind Sie dran? Und Pathein, Sie auch?" Beide bestätigen, im Hintergrund ist deutlich die Stimme von Brown zu hören. Weder Pathein noch Julia haben die Möglichkeit, dieses Telefonat ungestört zu führen.

„Was ist los?", möchte Ghazala Hussain wissen. „Werden Sie entführt? Geht es Ihnen gut?"

Jetzt sind wir ihr auf einmal wichtig, denkt Pathein. Jetzt, wo die Entwicklung außer Kontrolle geraten ist.

„Wir haben Informationen vorliegen, dass vor Anninarra Polizeikräfte zusammengezogen werden, um uns anzugreifen", erwidert
Julia. Sie klingt, als ringe sie nach Luft. „Stimmt das?"

Einige Sekunden passiert nichts. „Das kann ich nicht bestätigen",
antwortet Ghazala Hussain dann langsam. „Wir haben nur dafür
gesorgt, dass Rettungspersonal vor dem Kontrollpunkt stationiert
wird, wie wir besprochen hatten." Irgendetwas an der Stimme von
Ghazala Hussain verrät Pathein, dass sie nicht die Wahrheit sagt.

„Die Gründung einer sogenannten Freien Republik Anninarra
wird von den Staaten der Welt nicht anerkannt werden", spricht
Ghazala Hussain weiter. „Das kann ich jetzt schon mitteilen. Sie
können dieses Vorhaben gleich wieder beenden. Wir bieten Ihnen
Straffreiheit an, wenn sich alle innerhalb der nächsten drei Stunden
an der Grenze ergeben."

„Das wird nicht passieren", ist Brown aus dem Hintergrund zu
hören. „Und nun hören Sie auf, uns zu belästigen!" Mit diesen Worten
unterbricht er das Gespräch.

Der Wagen von Pathein überquert gerade die weiße Holzbrücke zur
Lagerverwaltung. Ihm wird heiß. Was ist mit Julia? Schnell beendet
auch er den Anruf. Noch während er aus dem Wagen steigt, kommt
schon der nächste Anruf von Ghazala Hussain bei Pathein an, doch
er muss erst mit Julia sprechen.

Zügig betritt er mit Atleo den Fahrstuhl in der Lagerverwaltung.
„Das gibt Mord und Totschlag, wenn wir die Grenzen nicht dicht
machen", murmelt sie besorgt. „Die australische Polizei wird uns
auseinandernehmen, solange wir uns noch nicht organisiert haben."

Pathein lächelt schmal. „Wir geben ihnen ja auch allen Grund. Ich
kann es noch gar nicht fassen: Da taucht einer wie dieser Brown aus
dem Nichts auf, ruft eine Republik aus und macht Julia und mich zu
deren Präsidenten. Es ist ein einziger Albtraum."

„Alle, die das aufmerksam verfolgt haben, haben es genauso
kommen sehen. Überleg nur, was jetzt los wäre, wenn du dich nicht
zum Präsidenten hättest machen lassen. So ist es noch das kleinere

Übel. Gib der neuen Bewegung etwas Zeit, und es wird sich alles von allein finden. ‚Mit dem Widerstand gehen', heißt es doch immer so schön. Nicht dagegen an, so viel Kraft haben wir ohnehin nicht."

Mit diesen Worten öffnet sich die Fahrstuhltür. Pathein tritt hinaus in den Korridor, in dem er unter den Anwesenden auch Männer und Frauen eines ihm bisher unbekannten Sicherheitsdienstes entdeckt. Sie müssen gerade erst nach Anninarra gekommen sein. Das kann kein Zufall sein.

Mit zügigen Schritten geht Pathein direkt zur Glaskuppel am Ende des Konferenzsaales, die von außen wie die Brücke eines hell erleuchteten Schiffes wirken muss. Draußen schwebt eine Armee an Kameradrohnen mit roten Lichtern langsam auf und ab. Wir sollten nicht auf den Gedanken kommen, irgendwo sicher zu sein, geht es ihm durch den Kopf. Wir sind es nicht. Julia sitzt bereits am Konferenztisch, flankiert von Mutombo und Lowlands.

Als sie sieht, dass Pathein da ist, hebt sie die Stimme: „Wir sollten uns ein Bild von der Lage machen." Iván Villegas kommt an den Tisch und öffnet eine holografische Karte von Anninarra.

Alles sieht friedlich aus. Obwohl es mitten in der Nacht ist, gibt die Karte deutliche Bilder wieder. Villegas wedelt mit der Hand und vergrößert das Bild an einer Stelle. Durch Rauchschwaden hindurch sind die Grenzanlagen zu erkennen und etwas, das früher einmal eine Hütte und eine Schranke gewesen sein könnte. Der Kontrollpunkt! Die Angreifer werden ihn in Brand gesteckt haben, als Mujaj versucht hat, einem neuen Ansturm von Menschen etwas entgegenzusetzen. Mehr als Worte werden es nicht gewesen sein. Julia wird kalt bei dem Gedanken.

„Und die australischen Einsatzkräfte, wo sind die?", fragt Pathein in die Stille hinein.

Villegas beugt sich vor und schiebt das Hologramm von der Kontrollstelle ein kleines Stück Richtung Süden. Ein paar Zelte und Lastwagen tauchen auf. „Wenn das alles ist, ...", sagt Pathein und winkt ab.

„Moment", Villegas zoomt zu einem größeren Bildausschnitt näher heran. „So sieht das aus."

Ein Raunen geht durch den Raum. Der Verteidigungsring mit den Kampfrobotern ist deutlich zu sehen, darin auch das eine oder andere Kriegsgerät. Vor dem Ring aber ist alles voll mit Menschen, Zelten und Containern. Villegas zoomt noch stärker hinein, und man erkennt Polizisten in Uniform, Mannschaftswagen und Polizeidrohnen. Er zoomt wieder heraus in die Vogelperspektive. Es wirkt wie ein Ameisenhaufen.

„Das passt nicht zusammen mit dem, was Ghazala Hussain eben gesagt hat", bemerkt Brown. „Die wollen uns für dumm verkaufen."

„Ist denn erkennbar, dass die sich in unsere Richtung bewegen?", fragt Julia.

„Nein, derzeit nicht", antwortet Villegas. „Aber es kommen immer mehr. Es dauert nicht mehr lange, dann steht da eine ganze Armee."

Von Brown ist so etwas wie ein Knurren zu hören. „Wir müssen in den Verteidigungszustand übergehen."

Julia und Pathein sehen sich an.

„Ich weiß nicht", zögert Julia. „Wir sollten erst einmal mit dem Kreis der 1000 verhandeln."

„Sind Sie blind?", erwidert Brown barsch. „Worüber wollen Sie verhandeln? Es dauert nicht mehr lange, dann werden die hier einmarschieren. Und glauben Sie nicht, dass Sie beide davonkommen werden. Man wird Ihnen das alles persönlich anlasten. Man wird sogar noch einen Schritt weitergehen und behaupten, dass alles in Anninarra so kommen musste, weil Sie davor nicht entschlossen genug gehandelt haben. Oder sogar, dass Sie es ausdrücklich so geplant haben! Wenn Sie der Freien Republik hier eine Chance geben, dann wird es sich zeigen. Haben wir Erfolg – und ich gehe davon aus, dass es so sein wird –, wird die Welt begreifen, wie unsinnig die Entscheidungen der letzten Monate gewesen sind. Haben wir keinen, so werden Sie diejenigen sein, die hier größeres Unheil vermieden haben. So oder so, Sie wären die Gewinner."

Die Menschen im Konferenzraum nicken zustimmend. Julia lehnt sich im Sessel zurück und schweigt. Brown atmet hörbar aus. Dann sagt er, für seine Verhältnisse fast leise: „Wir können die Waffen, die hier gelagert sind, nicht nutzen. Das Einzige, was wir können, ist, den Verteidigungsring zu aktivieren. Was das bedeutet, wissen wir alle."

Ja, denkt Julia, dass Menschen dann nur noch mit unserer ausdrücklichen Genehmigung das Lager betreten können. Und dass die Kampfroboter an der Außengrenze aktiviert und dazu berechtigt werden, jeden Eindringling mit Waffengewalt abzuweisen. Sie schaudert, doch Brown spricht schon weiter.

„Dies ist unter den gegebenen Umständen doch nur recht und billig. Es verschafft uns Zeit, unsere Freie Republik Anninarra so auszugestalten, dass alle es verstehen können. Und meinetwegen können wir dann immer noch mit dem Kreis der 1000 und den Staaten sprechen."

Er wendet sich an Julia und Pathein. „Sie beide haben die Schlüssel in der Hand. Schützen Sie uns damit. Wenn Sie Gewalt verhindern wollen, müssen Sie den Verteidigungsring aktivieren! Es ist Ihre Verantwortung als Präsidenten."

Vor den Fenstern bewegen sich die roten Lichter der Drohnen. Tausendfach übertragen sie in die Welt, wie hier drinnen diskutiert und verhandelt wird.

Pathein kommt zu Julia herüber. Beide legen sie die Hände mit den Steinplättchen auf die Tischplatte. Pathein schließt die Augen und schiebt langsam den kleinen Finger zu Julias Hand. Dann assoziieren sie die Passwörter in der Reihenfolge, die ihnen wie immer um Mitternacht übermittelt worden ist. Nach etwa fünf Minuten spüren sie eine Vibration, und der Konferenztisch beginnt grün zu leuchten. Zwischen ihnen erscheint der Text mit dem Gelöbnis. Pathein fängt an zu sprechen, und Julia stimmt ein:

„Wir geloben im Namen des Kreises der 1000, der den Frieden auf der Welt erhält, die Waffen in Anninarra zu bewahren und jeder Form von Gewalt abzuschwören.

Wir geloben, Gefahrensituationen so schnell wie möglich zu beseitigen und danach wieder zum Normalzustand zurückzukehren. Unter diesen Voraussetzungen rufen wir den Verteidigungszustand aus."

Eine Sirene heult auf, die Beleuchtung im Konferenzraum wechselt auf dunkelrot. Auf dem Konferenztisch erscheinen in schneller Abfolge verschiedene Hologramme. Kampfroboter, die am Verteidigungsring in Stellung gehen. Einer nach dem anderen richtet sich zu voller Größe auf und dreht sich mit aufgerichteten Waffen nach außen.

Brown klatscht vor Freude in die Hände. „Das ist ein historischer Moment."

Und Brown hat recht. Es ist das erste Mal seit der Lomonossow-Krise im Jahr 2057, dass eine kriegerische Auseinandersetzung droht. Draußen ist Scheppern zu hören, immer wieder. Pathein steht auf und geht zum Fenster. Doch er kann nichts erkennen.

„Das sind die Kameradrohnen", erklärt Villegas von der anderen Seite des Tisches. „Ab sofort ist jeglicher Datenaustausch mit der Außenwelt gestört. Damit werden alle fremden Drohnen zum Absturz gebracht."

Jetzt sieht Pathein es auch. Nur noch vereinzelt sind rote Lichtpunkte am Himmel zu sehen. Er schaut zurück auf den Tisch.

„Keine Sorge, wir können Anninarra jederzeit verlassen, solange wir keine Waffen mitnehmen", sagt Villegas. „Und wir sind durch die Selbstversorgungseinheiten autonom. Frau Avalux und Herr U Tin können den Verteidigungszustand auch wieder aufheben."

„Was ist denn jetzt mit der australischen Polizei?", fragt Brown. „Hatten wir Erfolg?"

Villegas verschiebt die Ansicht in die gewünschte Richtung. Geradezu panikartig zieht sich die Polizei von der Grenze zurück. Schon ein Kampfroboter würde ausreichen, um sie alle außer Gefecht zu setzen. Nun sind Dutzende davon aktiviert.

„Nun denn", Brown reibt sich die Hände, „dann haben wir ja unser Tagewerk für heute vollbracht."

„Es wäre gut", sagt Villegas, „wenn Frau Avalux und Herr U Tin in der Nähe bleiben könnten, für den Fall, dass noch etwas Außergewöhnliches passiert."

Während sich Villegas zusammen mit Lowlands und Gasa auf die Nachtwache vorbereitet, machen sich die anderen auf den Weg nach Hause. Auch Brown verabschiedet sich. Pathein zieht sich in seine Büroräume im Erdgeschoss zurück, während Julia sich im ersten Stock einquartiert.

In der Nacht bleibt alles ruhig. Trotzdem ist Pathein schon um vier Uhr morgens wach. Als er im Konferenzraum erscheint, starren Villegas, Gasa und Lowlands mit kleinen Augen auf die Hologramme. Eine ganze Weile bleibt Pathein nachdenklich bei ihnen stehen. Die Hologramme bewegen sich langsam hin und her. Eine Gefahr ist nicht zu erkennen.

Gegen sieben Uhr erweckt die Morgensonne die müden Geister im Konferenzraum wieder zum Leben. Villegas will Julia wecken, doch sie hat sich noch in der Nacht ins Roadhouse zurückgezogen.

Pathein schiebt die Terrassentür beiseite und tritt barfuß auf den Holzboden, der noch feucht von der Nacht ist. Skeptisch blickt er sich um. Der erste Tag im Verteidigungszustand, doch nichts regt sich. Der Wind geht sanft über ihn hinweg, und dann sieht er, wie neben der Lagerverwaltung eine Fahne hochgezogen wird. Als die Flagge auf seiner Höhe angekommen ist, erkennt er statt des blauen Planeten ein Quadrat, auch die goldenen Ringe sind verschwunden. „Freie Republik Anninarra. Erde der Erden", ist darauf zu lesen. Pathein geht zur Brüstung und kann gerade noch erkennen, wie jemand mit der alten Fahne im Haus verschwindet. Wenn man mich schon zum Präsidenten macht, denkt er, dann möchte ich in Zukunft auch mitentscheiden. Er lehnt sich an die Brüstung und nimmt noch ein paar tiefe Atemzüge in der frischen Luft. „Guten Morgen, Herr Präsident", sagt er dann leise und verbeugt sich, ohne dass er eine Ahnung hätte, warum er das tut. Der neue Tag, er kann kommen.

Eine neue Grenze

10. September 2104

Mit großer Ruhe schiebt sich die Präsidentenlimousine durch die Siedlung. Die Menschen am Straßenrand schauen ihr nach, doch anders als früher können sie nicht mehr ins Innere der neuen Fahrzeuge sehen. Brown hat darauf bestanden, die neuen Präsidenten so auszustatten. Trotz allem genießt Julia die komfortable Fahrt darin, während sie die Siedlung verlässt. Als sie am Panzerdenkmal vorbeifahren, fällt ihr auf, dass der Panzer in die andere Richtung gedreht wurde und nun Richtung Außenwelt zeigt. Nun denn, wenn es so sein soll, dann ist es so, geht es ihr durch den Kopf. Daraus werden wir kein Drama machen.

Hinter der Siedlung nimmt die Limousine volle Fahrt auf. Die Fähnchen mit dem Emblem der Freien Republik Anninarra an der Front des Fahrzeugs beginnen heftig zu flattern, bis sie schließlich reißen. Daran wird also noch zu arbeiten sein. Julia geht elektronische Akten durch. Seit drei Tagen ist sie jetzt Präsidentin, und es ist so viel passiert, dass man ein ganzes Buch damit füllen könnte. Noch in der Nacht nach der Ausrufung der Republik erklärte der Generalsekretär des Verteidigungsbündnisses, Emeka Asma'u, dass Julia und Pathein die Zugriffsberechtigungen auf die Waffen entzogen werden. Eigentlich hatte das Verteidigungsbündnis längst seine Schuldigkeit getan, als es gemeinsam mit dem Kreis der 1000 die weltweite Entmilitarisierung geregelt hatte. Dass es nun zu einer Renaissance dieses Bündnisses kam, hatte niemand ahnen können. Auch wenn Julia es nicht zugeben will, nagte der Ausdruck des Misstrauens, der mit der Entscheidung von Emeka Asma'u einhergeht, sehr an ihr. De facto können ihr wegen des Verteidigungszustandes nur wenige Rechte tatsächlich aberkannt werden. Trotzdem: Hat sie die Wahl zur Präsidentin nicht nur deswegen mitgemacht, um die Waffen weiter sicher zu verwahren? Erkennt das da draußen denn niemand? Doch schließlich wurde ihr klar, dass das Vorgehen von Emeka Asma'u einzig den Zweck hatte, die Welt auch weiter zu einem sicheren Ort zu machen, und mit diesem Gedanken beruhigte sie sich wieder.

Doch die Ruhe währte nur kurz. Am Ende ihres ersten Tages als Präsidentin erließ der Internationale Strafgerichtshof Haftbefehle wegen des Aufruhrs in Anninarra. Mit stiller Genugtuung stellte sie fest, dass alle Protagonisten des Staatsstreichs dort aufgeführt wurden – und erschrak zutiefst, als sie dort auch ihre Namen fand. Nun sind wir also Verbrecher, geht es ihr durch den Kopf. Und leider war das nur der Anfang. Gezielt nahm die internationale Presse Julia und Pathein ins Visier, weil sie von allen Beteiligten am bekanntesten sind und jeder für sich über einen schillernden Lebenslauf verfügt, und überzog sie mit kritischen, oft hämischen Kommentaren.

Gemeinsam mit Pathein hat sie beschlossen, das Beste aus der neuen Situation zu machen und sich umso mehr auf ihre neue Aufgabe als Präsidenten zu konzentrieren. Später würde man sicher erkennen, welche Rolle sie gespielt haben, um die Situation in Anninarra wieder zu befrieden, und wie unausweichlich ihr Handeln gewesen ist.

Dabei haben sie beide völlig unterschätzt, wie umfangreich diese neue Aufgabe sein würde. Nun, da aus Anninarra eine Freie Republik wurde, muss alles, was bisher außerhalb der Siedlung geregelt wurde, neu aufgebaut werden. Außerdem ist die Zahl der Mitbürgerinnen und Mitbürger inzwischen auf über achttausend angestiegen. Der Großteil von ihnen ist in den letzten Tagen vor Ausrufung der Republik nach Anninarra geströmt. Inwieweit Brown hier die Finger im Spiel hatte, kann sie nicht sagen.

Während sich die Limousine zügig in Richtung Kontrollpunkt bewegt, schlägt Julia weiter Memorandum nach Memorandum auf, bis es ihr schließlich zu viel wird. Ungeduldig schiebt sie die holografischen Berichte zur Seite, dann sieht sie aus dem Fenster und denkt an den Termin, der vor ihr liegt. Mit der Gründung der neuen Republik kam ein Problem auf, das in der Öffentlichkeit sofort mit der Überschrift „Flüchtlingsfrage" versehen wurde, obwohl die meisten Bürger Anninarras selbst erst vor wenigen Wochen zugewandert sind. Die Ereignisse der letzten Tage hatten die Siedlung so bekannt gemacht, dass immer noch Menschen die beschwerliche Reise durch die australische Wüste auf sich nahmen, um Bürger der Freien Republik zu werden. Während die australischen Sicherheitskräfte die Durchfahrt sämtlicher Versorgungsgüter nach Anninarra blockierten, wurden Menschen ohne Weiteres durchgelassen. Zunächst genehmigten Julia und Pathein pauschal jede Einreise, die an sie herangetragen wurde. Doch schon bald bekundete Brown die Sorge, dass der Menschenzustrom die Versorgung in Anninarra gefährde. Weiterhin gab es Bedenken, dass auf diese Weise auch Spione und verdeckt agierende Polizeikräfte ins Land kommen könnten.

Daraufhin wurde die Grenze für alle Einreisewilligen geschlossen und mit Hochgeschwindigkeit daran gearbeitet, den Grenzübergang gemäß den neuen Anforderungen auszustatten. Bereits nach zwei Tagen waren die neuen Anlagen errichtet. Nun würde Julia deren Eröffnung übernehmen. Was sie davon halten soll, weiß sie noch nicht.

Eine überdimensionale Flagge der Freien Republik Anninarra, die die umherstehenden Gebäude um ein Vielfaches überragt, ist das Erste, was sie wahrnimmt, als sie auf die Grenze zufahren. Dann, als sie näher kommen, ein großes rotes Schild:

STOPP
Grenzkontrolle / Ausreise

Die Limousine bremst vor einer geschlossenen Schranke ab. Julia seufzt. Auf beiden Seiten der Straße erhebt sich ein hoher Absperrzaun, der sich seitlich bis zu den Übergabepunkten durch die Kampfroboter zieht. Man will niemanden verschrecken, daher wird die Grenzabfertigung ohne Kampfroboter durchgeführt. Ohnehin wäre das schwierig, denn wie können Kampfroboter erkennen, ob ein unbewaffneter Mensch ein Spion ist oder nicht? Moderne Technik hat hier noch andere Möglichkeiten.

Für Julia ist dies die erste Grenzstation ihres Lebens. In der Welt, in der sie aufgewachsen ist und in der sich die Lebensumstände in den Staaten immer mehr einander angeglichen haben, ist es zunehmend unsinnig geworden, solche Barrieren aufrechtzuerhalten. Lange schon hat sie sich vorgenommen, die Gedenkstätte an der ehemaligen Berliner Mauer zu besuchen, doch immer ist ihr etwas dazwischengekommen. Vielleicht ist es ihr auch nicht wichtig genug gewesen. Und nun würde sie diejenige sein, die die weltweit erste neue Anlage dieser Art eröffnet. Ist das nun die Zukunft oder wiederholt sich gerade die Vergangenheit?

Der Wagen rollt wieder an, schert erst nach rechts auf die Gegen-fahrbahn aus, dann nach links und fährt anschließend weiter durch einen beiderseits mit einem hohen Metallzaun eingefassten Bereich, bis er schließlich vor einem schlichten Verwaltungsgebäude hält. Heiße, stickige Luft dringt in die Limousine, als sich die Fahrzeugtür öffnet. Das schabende Geräusch der Kampfroboter ist allgegenwärtig. Vorsichtig steigt Julia aus dem Auto und hält dabei eine Hand an ihren Bauch.

„Vorsicht, frische Farbe!", ruft ein Mann und zeigt auf die Fassade. Er ist kleiner als sie, etwa Mitte vierzig, Anzugträger. Er sieht sie neugierig an.

„Rong Lu", stellt er sich vor und verbeugt sich leicht. „Ich vertrete Pathein U Tin."

„Ich weiß", sagt Julia, obwohl sie tatsächlich nicht informiert worden ist. Gemeinsam betreten sie das Gebäude. In der Mitte des Kontrollraumes steht ein Tisch, auf dem die Station als Hologramm abgebildet ist. Iván Villegas macht zur Begrüßung einen Schritt auf Julia zu und bleibt mit verschränkten Armen neben ihr am Kontroll-tisch stehen.

„Die Errichtung der Grenzstation hat im Detail sehr viel mehr Aufwand gekostet als gedacht", sagt Rong. „Es fehlt die Erfahrung mit solchen Einrichtungen, die die technologischen Entwicklungen der letzten Jahrzehnte einbeziehen. So haben wir vielfach improvisieren müssen."

„Und?"

„Hier", er zeigt auf das Hologramm. „Die Fahrspuren sind getrennt, vorn und hinten je eine Schranke, sodass wir kontrollieren können, wer rein- und rausfährt. Oder zu Fuß rein oder raus will. Überall Stahlgitterzäune zur Absicherung. Vier Häuser hintereinander, in denen die Administration untergebracht ist und wo die Durchsuchung von Fahrzeugen und gegebenenfalls weitere Kontrollen durchgeführt werden. Bei der Ausreise reicht ein Gebäude, um Personalien und Fahrzeug zu scannen."

„Die Autorisierung war auch erfolgreich?", fragt Julia. Rong nickt. „Die ursprünglich nur Ihnen und Herrn U Tin im Verteidigungszustand übertragene Zuständigkeit wurde erfolgreich auf das Kontrollzentrum erweitert. Damit müssen Sie nicht mehr jedes einzelne Betretungsgesuch selbst genehmigen." Gerade die Art von Arbeiten hat Julia und Pathein in den letzten Tagen stark aufgehalten. Als der Verteidigungszustand entwickelt wurde, hat niemand die aktuelle Situation in Anninarra vorausahnen können.

„Und die Anschlüsse an den Verteidigungsring?"

„Auch okay", erwidert Villegas von der Seite. „Haben wir überprüft."

Gänsehaut läuft Julia über den Rücken. „Aber die Bürger von Anninarra kommen überall hinaus, nicht nur hier?", fragt sie.

„Sofern sie keine Waffen mitnehmen", schränkt Villegas ein. „Rein geht es aber nur noch über diese Grenzanlage, auch für die Bürger von Anninarra."

Eine Tür öffnet sich und Babro Ackland betritt den Raum. Sie trägt einen Hosenanzug mit weißer Bluse und schwarzen Schuhen. Als Wirtin des Roadhouse hat man sie so noch nie gesehen. Was für ein Schachzug, gerade sie, eine glühende Verfechterin der Gleichmäßigen

Ressourcenverteilung, gegen allen Widerstand für die Gespräche mit der Außenwelt gewonnen zu haben. Julia freut sich darüber.

„Ich hätte ja gedacht", sagt Ackland zur Begrüßung, „das alles hier sei eine Nummer kleiner ausgefallen."

Rong schaut sie giftig an. „Wir brauchen gewisse Kapazitäten. Es hat keinen Sinn, zu klein zu bauen, nur um in zwei Wochen wieder neu anzufangen."

„Wie laufen die Gespräche?", fragt Julia.

„Die Staaten haben sich zu Beratungen nach Manila zurückgezogen. Was die genau miteinander besprechen, kann ich nicht sagen. Ich weiß nur, dass aus Neuseeland die Forderung kam, die Sache hier nun endlich zu beenden. Dagegen haben sich die japanische Regierung und die Europäer sofort verwahrt. Und aus Chile kam der Hinweis, dass sowieso erst eine Vollversammlung der Vereinten Nationen einberufen werden müsste. Ein einziges Hin und Her. Aber wenigstens stehen jetzt die ersten Termine für Gespräche zwischen den Staaten und uns."

„Gibt es Neues von Ghazala Hussain?", fragt Julia. Seit sie vom Haftbefehl des Internationalen Gerichtshofs gelesen hat, ringt Julia damit, ob sie überhaupt noch mit ihr sprechen will. Stets hat Ghazala Hussain es abgetan, als die Situation in Anninarra immer kritischer wurde, und hat am Ende Julia und Pathein alleingelassen. Wenn jetzt sowieso alles getan wird, um Beweise für strafbares Verhalten gegen sie zu sammeln, ist es sicher besser, den Kontakt im Augenblick zu vermeiden. Julia kann auch nicht sicher sein, ob Gespräche in die Außenwelt nicht auch von anderen Stellen in Anninarra abgehört werden.

„Oh, eine tolle Frau, sie ist Gold wert", sagt Ackland. „Sie ist ernsthaft interessiert, mit uns gemeinsam etwas zu bewirken. Es war ihre Idee, ein Büro des Kreises der 1000 in Anninarra einzurichten."

„Mal sehen, was das Kabinett dazu meint", entgegnet Julia zögerlich. „Könnte nicht ganz einfach sein. Keiner will sich zum jetzigen Zeitpunkt in die Karten schauen lassen."

Ackland beugt sich in Richtung Julias. „Es wäre wichtig, dass das gelingt. Ghazala Hussain muss Erfolge vorweisen können, wenn sie im Spiel bleiben will. Sie ist an unserer Seite und kämpft dafür, uns in Anninarra die Zeit zu geben, die wir brauchen. Dafür ist sie von einigen Staaten scharf angegriffen worden, doch sie hat es mit gleicher Münze zurückgezahlt und argumentiert, dass es überhaupt kein Anninarra geben würde, wenn die Staaten nicht auf ihre Waffen bestanden hätten. Dass sie sich sowieso viel zu spät davon getrennt hätten und auch erst dann, als der öffentliche Druck zu groß wurde." Ein feines Lächeln zeichnet sich auf Acklands Lippen ab.

„Und was ist mit der Grenze?" Julia macht eine Kopfbewegung in deren Richtung.

„Es dürfen weiterhin keine Waren nach Anninarra eingeführt werden. Da müssen wir noch verhandeln." Um die Augen von Ackland erkennt Julia dunkle Ringe, und auch sie selbst überkommt ein Schwall bleierner Müdigkeit.

„Kommen Sie, ich zeige Ihnen die Anlage", erbietet sich Rong und weist aus dem Kontrollraum hinaus. Gemeinsam gehen sie eine Treppe nach oben und sehen aus einem Fenster über das Gelände. Der Blick wird von der übergroßen Flagge Anninarras dominiert, die Julia schon bei ihrer Ankunft gesehen hat.

„Der Fahnenmast ist an der Stelle errichtet worden, an der früher das Kontrollhäuschen stand", erläutert Rong. „Also da, wo Mujaj verletzt worden ist", entgegnet Julia und Ackland nickt. Die ganze Welt hat von dem Vorfall berichtet, denn der anlaufende Einsatz der australischen Sicherheitskräfte hatte einen Haufen Drohnen angezogen. Da die Polizisten noch keinen Einsatzbefehl hatten, mussten sie hilflos zusehen, was sich gleich hinter der Grenze abspielte. Wobei der eine oder andere auch erleichtert gewesen sein dürfte, nicht in ein Gebiet eindringen zu müssen, in dem so viele Kampfroboter versammelt waren. Schnell war klar, dass die Eindringlinge Mujaj und ihre drei Mitarbeiter überwältigten und ihnen dabei sehr zusetzten. Nachdem die Gewalttäter Richtung Anninarra weitergezogen waren, konnten sich Mujaj und ihre Mitstreiter schwer verletzt über die Grenze in Sicherheit bringen. Alle von Julia und Pathein angestoßenen Nachforschungen, um wen es sich bei den Gewalttätern handelte, sind bisher ins Leere gelaufen.

Schweigend betrachtet Julia das Quadrat in der Mitte der Fahne, das sich an der Stelle befindet, an der bisher die Erde mit den goldenen Ringen abgebildet war. „Es kommt mir vor, als würden wir mit der Flagge die Naturgesetze außer Kraft setzen. Eckige Planeten gibt es nicht."

„Darum geht es auch nicht", antwortet Rong. „Die Flagge soll zeigen, dass wir die Dinge anders sehen als die anderen."

Sie steigen noch höher und durchqueren die vier Gebäude auf dem leeren Dachboden. Als Julia auf der anderen Seite aus dem Fenster schaut, steht dort ein Kampfroboter im Verteidigungsmodus, zu voller Größe aufgerichtet, aggressiv, bereit, jederzeit zuzuschlagen. Sie zuckt zurück. „So kommt doch sowieso keiner", murmelt sie.

„Da täuschen Sie sich aber", erwidert Rong sofort. Er deutet ein Stück zur Seite. Vor dem Schlagbaum steht eine lange Schlange an Fahrzeugen. „Wir suchen uns die aus, die wir brauchen können. Den Rest schicken wir wieder zurück."

Julia versucht sich vorzustellen, was es wohl für einen Menschen bedeutet, ein Rest zu sein. Als wertlos abgestempelt und wieder weggeschickt zu werden. Rong interpretiert ihr Schweigen falsch. „Es werden natürlich trotzdem alle überprüft. Wir lassen niemanden herein, der für uns zur Gefahr werden könnte."

Gemeinsam gehen sie zurück zur Treppe und wieder nach unten. Von der Tür aus zeigt Rong auf den vordersten Grenzposten. Er besteht im Wesentlichen aus einem überdachten Fußweg vor den Häusern.

„Hier werden wir die Einreisenden in Empfang nehmen. Vollautomatisch, ohne Personal. Wollen wir beginnen?"

Vor der Tür steigen mehrere Kameradrohnen auf. Überrascht dreht Julia sich zu Rong Lu um.

„Keine Sorge, die sind von uns."

Ackland und Rong treten zur Seite, und Julia beginnt, über das ganze Gesicht zu lächeln. Es ist zehn Uhr.

Der Schlagbaum öffnet sich und lässt das erste Fahrzeug in den Sicherheitsbereich einfahren. Hinter dem Wagen schließt sich die Straßensperre sofort wieder. Die Autos in der Schlange fahren alle ein Stück weiter nach vorn. Das gläserne Auto, ein älteres Modell, sieht ungepflegt aus. Darin ein Mann um die vierzig, eine Frau im gleichen Alter und zwei Kinder, die wohl noch zur Grundschule gehen. Und Gepäck jeglicher Art, sicherlich mehr, als für das Auto überhaupt zugelassen ist. Das Seitenfenster fährt herunter. Julia setzt ihr charmantestes Lächeln auf und sagt in die Kamera: „Die Freie Republik Anninarra begrüßt Sie herzlich in Ihrer neuen Heimat. Wir sind ein weltoffenes, liberales Land, und unsere Türen stehen offen für jedermann. Kommen Sie zu uns und überzeugen Sie sich, wie gut es sich hier leben lässt."

Sie reicht dem Mann die Hand und nötigt ihn, mit ihr zusammen in die Kameradrohnen zu sehen. Dann dreht sie sich zur Seite, ruft ihm noch ein „Alles Gute!" zu und verschwindet wieder im Haus. Aus den Augenwinkeln nimmt sie wahr, wie die Kontrollautomaten den Scan des Fahrzeugs und der Insassen beginnen. Mit eiligen Schritten geht sie den Korridor entlang und kommt am anderen Ende wieder bei ihrer Limousine heraus. Schnell steigt sie ein, und der Wagen fährt los.

Brüchige Harmonien

25. September 2104

Zehn Tage nach der Gründung der Freien Republik wird die Regierung vor der Einwohnervollversammlung vereidigt. Vier Frauen und vier Männer der Freiheitsbewegung und der Sozialen Gerechtigkeit übernehmen die Ministerämter. Hinzu kommen zwei Sonderbeauftragte im Rang von Staatssekretären, Iván Villegas für Verteidigung und Babro Ackland für Außenbeziehungen.

„Was für eine Innovation", verkündete Brown, als sie sich am Abend zuvor zu einer kurzen Sitzung in der Lagerverwaltung zusammenfanden. Kaum ein Staat verfügt noch über ein Außenministerium, weil die Aufgaben in anderen Ministerien aufgegangen sind. Die Freie Republik jedoch führt diese Funktion wieder ein. Brown bekräftigte seine Meinung, dass damit nur Anninarra ein wahrhaft eigenständiger, wirklich unabhängiger Staat sei.

Julia Avalux und Pathein U Tin übernehmen im wöchentlichen Wechsel die Leitung der Kabinettssitzungen. Den Anfang macht Pathein U Tin, nachdem das Los entschieden hat.

„Außenbeziehungen und Roadhouse, ich mache ja im Augenblick beides, so wollte ich es auch", berichtet Ackland gleich zu Beginn. „Wir müssen viel zu sehr auf Vorräte zurückgreifen, die im Wesentlichen immer noch vom Roadhouse verwaltet werden. Wenn das so weitergeht, sind wir mit unserer Freien Republik schon allein deswegen bald am Ende. Bei meinen Gesprächen mit den anderen Staaten setze ich mich dafür ein, dass wir wieder Lieferungen von außen bekommen.

Bisher gibt es aber von dort kein Entgegenkommen. Unsere Landwirtschaft muss also mehr produzieren."

Gemeinsam wird daher vereinbart, nicht nur die Lebensmittelfrage in den nächsten Wochen im Kabinett eng zu begleiten, sondern sich auch ein Bild von der aktuellen Lage auf der Farm zu machen.

Am nächsten Tag sind Pathein und Yvonne Atleo, die neue Ministerin für Lebensgrundlagen, auf dem Weg dorthin. Dort bietet sich ein ganz anderes Bild, als es Pathein bei früheren Besuchen wahrgenommen hat. Alle Gebäude um den Hof sind in bunte Farben gehüllt, teilweise in Stoffbahnen, teilweise auch nur angemalt: riesige goldene Ornamente, Muster aus Sternen und Fischschuppen, weiße gepunktete Linien auf grünem Grund und blau-weiße Dreiecke am Sockel unterhalb der Terrasse. Fenster und Türen leuchten hell in einer Mischung aus Ocker und Grün.

Der Wagen macht eine elegante Kurve und bleibt einige Meter vor dem überdachten Terrassenaufgang des Farmhauses stehen.

„Schöne Musik", sagt Atleo ironisch.

„Ich mag Musik aus Indien", antwortet Pathein. „Etwas mehr Toleranz würde dir schon zu Gesicht stehen. Wo du dich doch sonst immer so für die gute Sache einsetzt."

Beleidigt dreht Atleo den Kopf zur Seite. Pathein verspürt Genugtuung. Früher hat sie ihn als Geschäftsführerin der Sozialen Gerechtigkeit ständig unter Druck gesetzt, obwohl er als Vorsitzender doch eigentlich das Sagen hatte. Sie hatte halt immer die nötigen Kontakte, um unangreifbar zu sein. Jetzt hat er ihr in Anninarra einen guten Posten verschafft, und sagt, wo es langgeht. Damit hat er zwei Fliegen mit einer Klappe geschlagen, hat eine Vertraute an einer neuralgischen Stelle und die Machtverhältnisse wiederhergestellt. So funktioniert Politik.

„Frau Präsidentin lässt schon wieder auf sich warten", merkt Atleo sarkastisch an. „Immer das Gleiche mit der."

„Sie hat auch viel zu tun", wendet Pathein ein. „Wenn sie nicht bald kommt, fangen wir an. Aber Susanthinka ist ja auch noch nicht da."

Atleo bleibt unbeirrt. „Wäre ja gut, wenn die Avalux bald verschwindet." Und tatsächlich, die Gerüchteküche brodelt. Es heißt, Julia wolle sich schon bald aus Anninarra zurückziehen.

„Wie weit ist denn der Umzug deines Ministeriums?", fragt Pathein, um das Thema zu wechseln. Verwirrt hält Atleo inne. „Bald abgeschlossen. Wird auch Zeit, in der Lagerverwaltung ist es einfach zu eng für uns alle."

„Dann kann Ackland mit ihren Mitarbeitern einige der frei werdenden Büroräume übernehmen. Ich möchte sie etwas näher im Blick haben." Die Gespräche mit den Staaten sind für Ackland in den letzten Tagen ermüdend und alles andere als zielführend verlaufen. Und mit dem Vorschlag, eine Außenstelle des Kreises der 1000 in Anninarra einzurichten, hat sie sich im Kabinett eine Abfuhr abgeholt. So etwas würde sie bestimmt nicht noch einmal versuchen.

„Das kann ich nur zu gut verstehen", stimmt Atleo zu. „Sie hat so viele Schnapsideen. Und dann auch noch unseren Antrag bei den Vereinten Nationen vermurksen."

„Die Aussichten, dass Anninarra als Staat anerkannt wird, waren sowieso gering", seufzt Pathein.

„Aber den Antrag ausgerechnet am Weltfriedenstag zu stellen, wo doch alle Waffen hier bei uns sind, war nicht besonders klug."

„Babro Ackland wollte damit auch auf die Forderung des Verteidigungsbündnisses nach einer Wiederbewaffnung aller Staaten reagieren, die dann zum Glück doch verworfen wurde", sagt Pathein. „Doch ich stimme dir zu, es war unglücklich. Es ist zurzeit ganz schön viel, was da auf ihrem Tisch landet."

„Dann soll sie eine solche Aufgabe nicht übernehmen, wenn sie ihr nicht gewachsen ist."

Das sagst ausgerechnet du!, geht es Pathein durch den Kopf. Doch er schweigt.

„Aber Ghazala Hussain hat ja auch gleich für diesen Fall mit einer neuen Entmilitarisierungskampagne gedroht", fährt Atleo fort. „Wer immer so etwas noch einmal machen würde."

„Ich jedenfalls nicht", sagt Pathein. „Ich weiß, wie viel Arbeit so eine Kampagne macht. Einmal reicht."

Atleo blickt Pathein nachdenklich an. „Ich verstehe nicht, dass du so zu Ackland stehst. Ich halte sie für inkompetent. Sie will uns doch nur wieder zum Weltvertrag bekehren, das ist alles. Sie hätte gar nicht berufen werden dürfen, da stimme ich Brown ausnahmsweise einmal zu. Ginge es nach mir, ich würde sie noch heute ihres Amtes entheben."

„Es geht aber nicht nach dir. Wir stehen als Freie Republik nun anders da als zuvor. Die Tatsache, dass die ganzen Waffen bei uns gelagert sind, erzeugt jetzt natürlich überall in der Welt Angst. Die anderen Staaten spüren einen Verlust an Kontrolle. Daher die Ablehnung, die uns entgegenschlägt. Wir brauchen jemanden, der dauerhaft mit den anderen Staaten im Gespräch ist. Babro Ackland ist hierfür gut geeignet."

„Wenn du meinst." Atleos Stimme klingt gereizt. Pathein blickt sie verärgert an.

Von der Hauptstraße aus kommt Julias Präsidentenlimousine den Hof herauf. Der Wagen schiebt sich in die schmale Lücke, die zwischen Patheins Wagen und dem Farmgebäude verblieben ist. Als er und Atleo aus dem Wagen aussteigen, der lauten Musik entgegen, stehen sie unvermittelt Ramin gegenüber, dem neuen Gesundheitsminister.

„Frau Avalux lässt sich entschuldigen", sagt er über die Musik hinweg. Während er noch spricht, tritt Susanthinka Kaur Hoare aus dem Farmhaus hervor. Sie trägt ein buntes Kleid und einen breiten Strohhut. Der rote Punkt leuchtet in der Mitte ihrer Stirn.

„Es ist Durga Puja, der sechste Tag", sagt sie mit klangvoller Stimme. „Etwas Süßes?" Sie hält den Gästen ein Tablett hin. Atleo und Pathein lehnen ab, aber Ramin greift freudig zu. Hoare lächelt zurück. Mit den großen, runden Augen, dem schmalen Gesicht und der grazilen Gestalt scheint er für alle unwiderstehlich zu sein.

Gemeinsam gehen sie um das Haus herum. Die Rückseite ist mit weißen, übereinandergestapelten Ringen vor einem blauen Hintergrund verziert. Davor befindet sich der Altar einer indischen Göttin. Etwa ein Dutzend Männer und Frauen haben es sich an Tischen und Bänken gemütlich gemacht. Von hier kommt auch die laute Musik. Pathein betrachtet das Bildnis der Göttin Durga. Sie reitet auf einem Löwen, zu ihren Füßen ein Büffel. In den Händen hält sie Schwert, Dreizack, Diskus, Pfeil und Bogen, einen Schild und eine Keule. Der Altar ist mit Blüten, Reis, Obst, Asche und Wasser gedeckt.

„Sie ist es, die den Büffeldämon besiegt", sagt Hoare. „Den größten Dämon, den es auf der Welt je gegeben hat."

„Deswegen heißt sie auch ‚die schwer zu Begreifende'", ergänzt Ramin, „weil sie auf alles eine Antwort findet."

Nur Gott kann das, findet Pathein. Was Menschen tun, kann sich dem nur annähern, es aber nie erreichen.

„Das Fest ist dieses Jahr etwas ganz Besonderes für mich", sagt Hoare. „Nachdem mein Mann vor zehn Jahren gestorben war, habe ich es immer allein feiern müssen. Nun bin ich wieder im Kreise anderer. Darüber freue ich mich sehr."

„Und die vielen unterschiedlichen Kulturen in Ihrer Religion, wie geht das zusammen?", fragt Atleo.

„Oh, die Vielfalt ist gerade das, was so spannend ist. Jeder bringt seine Vorstellungen und Gebräuche mit, und zugleich stehen wir alle auf der gleichen Basis. Nicht nur in meiner Religion, sondern auch darüber hinaus. Respekt und Toleranz gehören natürlich auch dazu."

„Merkwürdig, dass es in unserer Zeit überhaupt noch so etwas wie Religionen gibt", wundert sich Atleo. „Brauchen wir so etwas noch?"

„Was das Göttliche uns sendet, können wir Menschen nicht zurückweisen", erwidert Pathein. „Aus freiem Willen in der Kultur einer Religion zu leben, hat für mich sehr viel Schönheit. Was wäre aus der Menschheit geworden, wenn sie nicht immer auch den Mut gehabt hätte, trotz bitterer Realitäten an eine bessere Zukunft zu glauben? Das Wissen ist die Basis von allem, doch der Glaube hilft, Ziele auch dann zu erreichen, wenn sie vermeintlich unerreichbar scheinen."

Pathein wendet sich an Hoare: „Wir haben von Problemen bei der Lebensmittelversorgung gehört. Was kannst du uns dazu sagen?"

„Bei den wenigen Dutzenden Menschen, die bisher in Anninarra gelebt haben, haben wir immer frei entscheiden können, was wir anbauen, aber für mehrere Tausend Menschen geht das jetzt nicht mehr. Jetzt müssen wir etwas systematischer vorgehen. Die Anlagen, die wir dafür hier auf dem Grundstück haben, helfen uns dabei sehr."

Gemeinsam gehen sie über den Vorplatz, der sich zwischen dem Hauptgebäude und zwei Ställen erstreckt. Eine der Stoffbahnen, auf die eine Sonne aufgemalt ist, flattert im Wind. Es riecht nach frisch geschnittenem Heu. Sie durchqueren den an beiden Seiten mit großen Flügeltoren versehenen Stall und stehen vor den ersten Gewächshäusern, die wie verglaste überdimensionierte, umgedrehte Pilze aussehen. Hoare geht nahe an ein Gewächshaus heran. „Hier sehen Sie, wie die Versorgung in Anninarra gewährleistet wird. Die gleichen Verfahren wie überall auf der Welt. Alles wird ressourcenneutral hergestellt, die Umwelt nicht beeinträchtigt. Keine Pestizide, nichts, kein Tier wird getötet."

Pathein erinnert sich noch, wie man früher durch immer mehr Pestizide und Dünger auf den Feldern versucht hat, den Nahrungsmittelbedarf zu stillen. Und durch immer mehr Fleisch. Bis die Produktionssysteme und die Umwelt zusammenzubrechen drohten und die Wende kam.

Am Beispiel des Gewächshauses erklärt Hoare die Wirkungsweise der Anlagen. Die untere breite Etage des Treibhauses dient der Produktion von Algen, die zu Mehl weiterverarbeitet werden und damit den Grundstoff für viele Lebensmittel bilden. Darüber gibt es eine schlankere Etage zur Herstellung von Pilzen, dann die für Gemüse und Salate, und ganz oben die für das Obst. Die Gewächshäuser arbeiten vollautomatisch und vollbiologisch.

Sie zeigt auf einen Landwirtschaftsroboter, der gerade um die Ecke kommt und mit seinen Spinnenbeinen in einem Salatbeet herumstochert. „Stehen der Landwirtschaft denn auch genügend Energie und Wasser zur Verfügung?", fragt Ramin Sabet. „Dazu hat es in den letzten Tagen vermehrt Fragen gegeben."

„Doch, doch, wir haben genug. Die Gewächshäuser arbeiten mit geschlossenen Wasserkreisläufen. Es wird nur in dem Umfang Wasser zugeführt, wie es dem System durch die Entnahme von Biomasse entzogen wird. Dafür nutzen wir die Wasser- und Energieaufnahmenetze zwischen den Gewächshäusern. Der Rest kommt über die Straßen zu uns. Von dort kommt auch das häusliche Abwasser, als Dünger für unsere Produktion. Das funktioniert alles einwandfrei." Hoare weist auf eine Stahltreppe, die hinter dem Stallgebäude nach oben führt. „Auf dem Dach des Stalls gibt es eine Aussichtsplattform."

Neugierig gehen die Besucher die Treppe hinauf. Vor ihnen breiten sich Hunderte von Gewächshäusern aus. Fast nahtlos scheinen sie in die Hütten und Behausungen der wilden Lager überzugehen. Hoare stellt sich neben Pathein.

„Noch vor einigen Wochen ist hinter den Gewächshäusern Wüste gewesen. Jetzt bieten wir den Menschen ein neues Zuhause."

In der Ferne erkennt Pathein den Baum des Lebens. „Heimat ist das eine", sagt er. „Das andere ist, inwieweit wir die Versprechen an die Menschen auch halten können."

„Ich verstehe nichts von Politik. Ob mit oder ohne Weltvertrag und was noch alles. Ich weiß nur, dass ich mit meinen Anlagen alle gut versorgen werde."

Pathein nickt ihr zu. „Das wollte ich hören. Von deiner Arbeit hängt viel ab."

Unten vor dem Gewächshaus öffnet sich eine Schleuse. Eine Palette mit Erdbeeren und Drachenfrüchten wird auf einen kleinen Lieferroboter geschoben, auf dem sich schon in Kisten gepacktes Gemüse befindet. Langsam machen sie sich auf den Weg zurück.

Auf dem Hof kommen ihnen noch mehr Roboter entgegen. Weiter hinten auf einer Weide stehen ein halbes Dutzend Rinder und zwei Pferde. Es sieht idyllisch aus.

„Wir geben diesen Tieren ein Zuhause", erklärt Hoare.

Sie gehen zu den Rindern, die zufrieden im Schatten der Bäume am Rand der Weide stehen. Die beiden Pferde kommen angelaufen und lassen sich streicheln. Es riecht gut und herb.

Auf dem Weg zurück bleiben sie an einem Nebengebäude stehen. Die Sonne wirft ein zauberhaftes Licht auf den Garten, der mit Blumen geradezu übersät ist. Das Haus besteht aus kleinen Rundbögen und hat ein hübsches Ziegeldach.

„Das ist das Haus, das ich meinte", sagt Hoare zu Pathein. „Früher war es das Altenteil für meine Eltern. Jetzt steht es leer. Wenn du dort wohnen willst, …"

Er lächelt sie an. „Vielen Dank. Ich überlege es mir." Auf dem Hof verabschieden sie sich voneinander. Ramin ist der Erste, der in seiner Limousine abfährt. Atleo und Pathein haben die Hauptstraße noch nicht ganz erreicht, da ertönt wieder laute indische Musik. Pathein lächelt in sich hinein. Vielleicht ist das mit dem Haus gar keine schlechte Idee.

Boomtown

30. September 2104

„Juhu! So viele Geschäfte!", jubelt Fengliu. Der matte Glanz der Straßenlaternen hüllt die Einkaufsstraße in ein angenehmes Licht. Julia sieht ihre Freundin fröhlich an und hakt sich noch etwas fester bei ihr unter.

„Herrlich, ein paar Stunden freizuhaben", sagt sie. „Achtung, wieder eine Baustelle." Die Bauroboter, die auch bei Dunkelheit ihrer Arbeit nachgehen, geben knirschende Geräusche von sich.

„Das ist ja ein richtiges Einkaufsviertel geworden", ruft Fengliu begeistert.

„Toll, nicht?" Julias Beine sind schwer und sie hält ihre Freundin am Arm zurück.

Fengliu schaut sie erschrocken an. „Schonst du dich auch genug? Eine Schwangerschaft ist kein Kinderspiel."

„Ich weiß, ich weiß."

Fengliu hebt die Hand und streicht ihr vorsichtig ein paar Haare aus dem Gesicht. „Du arbeitest zu viel."

„Ich werde darauf achten." Langsam gehen sie weiter.

„Um die Wahrheit zu sagen", erwidert Fengliu, „du hast schon lange nicht mehr so gut ausgesehen. Aber lass dir das bloß nicht zu Kopf steigen."

Julia schenkt Fengliu ein Lächeln. „Die neue Aufgabe tut mir gut. Und mit meinem neuen Zuhause im Gebäude der Lagerverwaltung habe ich jetzt endlich auch einen Platz für mich gefunden. So kann ich meine Zukunft gestalten."

„Und was sagt Pathein dazu?"

„Nichts."

„Da, schau!", ruft Fengliu. „Noch eine Modeboutique!" „Nicht so schnell!", keucht Julia und Fengliu läuft allein los. Plötzlich knickt sie mit einem Fuß um, schlingert und reißt ruckartig die Einkaufs-taschen in ihrer Hand nach oben. Julia will nach ihr greifen, doch da hat Fengliu sich schon wieder gefangen. Ihre Freundin erinnert sie so sehr an sich selbst, wie sie früher einmal gewesen ist.

Da zeigt Fengliu schon auf den nächsten Laden. „Hier! Lass uns hier reingehen!"

In den Schaufenstern sind Frauenkleider zu sehen, exklusiv auf-gemacht, aber nichts, was Julia besonders anspricht. Ein großes blaues Leuchtschild prangt über dem Laden. Es sieht noch ganz neu aus. In weißer Schrift steht dort:

LARRY'S BOUTIQUE

„Wir waren jetzt schon in so vielen Läden", stöhnt Julia.

„Wurde ja auch Zeit, dass sich in Anninarra endlich etwas tut, Frau Präsidentin." Fengliu grinst.

„Bei den sechzig Menschen, die wir damals waren, wäre mehr als ein Laden nicht besonders sinnvoll gewesen."

„Schon klar", entgegnet Fengliu, „lass uns endlich reingehen."

Julias Beine schmerzen. Es wird Zeit, aus den Schuhen heraus-zukommen. Aber sie gibt sich einen Ruck und schenkt Fengliu ein Lächeln.

„Der letzte Laden, dann muss ich nach Hause."

Das Geschäft befindet sich, wie viele andere, auf dem ehemaligen Grünstreifen zwischen Straße und Bürgersteig. Grün und Natur gibt es woanders genug, hat die Regierung beschlossen, vor allem, wenn es um die Zukunft der Wirtschaft geht. Die Schaufenster leuchten so hell wie die schrill-bunte Werbung am Eingang. Als Julia und Fengliu den Laden betreten, umfangen sie gedämpftes Licht und leise Musik.

Von der Kasse nickt ihnen ein Mann freundlich zu und Fengliu verschwindet sofort zwischen den Kleiderständern.

Langsam geht Julia durch den Laden und hält das Lesegerät neugierig hier und da an die Ware. Kein einziges Produkt wird mit Gleichmäßiger Ressourcenverteilung angeboten.

Sie lehnt sich gegen ein Regal und schließt die Augen. Überall werden die Werbeschilder immer größer und bunter, Vorteile werden hervorgehoben und Nachteile verschwiegen, überall gibt es Sonderangebote und Rabatte. Nicht, dass es dadurch unbedingt günstiger wird. Aber in jedem Fall unübersichtlicher.

Als Julia die Augen wieder öffnet, sieht sie, wie der Mann von der Kasse sie heimlich mustert.

„Wie schaffen Sie das?", fragt sie ihn. „Solche Rabatte einzuräumen?"

„Das ist ganz einfach", antwortet er beflissen. „Ich biete nur einen kleinen Teil des Warenspektrums an. Diese Dinge kaufe ich in großen Mengen und kann sie dadurch günstig verkaufen. Weniger Auswahl, günstige Preise, mehr Profit!"

So einfach ist das also. Was übrig bleibt, landet auf dem Müll. Es schüttelt sie bei dem Gedanken. Eigentlich war diese Zeit doch lange überwunden, wurde nur noch exakt das produziert, was benötigt wird. Sie geht zu einem Regal und greift nach einem dunklen Damenjackett mit hellgrauen Knöpfen. Als sie mit der Hand über den Stoff fährt, spürt sie die mindere Qualität des Materials.

„Das ist Handarbeit", sagt der Händler hinter ihr. „Zu einem echten Sensationspreis!"

Julia hält inne. „Handarbeit? Das wurde nicht von Robotern genäht?" Einen Moment ist sie sprachlos. „Die Lohnkosten für mit der Hand genähte Produkte sind stark gesunken", sagt der Kaufmann ungerührt. „Es gibt immer mehr Familien, die Tag und Nacht Kleidung herstellen."

Julia ist schockiert. Gab es das früher nicht auch schon einmal? „Meine Güte! Sollte man mit seinem Leben nicht Besseres anfangen, als Tag und Nacht Kleidung zu nähen?"

„Das ist nicht meine Entscheidung", erwidert der Ladenbesitzer. „Ich verkaufe nur. Nicht jeder kann ein König sein. Es muss auch Leute geben, die einfache Arbeiten verrichten."

„Muss es?", fragt Julia leise.

„Wenn dafür Maschinen für andere Arbeiten eingesetzt oder geschont werden können?"

Irritiert sucht Julia seinen Blick, doch der ist wie tot. „Maschinen schonen?" Sie spürt, wie eine große Enge sie zu umgreifen beginnt. Nur die Musik dudelt weiter.

Der Ladenbesitzer sieht jetzt verärgert aus. „Ist doch egal, wo und wie die Waren produziert werden! Das geht mich nichts an. Aber dieser Laden hier läuft hervorragend und ich habe schon eine Filiale eröffnet. Weitere werden bestimmt folgen. Was ist verkehrt an einem System, in dem man in kurzer Zeit so viel Profit machen kann?"

„Ich kenne genügend Kaufleute, die anders denken", sagt Julia. Sie kann diesen Mann nicht mehr ertragen.

„Fengliu, wo bist du?", ruft sie quer durch den Laden. Ihre Freundin ist sofort an ihrer Seite und hakt sich unter. Ohne den Ladenbesitzer noch eines Blickes zu würdigen, verlassen sie das Geschäft. Er wird genug andere Kunden bekommen.

„Arbeitskräfte, die billiger sind als Maschinen!", ereifert sich Julia, während sie weitergehen. „Warum machen Menschen das? Heutzutage noch in einem solch stupiden, überholten Sinn zu arbeiten? Sich dermaßen auszubeuten, und dadurch die eigene Kreativität, die eigene Würde zu verlieren?"

Fengliu schaut sie mit großen Augen an. „Vielleicht, weil sie es jetzt wieder müssen?"

„Das ist mir klar. Doch wir wissen ja durch das Vorbild der ganzen Welt, wie es sein kann. Wir müssen unsere Anstrengungen verstärken, benachteiligten Menschen zu helfen. Ich werde das ins Kabinett einbringen."

Schweigend gehen sie weiter, bis sie wieder eine neue Baustelle passieren.

Auf einem Schild steht:

WOHNFERTIG IN VIER TAGEN

Vor zehn Jahren sind es noch zwei Wochen gewesen. Julia staunt immer wieder, was die moderne Technik alles zuwege bringt.

„Schau doch mal", sagt Julia zu Fengliu und zeigt auf die Fassade des Neubaus. „Die Mauern, die Zäune, wie klein die Fenster sind. Häuser, in denen nachts die Türen verriegelt und Alarmanlagen eingebaut werden. Wo sonst auf der Welt gibt es denn so etwas?" Julia schüttelt den Kopf. „Was ist das für eine neue Härte überall, gegen sich selbst, gegen die Umwelt und gegen andere, die bei uns entstanden ist?" Sie holt tief Luft. „Ist das die Freiheit, die wir uns alle wünschen?"

Fengliu bleibt abrupt stehen. „Was willst du mir eigentlich sagen? Was habe ich mit alledem zu tun?"

Julia blickt zu Boden und reibt sich die Stirn. Sie weiß selbst nicht, was sie denken soll. Vielleicht ist sie einfach nur verwirrt. Oder sind es irgendwelche Angstzustände, vielleicht infolge der Schwangerschaft?

Da sieht sie plötzlich auf dem Grundstück neben dem Neubau mehrere siebenarmige Leuchter flackern. Sie geht näher an den Garten heran. Hinter ein paar Büschen entdeckt sie einen festlich gedeckten Tisch, an dem einige Menschen sitzen.

„Chatima towa", tönt eine dunkle Männerstimme. „Ein gutes Jahr und eine gute Besiegelung." Der Mann kommt auf sie zu. „Ein gutes Jahr?", fragt Julia. „Im September?"

„Wir haben gerade Jom Kippur gefeiert. Unseren Versöhnungstag. Das höchste Fest des Judentums."

„Ich freue mich, dass es Ihnen Kraft gibt."

„Es braucht eine Zeit im Jahr, in der wir über unsere Handlungen nachdenken können, und wie wir mit den Dingen umgehen, die nicht so gut gelaufen sind", sagt der Mann. „Eine Zeit, in der wir uns vergewissern können, wie man richtig handelt und sinnvoll lebt. Wer rechtzeitig Reue zeigt, bekommt die Möglichkeit, ins Buch des

Lebens aufgenommen zu werden. Deswegen wünschen wir uns eine gute Besiegelung."

Nachdenklich zieht Julia die Stirn in Falten. Reue zeigen? Da gäbe es so viel, wie wahrscheinlich bei jedem Menschen. Ihr wird bewusst, wie wichtig es für sie wäre. Fengliu zieht ungeduldig an ihrem Arm.

„Kommen Sie zu uns." Der Mann strahlt Julia an. „Wir laden Sie ein."

„Vielen Dank", antwortet sie freundlich. „Aber wir müssen los. Ich wünsche Ihnen Frieden."

„Möge der Bund, den der Ewige mit uns geschlossen hat, auch Sie beschützen."

„Schalom", antwortet Julia, dann lassen sie die kleine Festgesellschaft im Garten zurück. Vor der Lagerverwaltung angekommen zeigt Julia auf die andere Straßenseite.

„Da drüben richtet Brown ein Institut für Marktanalyse ein."

Fengliu schüttelt den Kopf. „Das ist typisch für ihn, je provokanter, desto besser."

„Er will das, was in Anninarra passiert, für alle sichtbar machen. Es soll ein Modell für die ganze Welt werden. Wenn die Menschen erst frei seien von allen unnötigen Regulierungen wie dem Weltvertrag, könne jeder Einzelne in einem noch viel höheren Wohlstand leben als jetzt. Anninarra soll zur Hauptstadt einer neuen Welt werden."

„Das sind doch die üblichen Plattitüden, mit denen man die Leute füttert", seufzt Fengliu.

„Wenn wir unter uns sind, spricht er ganz anders."

„Wie denn?"

„Oh, willst du das wirklich hören?"

Als Fengliu nickt, fährt sie fort: „Dass Wohlstand bequem mache, dass Menschen Angst, Verzweiflung und die Todeserfahrung brauchten, um Kräfte in sich zu entfesseln. Nur wer für sich und seine Kinder nichts zu essen habe, kämpfe für ein besseres Leben."

Alles Erfahrungen, die Brown unter Garantie selbst nie gemacht hat. Deswegen ist es so leicht für ihn, darüber zu sprechen.

Leise plätschert der Bach, als sie die kleine Holzbrücke überqueren. Neben dem Eingang zur Lagerverwaltung hängt nun ein großes Schild:

PRÄSIDIALAMT

Fengliu zeigt darauf. „Hast du keinen Ärger bekommen, dass du hier allein eingezogen bist?"

„Pathein hat sich doch auf der Farm eingerichtet. Er kann mir nichts vorwerfen, schließlich hätte er es auch haben können."

Gemeinsam betreten sie das Gebäude. „Hinten rechts, da ist jetzt der Sitzungssaal", erklärt Julia. „Es war beinahe unmöglich, den sperrigen Konferenztisch nach unten zu wuchten, aber am Ende hat es mit einiger Kraftanstrengung und der Brechstange doch geklappt."

Sie fahren mit dem Fahrstuhl nach oben. Als sich die Tür öffnet, bekommt Fengliu vor Aufregung Flecken im Gesicht. „So was habe ich ja noch nie gesehen!"

Sie stellt die Einkaufstüten mitten im Korridor ab und geht staunend über den weißen Marmor. Die Wohnung strahlt puren Luxus aus.

„Die ganze obere Etage ist jetzt dein Reich?", fragt sie. Julia nickt und muss schlucken. Entgegen dem aktuellen Einfuhrstopp ist einiges an Ausstattung heimlich nach Anninarra gebracht worden. Ein schlechtes Gewissen nagt deswegen an ihr.

Erschöpft schleudert sie die Schuhe von den Füßen und geht barfuß in die strahlend weiße Küche, die sie in ihrem alten Büro hat einrichten lassen. Die große Schiebetür zum Wohnzimmer steht offen.

„So wie du will ich auch einmal leben!", ruft Fengliu.

Julia geht an ihr vorbei hinaus auf die Terrasse. Der Halbmond strahlt hell und es gelingt ihr beinahe, den Lärm der Baumaßnahmen auszublenden. Eine bleierne Müdigkeit überwältigt sie.

„Ich habe das Gefühl, heute überhaupt nichts geschafft zu haben", murmelt sie. Fengliu wippt mit dem Bauch leicht gegen das Geländer. „Bis vor Kurzem gab es am Ende jeden Tages wenigstens eine Sache, auf die ich stolz sein konnte."

Fengliu drückt sich vom Geländer weg. „Ich weiß nicht, was du hast", sagt sie, „wir leben doch sehr gut hier in Anninarra."

Julia blickt in die Ferne. Die Zeit ist im Alltag so knapp geworden. Immer gibt es etwas zu regeln. Als sie mit Pathein nach Anninarra kam, war alles noch wie immer, ein paar Stunden Arbeit und dann Zeit für sich selbst. Wie sehr sich in den letzten Wochen doch alles verändert hat. Das Brummen, Klappern und Hämmern dringt wieder in ihr Bewusstsein. „Was hören wir da eigentlich?", fragt sie leise. „Sind das Baumaschinen oder Kampfroboter?"

„Keine Ahnung. Und was macht das auch für einen Unterschied?"

Julia lauscht angestrengt. Kampfroboter oder Baumaschinen? Sie kann es nicht sagen. Ihr wird kalt. „Komm, wir gehen rein", sagt sie in einem schnellen Entschluss und schließt rasch die Tür hinter sich.

Regierungsarbeit

10. November 2104

In Gedanken versunken betritt Pathein den neuen Konferenzsaal im Erdgeschoss des Präsidialamtes, der früheren Lagerverwaltung. Gleich beginnt die neunte Kabinettssitzung, und schon zum zweiten Mal muss er Julia vertreten und außerplanmäßig die Leitung übernehmen. Erneut wurde ihm dies erst am Vortag und nicht von ihr selbst mitgeteilt. Auch bei anderen offiziellen Terminen kommen sie immer seltener zusammen. Zeichnet sich hier ein Muster ab, auf das er reagieren muss? Pflicht ist Pflicht, egal wie wir dazu gekommen sind, denkt Pathein grimmig. Das gilt auch für dich, Julia!

In dem schmalen Raum steuert er seinen Sessel am Ende des trapezförmigen Tischs an. Früher hat man hinter diesem Platz einen großartigen Ausblick über die Siedlung hinweg bis zum Baum des Lebens gehabt, nun ist bloß noch eine kahle Wand zu sehen. Mit dem Umzug des Konferenzsaales ins Erdgeschoss ist Pathein nicht einverstanden gewesen, fand es aber auch nicht wichtig genug, um sich grundsätzlich dagegen zu sträuben.

Er setzt sich in seinen Sessel und blickt über den Konferenztisch hinweg, an dem beiderseits je vier Plätze an den langen Tischseiten auseinanderstreben, um dann mit jeweils zwei Plätzen im rechten Winkel aufeinander zuzulaufen. Seit Beginn des Verteidigungszustandes leuchtet der Tisch immer leicht grünlich, was vor allem bei Dunkelheit für eine beinahe unheimliche Stimmung sorgt. Die Regierung wurde aus den beiden Parteien der Freiheitsbewegung und der Sozialen Gerechtigkeit gebildet, ihre Mitglieder stehen jeweils in kleinen Grüppchen zusammen, die zum Tisch streben, als sie Pathein sitzen sehen. Rechts von Pathein sind es die Minister der Freiheitsbewegung, Kapenda Mutombo für Wirtschaft, Ramin Sabet für Gesundheit, Cathrine Lemann für Finanzen und Elín Metta Skúlason für Bildung. Links die der Sozialen Gerechtigkeit, Yvonne Atleo für Lebensgrundlagen, Rong Lu für Inneres, Zeth Basuki für Justiz und Maria Pires de Ponté für Infrastruktur. Ganz am Ende des Tisches nehmen die beiden Sonderbeauftragten Babro Ackland und Iván Villegas ihre Plätze ein. Wahrscheinlich würde es nur noch eine Frage der Zeit sein, bis Anninarra in zwei Teile zerfiel, immer unvereinbarer wurden die Positionen. Die einen achteten die Freiheit des Einzelnen so hoch, dass sie sich als Gemeinschaft am liebsten ganz der sozialen Verantwortung entziehen würden, die anderen steigerten sich so sehr in diese Verantwortung hinein, dass keine Freiheit für den Einzelnen mehr übrig blieb.

Mutombo sieht zu Atleo hinüber, die sein Lächeln erwidert. Dass die Beiden am Abend des Umsturzes zusammengearbeitet hatten, war Pathein zugetragen geworden. Sicher hatte Brown auch da seine Hände im Spiel gehabt. Dass sie noch immer in Anninarra waren, hatte Pathein gewundert. Doch nachdem die Haftbefehle des Internationalen Gerichtshofs auch für sie ausgestellt worden waren, war klar, dass sie nicht mehr ausreisen würden. Letztlich gab es außerhalb von Anninarra für beide Organisationen inzwischen nicht mehr viel zu leiten und das, was sie in Anninarra taten, hatte eine viel größere Außenwirkung als alles andere.

Pathein blickt einmal in die Runde, dann fängt er an. Elín Metta Skúlason hat heute Geburtstag und er hat beschlossen, die Runde mit etwas Schönem zu beginnen. Als sie zu ihm kommt, wippen ihre blonden Haare unter dem bunten Kopftuch auf und ab.

„Ich gratuliere, Frau Skúlason", sagt Pathein, während er ihr etwas linkisch einen Blumenstrauß überreicht.

„Ich werde es mir gut gehen lassen", entgegnet Skúlason. „Morgen ist Fastenbrechen."

Durga Puja, Jom Kippur und Id al-Fitr lagen in diesem Jahr eng beieinander. Viele kamen aus dem Feiern gar nicht mehr heraus.

„Feiern Sie gemeinsam mit Freunden?", fragt Pathein.

„Oja!" Skúlason lächelt. „Uns ist der Austausch mit anderen Menschen und Glaubensgemeinschaften wichtig. Möge Gott das Fasten, die guten Taten und die guten Absichten annehmen und uns im Leben nur Gutes geben."

„Alles Gute zum Zuckerfest", sagt Pathein.

Als Skúlason wieder an ihren Platz zurückgekehrt ist, wendet sich Pathein an alle: „Babro Ackland wird über ihre Arbeit als Außenbeauftragte berichten. Diese Arbeit ist wichtig, für uns alle. Bisher hat das nicht so gut funktioniert und ich finde, das muss besser werden."

„Danke", sagt Ackland und kommt gleich zur Sache. „Ich habe mich in den letzten Wochen dafür eingesetzt, zwischen Anninarra und den anderen Staaten einen Dialog aufzubauen, um Wege für eine gemeinsame Zukunft zu finden. Die Widerstände sind allerdings auf allen Seiten so groß, dass sich dieses Ziel kaum erreichen lassen wird. Das betrifft die Außenwelt, aber auch die Unterstützung in Anninarra selbst." Sie sieht kurz zu Pathein. „Wie vorab besprochen möchte ich von meinen Aufgaben entbunden werden."

Am Kabinettstisch ist es still. Doch überrascht scheint kaum jemand.

Als niemand etwas sagt, fährt Ackland fort. „Vor einigen Tagen habe ich in Bengaluru mit Regierungsbeauftragten mehrerer Länder gesprochen. Dort habe ich erfahren, dass unser Wirtschaftsminister Verhandlungen mit Großunternehmen führt, um in Anninarra ein zollfreies Niedriglohngebiet einzurichten. Ich habe mich zum Gespött gemacht, weil ich nicht informiert war. So kann ich einfach nicht arbeiten."

„Es hat sich doch nur um Vorgespräche gehandelt, nichts Offizielles", kontert Mutombo schnell.

„Auf Ministerebene?", schießt Ackland zurück. „Ich hätte davon wissen müssen!"

„Wir müssen auch mal Gedanken entwickeln können", erwidert Mutombo. „Sonst bringt das doch alles nichts."

Auch Atleo ist nicht erfreut über die Neuigkeiten. „Ist ja großartig, dass wir das auch mal erfahren", zischt sie von der anderen Seite.

„Präsidentin Avalux war informiert", sagt Mutombo ungerührt.

„Das hätte hierher gehört", schaltet sich nun auch Pathein ein. „So wirft es ein schlechtes Licht auf uns alle."

Ackland und Mutombo schauen sich giftig an. Über die Frage, wer hier tatsächlich für das schlechte Image von Anninarra verantwortlich war, würden sie sich wahrscheinlich nie einigen können.

„Wir mussten reagieren, nachdem die ersten Unternehmen ihr Interesse bekundet hatten", brummt Mutombo. „Da steckt einfach so viel finanzielles Potenzial drin, das konnten wir nicht ignorieren."

„Das sieht der Rest der Welt aber anders", sagt Ackland. „Die wollen nicht, dass bestehende Sozialstandards von uns unterlaufen werden."

„Sowas darf nicht noch mal vorkommen", sagt Pathein entschieden. „Uns schauen sowieso alle auf die Finger, jeder wartet darauf, dass wir einen Fehler machen." Er atmet kurz durch, um sich zu beruhigen. „Was haben wir noch?", fragt er dann in Richtung Ackland.

„Im Rahmen der 2. Manila-Konferenz in der vorletzten Woche soll ein Geheimprotokoll verabschiedet worden sein. Da geht es wohl um Eckpunkte für ein militärisches Vorgehen gegen Anninarra. Ich habe versucht, an mehr Informationen zu kommen, aber nichts da. Auch Ghazala Hussain war auf meine Nachfrage wortkarg." Ackland zuckt die Schultern. „Am Polizeiring um Anninarra haben sie die Geheimhaltungsmaßnahmen jedenfalls deutlich verschärft. Seit Wochen schon werden mir die Augen verbunden und alle technischen Geräte abgenommen, wenn ich die Grenze passiere. Seit zwei Tagen wird mir die Einreise ganz untersagt. Niemand hat mehr Zugang zu den Polizeicamps, selbst die Presse nicht. Luft- und Satellitenaufnahmen wurden auch verboten und entsprechende Störmaßnahmen eingeführt. Gut möglich, dass die Staaten ihre Waffenproduktion bald wieder aufnehmen."

Villegas schüttelt den Kopf. „Das kann ich mir nicht vorstellen. Selbst wenn sie nur einen Bruchteil ihrer früheren Stärke erreichen wollen, würde das Jahre in Anspruch nehmen. Und sie müssten mit lang anhaltenden Gefechten rechnen, wenn sie uns angreifen."

„Es gibt genug internationale Organisationen, die ein wachsames Auge auf die Entmilitarisierung der Staaten haben. Die schließen das ebenfalls aus", sagt Pathein. „Sie würden schon an die Öffentlichkeit gehen, wenn die Staaten wieder aktiv würden."

„Die Polizeikräfte haben sie auf jeden Fall erheblich aufgestockt", wirft Ackland ein. „Man will uns scheinbar durch die schiere Präsenz beeindrucken."

„Ich denke, da unterschätzt man uns gewaltig", tönt Finanzministerin Cathrine Lemann in die Runde.

„Es gibt auch ganz andere Stimmen", sagt Ackland. „Einige plädieren dafür, Anninarra einfach zu stürmen und alle die rauszunehmen, die für die Situation verantwortlich sind. Koste es, was es wolle."

Villegas rutscht ungeduldig auf seinem Stuhl nach vorn. „Wie gesagt, das ist völlig illusorisch. Wer das tut, wird in kürzester Zeit hohe Verluste haben, ohne etwas zu erreichen."

„Was sagen denn der Kreis der 1000 und Ghazala Hussain dazu?", fragt Pathein.

„Einige sind ziemlich sauer. Nicht zuletzt, weil die Staaten sofort nach der Ausrufung der Republik aufgehört haben, für den Unterhalt der Lagerverwaltung zu zahlen. Mit einem Teil des Geldes sollten ja alte Schulden beglichen werden. Andere sprechen sich auch weiterhin für völlige Gewaltfreiheit aus und glauben, dass wir ohnehin über kurz oder lang von innen heraus zusammenbrechen werden." Babro Ackland schweigt einen Moment. „Ghazala Hussain selbst möchte weiter mit uns verhandeln. Sie will, dass wir unsere gegensätzlichen Positionen ernst nehmen und darüber ins Gespräch kommen. Könnte die Mehrheitsmeinung im Kreis der 1000 sein. Aber sicher bin ich mir nicht."

„Wann ist die Ackland sich schon einmal bei einer Sache sicher?", fragt Atleo leise, aber nicht zu überhören. Mehrere Kabinettsmitglieder versuchen, ein Grinsen zu unterdrücken.

Acklands Gesicht wird hart. „Ich habe es vorhin schon gesagt und wiederhole es jetzt noch einmal: Ich bitte um meine Entlassung."

„Das werde ich nicht annehmen", antwortet Pathein mit fester Stimme. „Wenn Sie wollen, können Sie es kommende Woche auch bei Julia Avalux versuchen. Aber ich mache Ihnen wenig Hoffnung. Wir können auf Ihre Arbeit nicht verzichten." Patheins Miene verdunkelt sich. „Wir müssen unsere Kommunikation untereinander verbessern. Das geht alle an, die an diesem Tisch sitzen. Wir dürfen nicht gegeneinander arbeiten."

Das war definitiv nur die zweitbeste Lösung. Jemanden im Amt zu halten, der es gar nicht mehr ausfüllen wollte. Doch es gab keine Alternative.

„Dann ist das wohl so", murmelt Ackland und kreuzt die Arme vor der Brust. Mit ihr wird noch einmal zu reden sein, geht es Pathein durch den Kopf. Wenigstens das Grinsen am Kabinettstisch ist verschwunden. Er wendet sich an Mutombo. „Was gibt es zur internationalen Wirtschaftskonferenz in Stanford zu sagen?"

Der Wirtschaftsminister setzt sich auf. „Ich war gestern und vorgestern in Stanford zugeschaltet und habe dort unsere aktuellen Wirtschaftszahlen präsentiert. Danach herrschte Ruhe im Saal. ,Dagegen wächst die Wirtschaft in der restlichen Welt ja im Schneckentempo', sagte einer der Teilnehmer. Und ich habe geantwortet: ,Genau! Und mit dem, was wir in Anninarra vorhaben, können wir das für die ganze Welt ändern.'"

„Was meinen Sie genau?", fragt Atleo.

„Wenn wir das Wirtschaftswachstum, das wir in Anninarra haben, auf die ganze Welt übertragen, können Gewinne erzielt werden, mit denen sich alle Probleme sofort lösen lassen."

„Wenn sich die Dinge so gut entwickeln, wie Sie behaupten", bohrt Atleo weiter, „dann sollten wir die Steuersätze für Vermögen und hohe Einkommen anheben. Es gibt immer mehr Menschen, die bei uns in Armut fallen."

Mutombo ist sichtlich verärgert. „Das ist eine Forderung der Sozialen Gerechtigkeit, mehr nicht! Präsidentin Avalux wird das nicht befürworten. Menschen mit Vermögen und hohem Einkommen leisten ohnehin schon einen weit höheren Beitrag für die Gemeinschaft als alle anderen. Denen können wir unmöglich noch mehr Steuern aufbürden."

„Das stimmt doch so nicht", schimpft Atleo. „Wer viel Geld verdient, muss auch mehr an die Gemeinschaft abgeben. Wir müssen Menschen in wirtschaftlichen Notlagen helfen!"

„Müssen wir?", fragt Mutombo provozierend. „Jeder sollte sich doch erst einmal selbst helfen können."

Pathein hebt die Hand, um die wütenden Proteste vonseiten der Sozialen Gerechtigkeit zu beschwichtigen. „Wir müssen den Sozialetat weiter erhöhen", stellt er fest. „Die Gleichmäßige Ressourcenverteilung ist vielleicht nicht das perfekte Modell, aber so können wenigstens alle zu gleichen Teilen auf die Ressourcen dieser Welt zugreifen. Das Ungleichgewicht in Anninarra steigt, und um die Armen und Hilfebedürftigen müssen wir uns als Staat kümmern, das ist keine Frage. Was wir dafür brauchen sind Verantwortliche. Wir können vorübergehend aus dem Wirtschaftsministerium Leute abziehen."

Mutombo lehnt sich in seinem Stuhl zurück. „Das ist pure Willkür und durch nichts zu rechtfertigen. Wir werden Präsidentin Avalux darüber unterrichten. Ich kann mir nicht vorstellen, dass sie dem zustimmen wird."

„Wenn sie zu unseren Terminen nicht erscheint, darf sie sich nicht wundern, wenn Entscheidungen ohne sie getroffen werden", erklärt Pathein ruhig. *Und bisher habe ich mich auch jedes Mal durchsetzen können,* fügt er in Gedanken hinzu.

Er schaut in die Runde. „Haben Sie noch etwas zu sagen?", fragt er und dreht sich dabei auch nach hinten um. Der Leiter des Instituts für Marktanalyse, ein schmaler junger Mann, der direkt hinter ihm an der Wand sitzt, verneint die Frage stumm.

Sehr zum Leidwesen von Pathein hatte Brown mit Julias Hilfe durchgesetzt, dass er ab sofort an allen Sitzungen des Kabinetts als Beobachter teilnehmen durfte. Es war davon auszugehen, dass er jedes Wort an Brown weitergeben würde.

„Dann sind wir fertig ", sagt Pathein.

Sofort stehen alle auf und verlassen den Raum. Als Skúlason mit ihrem Blumenstrauß an Pathein vorbeiläuft, nickt er ihr noch einmal zu. Es versetzt ihm einen Stich, dass Julia seinen eigenen Geburtstag ein paar Tage vorher einfach vergessen hat.

Julia und er hätten die Dinge anders regeln sollen, als noch Zeit dafür gewesen ist. Nun ist er froh, endlich gehen zu können. Für heute ist es genug.

Beau Rivage

Mit zügigen Schritten verlässt Julia das Präsidialamt und steuert auf ihre Limousine zu. Einige Meter neben ihr zieht ein Mann in ihrem Alter einen Einkaufswagen über den Kiesweg. Seine Klamotten sind zerschlissen, der Oberkörper merkwürdig verdreht, als hätte er einen schweren Schlag erlitten, von dem er sich nicht mehr erholt hat.

Andrej ist sofort zur Stelle. „Gehen Sie zum Wagen", ruft er Julia zu, „ich kümmere mich darum."

Julia bleibt stehen. „Lassen Sie ihn los", weist sie ihren Leibwächter an. „Ich will mit dem Mann reden."

Andrej presst die Lippen zusammen und geht einen Schritt zurück.

„Was wollen Sie hier?", spricht Julia den Mann an, doch er reagiert nicht. Stattdessen versucht er, den Einkaufswagen durch den Kies zu ziehen. „Hallo!", ruft Julia etwas lauter. „Was machen Sie denn hier?" Der Mann reißt weiter an dem Einkaufswagen herum. „Nun aber halt!", sagt Julia entschieden. „Was geht hier vor?"

Der Mann bleibt stehen und dreht sich mitsamt Einkaufswagen zu ihr um. Julia kann das Gelb in seinen Augen sehen, das ungepflegte Gesicht.

„Was wollen Sie hier?", fragt sie noch einmal.

„Haben Sie etwas zu essen?", entgegnet er leise.

„Unfug", entfährt es Julia, „hier wird jeder satt. Die Zeiten, in denen Menschen Hunger leiden, sind lange vorbei."

„Ich habe aber Hunger", erwidert der Mann schlicht. Julia blickt ihn irritiert an: „Wieso?"

„Ich habe meine Arbeit verloren. Keine Ahnung, warum die mich nicht mehr haben wollten."

Julia wird ungeduldig. „Dann suchen Sie sich eben etwas Neues."

„Bevor ich etwas finden konnte", antwortet er leise, „wurde mir die Wohnung gekündigt, weil ich die Miete nicht mehr bezahlen konnte."

Davon hat Julia schon häufiger gehört. In einigen Gegenden sind die Preise für Wohnraum geradezu astronomisch geworden. „Wir helfen Ihnen", sagt sie entschlossen. Der Mann blickt sie ausdruckslos an. „Geben Sie ihm etwas zu essen, Andrej", ruft Julia in Richtung des Leibwächters. „Und dann muss er von der Sozialfürsorgestelle weitere Hilfen erhalten."

Andrej nickt kurz, während er sein Lesegerät dazu benutzt, die Anweisungen seiner Chefin umzusetzen. Julia wendet sich wieder dem Mann zu, der ängstlich vor ihr zurückweicht.

„Ich bin kein Bettler. Sehen Sie, hier." Er zeigt auf den Einkaufswagen. Neben einigen Habseligkeiten entdeckt Julia dort auch ein paar Metallstücke. „Aber das gehört Ihnen doch gar nicht, oder?"

Vielleicht gestohlen. Auch das kommt in letzter Zeit häufiger vor.

„Nein, die habe ich gesammelt", murmelt der Mann mit rauer Stimme. „Ehrlich gesammelt. Überall liegt das Zeug herum. Man muss es nur aufheben."

Früher wäre das nicht möglich gewesen. Alles, was sich recyceln ließ, und das war praktisch alles, war genauso wertvoll wie neue Produkte. Nicht einmal der Einsatz von Reinigungsrobotern lohnte sich deswegen mehr.

Doch Anninarra hat sich verändert. Alles, was keine Verwendung mehr findet, wird achtlos weggeschmissen. Derweil streitet das Kabinett darüber, ob und wie viel Geld im Haushalt für die Reinigung des öffentlichen Raumes einzusetzen ist.

Julia schaut dem Mann direkt in die Augen. „Gut, dann haben Sie sich richtig verhalten. Wir werden Ihnen helfen!" „Können Sie mir auch etwas Wasser geben?", krächzt der Mann heiser und hebt eine leere Flasche hoch. Julia blickt zu ihrem Leibwächter hinüber. Angewidert nimmt Andrej die Flasche entgegen.

Früher war der Bach in Anninarra klar genug, um aus ihm zu trinken. Doch auch das war vorbei.

Zwei Mitarbeiter des Präsidialamtes kommen auf Julia zugelaufen. Endlich! Julia nickt dem Mann freundlich zu und eilt zum Auto. Als sich die Autotüren schließen, sieht sie noch einmal zu ihm herüber. Er wirkt verwirrt, als die Mitarbeiter auf ihn einreden. Wie es sich wohl anfühlt, so auf die Unterstützung anderer angewiesen zu sein?, fragt sich Julia und schiebt den unangenehmen Gedanken schnell beiseite.

Mit einem leichten Ruck setzt sich die Limousine in Bewegung. Andrej folgt in einem Begleitfahrzeug. Auf der Straße herrscht der für diese Tageszeit inzwischen übliche hektische Betrieb. Ihr Wagen hält schon nach einigen Hundert Metern vor einem prunkvollen, erst kürzlich errichteten Gebäude gegenüber dem Roadhouse.

Es ist nicht ihr erster Besuch dort. Ein roter Teppich führt von der Straße direkt in den matt erleuchteten Eingang, an dem rechts und links schlanke Vasen mit Palmwedeln stehen. Livrierte Diener bewachen den Eingang, über dem ein rotes Schild mit der Aufschrift BEAU RIVAGE leuchtet, obwohl es taghell ist.

Julia dreht sich vom Restaurant weg in die andere Richtung. Vor dem Schaufenster des Roadhouse sitzen einige Menschen auf Bänken. Im Nachhinein findet sie es merkwürdig, dass sie es so lange dort ausgehalten hat. Und dann auch noch mit Pathein. Oder war er der eigentliche Grund, warum es im Roadhouse so gemütlich war?

Ackland hat sich geweigert, das Roadhouse an den Betreiber des BEAU RIVAGE zu verkaufen. Unsummen von Geld hatte Brown ihr geboten, doch sie wollte nicht. Hat stattdessen das Roadhouse zu einer Armenküche und Heimstätte für Menschen gemacht, die keine Wohnung mehr haben. Sicher war es auch ihre Idee, den Eingang des Sozialraumes direkt gegenüber der imposanten Türen des BEAU RIVAGE zu platzieren. Als klare Botschaft: Eigentum verpflichtet!

Brown soll deswegen einen Tobsuchtsanfall bekommen haben. Irgendwie gefällt Julia der Gedanke. Genauso wie die zahlreichen Spenden, die Ackland für ihr Projekt bekommt. Meist von Firmeninhabern, die etwas gegen die zunehmenden sozialen Probleme in Anninarra unternehmen wollen.

Andrej steigt aus dem Fahrzeug und geht kurz die Straße auf und ab. Als alles in Ordnung scheint, gibt er Julia ein Zeichen.

Als sich die Fahrzeugtür öffnet, sieht sie ihre Seidenstrümpfe im Autospiegel silbern glitzern. Die livrierten Bediensteten des BEAU RIVAGE öffnen ihr die Türen. Andrej bleibt in einem kleinen Seitenraum zurück, in dem noch andere Leibwächter herumlungern. Julia nimmt die Rolltreppe in den ersten Stock, wo ein Bediensteter ihr den Weg ins Restaurant weist. An der Flügeltür zum Restaurant bleibt sie stehen, um sich zu orientieren. Sorgsam platzierte Tische geben dem Gastraum eine gediegene Atmosphäre. Ein Kellner kommt auf sie zu.

„Frau Präsidentin, wenn Sie mir bitte folgen wollen." Er führt sie durch den Raum. Der weiche Teppich verschluckt jeden ihrer Schritte. Aufmerksam sieht Julia sich um. Im Restaurant sitzen bereits einige Gäste, überwiegend Geschäftsleute.

Während sie an den Tischen vorbeigeht, nicken sie ihr freundlich zu. Unbeirrt läuft der Kellner weiter und tritt durch eine Glastür hinaus auf die gut besetzte Terrasse. Er führt Julia geradewegs hinter einen Sichtschutz zu einem Tisch, an dem acht Personen sitzen.

Brown springt sofort auf. „Herzlich willkommen, Frau Präsidentin", ruft er laut, während er ihre Hand ergreift und dabei kaum hörbar flüstert: „Sie sind doch allein gekommen, ohne U Tin?"

„Sicher", murmelt Julia.

Brown lächelt süffisant und gibt ihre Hand wieder frei. Sie lässt den Blick um den Tisch schweifen und nickt den anderen Gästen zu: Mutombo und Lemann aus ihrem Kabinett, Lowlands und einige andere Unternehmer. Julia kennt sie alle.

Brown führt sie zum Kopfende, wo seine Assistentin ihr einen weißen Lehnstuhl zurechtrückt.

„Seitan oder Tofu? Was soll der Mist?", poltert Brown und blickt auf seinen Nachbarn, einen Unternehmer aus der Schuh- und Textilbranche. „Ich brauche ein saftiges Stück Fleisch", fährt er lautstark fort, „ich möchte spüren können, wie das Tier gelitten hat."

Er lacht laut auf. Der Unternehmer zwingt sich ein Lächeln ab und prostet Brown zu. Neben dem Lesegerät trägt er eine goldene Armbanduhr und am anderen Handgelenk zwei mit Diamanten besetzte Armreife. Einige Bewohner in Anninarra haben es innerhalb kurzer Zeit zu außerordentlichem Reichtum gebracht und tragen ihn stolz zur Schau. Julia nervt vor allem ihr manieriertes Auftreten. Dieser Reichtum lässt sich nicht mit ehrlicher Arbeit ansammeln. Dafür müssen Löhne gedrückt und jede Form der Spekulation genutzt werden.

Nachdem der Kellner verschwunden ist, beginnt Brown mit einem seiner altbekannten Monologe. Es geht einmal mehr um seine geschäftlichen Erfolge. Julias Blick wandert langsam über den üppig geschmückten Tisch. Dahinter öffnet sich der Garten in Richtung des Hügels, an dessen Spitze der Baum des Lebens thront. Doch heute wirkt er auf Julia, als hätte er schwer an etwas zu tragen. Wahrscheinlich nur das Licht, denkt sie und wendet sich ab. Endlich ist Brown zum Ende gekommen. Er hebt das Glas, um Julia zuzuprosten.

„So kann es nicht weitergehen. Auf keinen Fall", sagt er mit ernster Stimme, während er sie mit kalten Augen fixiert. Mit Ausnahme der beiden Minister nickt die Tischgesellschaft zustimmend. Seit dem Beginn ihrer Präsidentschaft ist das mit Sicherheit der Satz, den Julia am häufigsten zu hören bekommen hat. Niemals kann es einfach nur so weitergehen. Immer muss etwas geändert werden, sofort, mit höchster Dringlichkeit, koste es, was es wolle. „Das sollte Ihnen die Sache schon wert sein", heißt es dann. Auch mit dem Verlust von Wählerstimmen wird gern gedroht. Eine Wahl soll laut der Verfassung, die sich Anninarra in einer der ersten Einwohnerversammlung als Freie Republik gegeben hat, bereits im kommenden Jahr stattfinden. Irgendwie glaubt Julia nicht so recht daran.

„Was kann nicht so weitergehen?", fragt Julia routiniert und leidenschaftslos.

„Die Übergriffe und Gewalttaten gegen unser Eigentum müssen ein Ende haben", setzt Brown seine Tirade fort.

„Sie übertreiben", sagt Julia.

„Ich übertreibe? Ich übertreibe? Wir haben über all das schon geredet. Hier macht sich Terrorismus breit. Unbescholtene Bürgerinnen und Bürger werden angegriffen, und es passiert nichts. Denken Sie doch an meinen Mitarbeiter, der niedergestochen wurde."

Der Vorfall ist Julia bekannt. Allerdings waren die Umstände zwielichtig, die Ermittlungen sind im Sand verlaufen. „Es wird sich ja nicht gleich einer in Ihrem Büro in die Luft sprengen", murmelt sie angestrengt.

Browns Gesicht färbt sich rot. „Wir wissen nicht, was als Nächstes passieren wird. Ich gehe hier nur meinen Geschäften nach und bin zur Zielscheibe von Terroristen geworden", schnaubt der Geschäftsmann.

„Es hat mit dem Widerstand gegen dieses Restaurant angefangen. Dann wurde mein Mitarbeiter getötet, meine Fahrzeuge wurden mit Farbbeuteln attackiert, und jetzt der Anschlag in der Wüste. Es reicht!"

Julia hat den Faden verloren und schaut fragend in die Runde. „Sie haben seine Forellen getötet", erklärt Lowlands spöttisch. Die anderen am Tisch lachen auf.

„Was lachen Sie da?", poltert Brown. „Sie sind doch alle in derselben Situation. Jeder von Ihnen kann schon morgen ebenfalls Opfer eines solchen Anschlags werden, und wir müssen uns dagegen wehren. Dafür haben wir schließlich eine Regierung gewählt."

An den Gesichtern der Gäste ist zu erkennen, dass Brown einen Nerv getroffen hat.

„Was ist denn passiert?", fragt Julia in die Stille hinein.

Mutombo springt ein. „Browns Forellenzuchtanlage, die das Restaurant mit frischem Fisch versorgt, wurde vergangene Nacht sabotiert. Man hat scheinbar die Bassins leerlaufen lassen. Einhundertvierunddreißig Jungfische sind dadurch verendet."

Eine Forellenzuchtanlage in der Wüste. Mit Fördermitteln der Regierung. Julia hat davon gewusst, und sie hat nichts dagegen unternommen. Trotzdem muss sie immer noch an sich halten, damit ihre Fassungslosigkeit über das Projekt nicht sichtbar wird.

„Absichtliches Quälen von Wirbeltieren, das ist ein klarer Verstoß gegen die Tierschutzregularien", entgegnet sie mechanisch.

„Vor allem haben die meine Anlage zerstört, darum geht es hier doch. Und mit Brown legt man sich besser nicht an", zischt der Gastgeber.

Julia ignoriert die letzte Bemerkung. „Wissen wir schon, wer es gewesen ist?"

„Leider nein", antwortet Mutombo kleinlaut. „Wir haben bisher nur eine Nachricht bei den Bassins gefunden: ‚Wasserdiebstahl ächten! Alle Ressourcen dem Volk', stand da."

„Das hätte der Staat verhindern müssen!", schallt Browns Stimme in die Stille hinein. Er sieht Julia an. „Sie hätten das verhindern müssen!"

Für alles macht man jetzt den Staat verantwortlich. Jeder kann machen, was er will, und wir dürfen die Scherben aufsammeln. Sie hat genug von den ewigen Vorwürfen. „Wissen Sie eigentlich, wie unser Budget aussieht? Wenn Sie wollen, dass wir mehr machen, dann statten Sie uns finanziell besser aus. Unsere Einnahmen sind rückläufig, wie Sie alle hier am Tisch genau wissen. Damit werden wir die Probleme nicht lösen können!"

„Es kann nicht sein, dass wir in Anninarra mehr Steuern zahlen sollen als Unternehmer in anderen Teilen der Welt", meldet sich der vorher so kleinlaute Schuh- und Textilfabrikant zu Wort.

„Wenn es hier nun mal mehr Probleme gibt als anderswo, wird sich das kaum vermeiden lassen", versucht Julia ihm sachlich Paroli zu bieten.

Lowlands setzt sich kerzengerade hin. „So viel steht fest: Ehe ich dem Staat auch nur einen Cent mehr zukommen lasse, kümmere ich mich lieber selbst um meine Probleme!"

Ja, das konnte Julia sich denken. Dumm nur für die vielen Menschen, die sich das nicht leisten können und auf den Schutz des Staates angewiesen sind. Die dann eben leer ausgehen. Zeit, das Gespräch in eine andere Richtung zu lenken, entscheidet Julia. „Nun denn, die Untersuchung läuft und wird zu Ergebnissen führen."

„Wie oft sehen Sie denn diesen Pathein U Tin?", fragt sie eine links von ihr sitzende Geschäftsfrau, die eine Maschinenfabrik leitet. Julia überrascht die Frage. „Er ist Präsident, wie ich."

„Wir wissen doch alle, dass es Pathein U Tin ist, der uns diese Probleme macht", entgegnet die Fabrikantin, mehr an die Runde als an Julia gerichtet. Julia zögert einen Augenblick.

„Nun kommen Sie schon", stimmt jetzt auch Lowlands mit ein, „Pathein U Tin will unsere Wirtschaftsordnung untergraben. Erst hat er zugelassen, dass im Tin-Gebiet Fabriken gebaut werden, die uns Konkurrenz machen, und jetzt verhindert er, dass wir unsere Waren dort einführen können."

Der Textilunternehmer knallt unvermittelt einen Schuh auf den Tisch. Alle schauen ihn entgeistert an. „Hier, sehen Sie nur!", ruft er laut. „Die kopieren einfach die Schuhe, die wir produzieren, und verkaufen sie zum halben Preis. Wie sollen wir da mithalten? Wie sollen wir uns dagegen wehren?"

„Und dann", ereifert sich Brown, „und dann setzen sie auch noch Recht und Gesetz außer Kraft."

Julia schüttelt den Kopf. „U Tins Leute haben ein System geschaffen, in dem sich Menschen zusammenfinden können, die nicht viel haben, um gemeinsam über die Runden zu kommen und sich zu schützen."

„Wenn es unsere Wirtschaftsprojekte behindert, kann es nicht richtig sein", faucht Brown böse.

„Können Sie sich vorstellen", sagt Julia, „dass das, was in diesen Gebieten passiert, etwas mit unserem Verhalten zu tun haben könnte? Geben Sie uns zehn Prozent von dem, was Sie im letzten Monat verdient haben. Das würde reichen, um gute gemeinsame Projekte auf den Weg zu bringen."

Lowlands schüttelt verärgert den Kopf. „Sie sind unsere Präsidentin, nicht die von den anderen."

„Wir belassen es dabei", sagt Brown. „Sollen sie doch machen, was sie wollen. Solange wir uns einig sind, können die uns nichts anhaben. Wir werden uns das sichern, was wir benötigen. Mehr muss uns nicht interessieren."

Die anwesenden Geschäftsleute klopfen zur Bestätigung mit den Fäusten auf den Tisch. So fest, dass das Geschirr anfängt zu klirren.

Manchmal geht man mit weniger, als man gekommen ist, denkt Julia. Wie kann ich die Freie Republik Anninarra zusammenhalten, wo alles im Begriff ist, auseinanderzudriften?

Brown gibt seiner Assistentin ein Zeichen, und neun Kellner treten hinter die Gäste, um allen gleichzeitig die Vorspeise aufzutischen.

Der Gastgeber ist inzwischen wieder ganz aufgeräumt und macht eine ausschweifende Bewegung über den Tisch hinweg. Doch der Appetit ist Julia inzwischen vergangen.

Dschungelcafé Amelia

16. Dezember 2104

„Möchten Sie etwas bestellen, Frau Präsidentin?" Der junge Mann mit den hellblauen Augen beugt sich weit zu Julia hin. Unwillkürlich lehnt sie sich von ihm weg und schüttelt den Kopf. Der Mann lächelt einfach weiter, dreht sich um und geht. Den Jaguar, der von rechts nach links seinen Weg kreuzt, ignoriert er geflissentlich. Das goldgelbe Fell des Raubtiers leuchtet rötlich. Ein schönes Hologramm.

Julia blickt auf die Palmen, die aufgestellt worden sind, um sie vor den neugierigen Blicken der anderen Gäste zu schützen. Ein Hologramm-Chamäleon starrt sie mit rotschwarzen Pupillen an, während seine Schuppen grasgrün pulsieren. Das Dschungelcafé Amelia im Zentrum von Anninarra wollte Julia immer schon einmal besuchen. Sogar die brütende Hitze kommt hin. Dezember in Australien eben.

Es graut Julia, sich vorzustellen, wie es erst zum Ende der Schwangerschaft mit der Hitze werden wird. Jetzt ist sie im sechsten Monat, dem Monat, in dem das Offensichtliche offenkundig wird. Mit entsprechender Kleidung entgegenzuwirken, ist gerade in den Sommermonaten kein leichtes Unterfangen. Schräge Bemerkungen tut sie mit wenigen Worten ab, wenn sie sich nicht ganz ignorieren lassen. Es passiert einfach zu viel, sie kann sich nicht auf alles gleichzeitig konzentrieren. Vor allem Brown muss sie im Auge behalten. Der Anschlag auf die Forellenzucht und die umfangreichen, wenngleich erfolglosen Polizeiermittlungen sind schon wieder vier Wochen her. Die Zeit rast.

Neugierig blickt Julia zwischen den Palmen hindurch. Kommt Fengliu gleich? Mehrfach hatte sie nur mit einiger Zeitverzögerung und dann recht wortkarg auf ihre Einladungen reagiert, diese hier hat jetzt endlich geklappt. Julia hat eine dunkle Ahnung, was das Problem zwischen ihnen sein könnte, doch sie muss es von ihrer Freundin selbst hören. Manchmal kommt Julia der Gedanke, alles einfach hinzuschmeißen und Anninarra zu verlassen. Das wäre mit dem Kind vielleicht sowieso die beste Lösung.

Da kommt Fengliu mit hastigen Schritten auf sie zu. Julia rutscht aus der Bank heraus und nimmt sie in den Arm. Fengliu sieht gut aus, auch wenn sie etwas blass um die Nase ist.

„Langer Tag?", fragt Julia, während sie sich wieder hinsetzt. Fengliu nickt. Schweißtropfen stehen auf ihrer Stirn. „Ich habe nicht viel Zeit", sagt sie.

Enttäuscht zieht Julia die Schulterblätter zusammen. „Ich wollte eigentlich mal wieder in Ruhe mit dir reden."

„Okay, dann", nickt Fengliu und setzt sich zu Julia an den Tisch. Dass etwas zwischen ihnen ist, ist unverkennbar.

„Was ist los?", fragt sie leise.

Fengliu starrt auf den Tisch vor sich. Mit einem Finger beginnt sie, das Muster der Tischplatte nachzuzeichnen.

„Ich wurde in einer Welt geboren, in der es den Menschen Tag für Tag immer besser ging", beginnt Fengliu stockend. Julia spürt, wie ihre Freundin sich regelrecht Mut macht, weiterzusprechen. Sie hebt den Blick und schaut Julia ins Gesicht. „Und jetzt fahre ich mit meinen Haushaltsgeräten durch Anninarra und muss zusehen, wie es täglich immer schlimmer wird." Julia ist sichtlich überrascht. Das hat sie nicht erwartet.

„Es stimmt, die Dinge hier verändern sich rasend schnell", sagt Julia. „Immer wieder gibt es neue Entwicklungen. Wir sind noch gar nicht in so etwas wie Normalität angekommen."

„Rede dich nicht heraus", entgegnet Fengliu. „Was hier passiert, ist etwas ganz anderes." Der bittere Unterton ist nicht zu überhören.

„Was meinst du?"

Fenglius Augen werden schmal. „Als wenn du das nicht wüsstest! Du bist jetzt schon fast drei Monate Präsidentin. Jeden Tag bekommst du deine Berichte. Du weißt genau, was los ist! Diese Kluft zwischen Arm und Reich. Die zunehmende Aggression und Rücksichtslosigkeit. Die Verschmutzung der Umwelt."

Julia blickt sie frustriert an. Niemandem scheint bewusst zu sein, wie viel sie und alle anderen in ihrem Amt täglich unternehmen, damit es nicht noch schlimmer wird.

„Wir kümmern uns", sagt sie. „Es gibt ein paar Probleme, aber wir kümmern uns."

Fengliu presst die Lippen zusammen.

Der junge Kellner kommt wieder an den Tisch. Julia bestellt einen Cappuccino mit Mandelmilch, Fengliu einen Rhabarbersaft.

„Haben Sie eigentlich schon die Weihnachtskrippe gesehen, die vor dem Café an der Treppe steht?", fragt er die beiden. „Sie ist wirklich schön, Maria, Josef, die Hirten mit den Ziegen und Kühen. Und im Stall die Krippe, bereit für die Ankunft des Christkinds. Frieden für eine Nacht!"

Julia will ihm verärgert über den Mund fahren, doch sie unterlässt es. „Liebe andere wie dich selbst!", so hat sie es einmal gelernt, vor vielen Jahren. „Hilf, wo du nur kannst, und urteile nicht! Denn Liebe ist stärker als alles andere auf der Welt." Regeln, die auch im Alltag gelten. Oder gerade da.

Über dem dunklen Hemd des Kellners baumelt eine Silberkette mit einem kleinen Kreuz. Er folgt Julias Blick und lächelt. Als Julia zu ihrer Freundin hinübersieht, bemerkt sie deren giftigen Blick.

„Hast du eigentlich endlich mal mit Pathein gesprochen?", fragt Fengliu, während der Kellner wieder verschwindet. Ihre Stimme trieft vor Sarkasmus.

„Über das Kind? Nein." Julia hat mit der Frage gerechnet, dennoch trifft sie sie unerwartet. Fenglius Augen sind dunkel, das Gesicht zu einer Grimasse verzogen. Sie atmet langsam und kraftvoll ein.

„Mich nervt, dass du nie für irgendwas Verantwortung übernimmst. Bei dir geht es einfach immer weiter, weiter, weiter. Wenn nicht der, dann der. Du machst dir ein gutes Leben, indem du nichts tust!"

Julia verschränkt die Arme vor der Brust. „Ich freue mich, dass du mich so gut kennst. Du bist doch selbst nicht besser!"

Fengliu sieht aus, als habe ihr Julia ohne Vorwarnung eine Ohrfeige verpasst. „So, findest du?"

Ein bisschen Frieden und Entspannung, das war der Grund, warum Julia mit ihrer besten Freundin zusammen sein wollte. Doch weit gefehlt.

„Was willst du von mir?", fragt sie müde.

Fenglius Augen röten sich. Tränen laufen ihr über das Gesicht. „Siehst du denn nicht, wie sehr wir in Anninarra in Gewalt und Chaos versinken?"

Julia spürt, wie Wut in ihr aufsteigt. „Dann geh doch, wenn es dir nicht passt!", ruft sie.

„Ich gehe nirgendwohin. Ich bleibe hier! Ich kann nicht einfach gehen, nur weil andere sich keine Mühe geben."

„Du solltest dich damit abfinden, wie es ist!"

Fengliu stößt den Stuhl nach hinten und tritt einen Schritt zurück, ihr Körper ist angespannt: „Ich muss mich mit gar nichts abfinden. Ich habe ein Recht darauf, an eine bessere Zukunft zu glauben."

„Ach, wie toll. Da bin ich ja begeistert!" Sogleich bereut Julia, was sie gesagt hat.

„Ich mache wenigstens etwas", ruft Fengliu wütend. „Ich spende einen Teil meines Gehalts und helfe Babro Ackland im Roadhouse. Was machst du?"

„Bravo, du bist ja eine Heldin!", spottet Julia.

Fenglius Gesicht wird abwechselnd weiß und rot, ihre Stimme tönt durch das gesamte Café: „Warum habe ich mich wohl bei der Entmilitarisierungskampagne so engagiert? Weil ich die Welt zu einem besseren Ort machen wollte! Und jetzt? Jetzt geht alles wieder rückwärts, bis es irgendwann zerbricht!"

Beschwichtigend hebt Julia die Hände. Es muss ja nicht sein, dass das ganze Café mithört. Doch Fengliu reagiert nicht.

„Und du?", poltert sie weiter. „Ihr seid Präsidenten, aber eigentlich werdet ihr immer mehr zu Witzfiguren. Redet viel, ohne etwas zu sagen. Die anderen Staaten schaffen es doch auch, gut zurechtzukommen. Deren Präsidenten setzen um, was sie versprechen!"

„Was fällt dir ein!", faucht Julia.

Fengliu fuchtelt mit den Händen. „Du begreifst es einfach nicht, oder? Du müsstest etwas unternehmen, damit die Gewalt und Armut nicht noch schlimmer werden! Stattdessen sitzt du einfach nur da."

Julia blickt sie ratlos an. Wie, um Himmels willen, soll sie das anstellen? Fengliu reißt wütend die Arme nach oben, dreht sich um und rennt dem Kellner direkt in die Arme.

„Hey!", ruft der überrascht. Doch es ist schon zu spät, das Tablett schwankt, Cappuccino und Rhabarbersaft vermengen sich zu einer unappetitlichen Brühe.

Fengliu ignoriert ihn und rennt nach draußen. Julia lehnt sich auf der Bank zurück. Sie hat das Gefühl, keine Luft mehr zu bekommen. Der Kellner hält noch immer das Tablett in der Hand. Er lächelt sie schon wieder an. Jetzt reicht es. Entnervt greift sie nach ihrer Handtasche und steht auf. Sollen doch alle machen, was sie wollen.

Neue Wege

3. Januar 2105

Entlang der neu gebauten Straße flattern die Fahnen des Tin-Landes in der Sommersonne. Kurz vor der Jahreswende hat der neu gebildete Staatsrat beschlossen, eine eigene Flagge einzuführen. Prächtiges Orange, mit dem Emblem von Anninarra in der Mitte.

Pathein schaut auf die Flaggen, dann steigt er unter den Rufen der vielen Menschen hinter der Absperrung vom Podium. In der Menge erblickt er Babro Ackland. Während sich links und rechts von ihm Sicherheitsleute postieren, geht er auf sie zu. Ackland greift mit der rechten Hand nach seinem Hals. Bevor Pathein etwas tun kann, schlägt ihr ein Sicherheitsmann auf den Arm. „Nicht!", ruft er dem Leibwächter zu.

Ackland bekommt Pathein zu fassen und zieht ihn an sich. Irritiert lässt er es zu. Zu keiner Zeit haben sie sich so nahe gestanden, dass eine Umarmung infrage gekommen wäre.

„Du musst dich dringend bei Julia melden, heute noch", raunt sie ihm heiser zu. Ein Sicherheitsmann greift erneut nach Acklands Arm. Eine laute Stimme ruft ihr aus der Menschenmenge zu: „Du hast hier nichts verloren. Geh zurück nach Lux, wo du hingehörst!" Ackland sieht Pathein noch einmal kurz in die Augen, dann wird sie nach hinten weggezogen. Bestimmt wird der Sicherheitsdienst sie gleich von Kopf bis Fuß kontrollieren und sie aus dem Tin-Land ausweisen.

Während Pathein sich umdreht, steckt er eine Hand in die rechte Jackentasche und ertastet dort einen kleinen, flachen Stein. Schnell zieht er die Hand wieder heraus. Innenminister Rong wirft ihm einen sonderbaren Blick zu. Erst vor Kurzem hat er in seinem Ministerium eine Abteilung für Staatssicherheit eingerichtet. Pathein wird das Gefühl nicht los, dass alles, was man von dort hört, nicht mal zur Hälfte der Wahrheit entspricht.

Doch er muss sich auf den Weg machen. Lächelnd marschiert er über den roten Teppich in Richtung der Limousine. Ein letztes Mal winkt er den Menschen zu, dann steigt er ein. Der Tross an Regierungsfahrzeugen setzt sich in Bewegung.

Links und rechts ziehen die Hütten der Armen vorbei. Erst kürzlich hat Patheins Partei großspurig versprochen, dass auch sie in naher Zukunft vom wirtschaftlichen Aufschwung profitieren würden. Das würde weiter abzuwarten sein.

Schließlich passieren sie die Sicherheitsschleuse des idyllischen Landhauses, in dem sich Patheins neuer Amtssitz befindet. Während er zu seinem Arbeitszimmer geht, denkt er über die Worte von Ackland nach.

Warum soll er sich ausgerechnet jetzt bei Julia melden? In der letzten Zeit hat er allen Kontakt mit ihr vermieden. Schon im September, bei ihrer letzten gemeinsamen Kabinettssitzung, hat es die ersten Gerüchte um Julia gegeben. Inzwischen ist es unübersehbar: Julia ist schwanger.

Die Schwangerschaft ist ein Politikum erster Güte. Die Gerüchteküche brodelt: Ist er der Vater? Erwartet der Präsident des Tin-Landes etwa ein Kind mit der Präsidentin des Lux-Landes? Dem Feind schlechthin? Bisher konnte es weder bewiesen noch widerlegt werden. Klar ist nur, dass Patheins potenzielle Vaterschaft seine Stellung im Tin-Land schwächt.

Er kann sich ausmalen, was passieren würde, sollten sich die Gerüchte als wahr herausstellen. Das Kind geriete ins Fadenkreuz. Denn es geht um mehr. Mit dieser Floskel wurde in letzter Zeit vieles gerechtfertigt, das früher als undenkbar galt.

Pathein geht zur Tür, tastet nach dem Schlüssel, der im Schloss steckt, und schließt sich im Arbeitszimmer ein. Am Schreibtisch aktiviert er die Hologramm-Sicherheitsglocke, um das Abhören von

Nachrichten zu unterbinden. Er greift in die rechte Jackentasche. Der flache Stein ist immer noch da. Er holt ihn heraus und legt ihn auf den Schreibtisch. Es ist ein Opal von der Größe eines Daumennagels. Das tiefe Blau wird von roten und braunen Punkten unterbrochen, die wie Kontinente aussehen. Typisch Julia! Sie hat schon immer einen Sinn für Schönes gehabt.

Er legt das Lesegerät auf den Schreibtisch und platziert den Opal darauf. Das Gerät beginnt, hellgrün zu blinken. Als er den Anruf schon wieder beenden will, beginnt es auf dem Schreibtisch zu leuchten. Das Licht wechselt die Farbe von Grün in ein mattes Weiß.

Julia sitzt auf einer großen hellen Couch. Sie trägt einen schwarzen Pullover, der ihr bis zu den Oberschenkeln geht. Die Beine übereinandergeschlagen, wippt sie mit einem Fuß hin und her.

„Endlich sieht man dich mal wieder", sagt Pathein. Irritiert stellt er fest, wie schroff er geklungen haben muss.

„Es wurde mal wieder Zeit", erwidert Julia ruhig.

„Das finde ich allerdings auch", erwidert Pathein.

Julia seufzt. „Ich hatte meine Gründe. Und du doch auch."

Ihr Gesicht ist voller geworden.

„Du bist also schwanger?" Patheins Frage ist mehr eine Feststellung. „Ja."

„Du hast gesagt, du könntest nicht schwanger werden. War das gelogen?"

Julia verzieht leicht den Mund, als würde sie sich schämen. „Nein. Ich bin viele Jahre nicht schwanger geworden, jetzt ist es doch passiert."

„Habe ich etwas damit zu tun?", entfährt es Pathein unsicher. Julia schaut ihn durch ihr Lesegerät an.

„Nein."

In Pathein steigt eine Mischung aus Erleichterung und Enttäuschung auf.

„Ich mache mir Sorgen", sagt sie, die Stirn in Falten gelegt, und wechselt unvermittelt das Thema. „Die Gewalt nimmt immer weiter zu. Einbrüche, Raubüberfälle, Sachbeschädigungen, Körperverletzung, sogar Mord. Bei uns und bei euch. Es gibt nicht nur plötzlich eine Freie Republik Anninarra, jetzt ist sie sogar in zwei Teile zerfallen."

Pathein lehnt sich auf seinem Stuhl zurück. „Tin und Lux sind zwei unterschiedliche Ansätze, mit den Problemen in Anninarra umzugehen. Früher nannte man es Kommunismus und Kapitalismus. Scheinbar ist es bei uns wieder notwendig geworden, darüber nachzudenken. In der restlichen Welt interessiert das niemanden."

„Aber was machen wir mit der zunehmenden Gewalt?", fragt Julia.

„Deine Sorgen sind deine Sorgen", sagt Pathein. „Was habe ich damit zu tun?" Demonstrativ verschränkt er die Arme vor der Brust.

„Bei euch ist es doch ganz genauso. Tu nicht so, als wenn es euch nicht betreffen würde."

Pathein wägt kurz ab, wie er sich weiter verhalten soll.

„Dass in Anninarra mehr als das Hundertfache an Gewalt herrscht als in der restlichen Welt, ist eine Schande für uns alle."

Julia nickt zustimmend.

„Wir haben intern darüber gesprochen, und die Gründe sind natürlich auch klar", fährt Pathein fort. „Es ist euer Kapitalismus mit den daraus resultierenden sozialen Unsicherheiten. Die Menschen leiden darunter, dass sie unter Druck geraten, aus Existenznot …"

„… oder weil sie in einem totalitären System wie bei euch gefangen sind", wirft Julia scharf ein.

Pathein fährt unbeirrt fort. „Fakt ist doch, dass sie sehen, welche Ressourcen es gibt, und sich fragen, warum sie keinen Zugang dazu haben. Die Menschen sind hierhergekommen, weil sie auf ein besseres Leben gehofft haben. Jetzt stehen sie mit leeren Händen da. Natürlich sind die unzufrieden. Da begehen einige von ihnen halt auch Dummheiten."

Julia blickt nachdenklich Richtung Fenster. „Hör mal, Pathein", sagt sie leise, „was mit uns passiert ist, tut mir leid. Manchmal geht eine Beziehung einfach zu Ende, ohne dass einer etwas dazu getan hat."

„Seitdem ist viel passiert, Julia. Wir sollten das nicht mehr aufwärmen."

„Eigentlich dürfen wir gar nicht miteinander reden", seufzt Julia. „Man hat uns zu Präsidenten eines Landes gemacht, das gerade immer mehr in zwei Teile zerfällt. Unsere Minister sollen uns beraten, aber in Wirklichkeit kontrollieren sie uns. Würden wir unser Gespräch offiziell führen, müssten wir unsere Systeme und Wertvorstellungen mit allem Drum und Dran gegeneinander verteidigen. Vielleicht am Ende sogar offiziell behaupten, dass es gar keine Gewalt gibt …"

Pathein muss lachen, wird aber gleich wieder ernst.

„Aber das, was uns zusammenbringt, ist doch etwas ganz anderes", setzt Julia ihren Gedanken fort. „Wir leben nicht allein auf der Welt. Die Außenwelt beobachtet alles, was hier passiert, mit großer Aufmerksamkeit. Ich muss gestehen, dass es mich jetzt manchmal um den Schlaf bringt."

Pathein nickt. „Das geht mir genauso."

„Aber haben wir einen Ausweg, außer einfach zu fliehen?", fragt Julia.

„Ich fühle mich immer noch an meinen Schwur, die Waffen zu beschützen, gebunden", sagt Pathein. „Und bisher hat das auch ganz gut funktioniert. Die Waffen sind sicher."

Julia stimmt zu. „Aber wir haben uns zu sehr von unseren Parteien auseinandertreiben lassen. Das sollten wir ändern."

„Was hast du vor?", fragt er.

„Wir sollten gemeinsam ein öffentliches Statement abgeben, um die jetzige Entwicklung in Anninarra zu stoppen. Ich habe es Fengliu versprochen."

„Was?", ruft Pathein aus.

„Sie hat mir eine ziemliche Szene gemacht. Hat gesagt, dass alles in Anninarra immer schlechter würde, in Lux wie in Tin. Das konnte ich nicht auf mir sitzen lassen. Ich bin noch einmal zu ihr gegangen und habe ihr versprochen, mit dir zu reden."

„Ich hoffe, du warst vorsichtig dabei?"

Julia nickt.

„Wie willst du das bewerkstelligen?", fragt Pathein ungläubig. „Glaubst du nicht, man wird uns dafür einsperren?"

Julia muss bei dem Gedanken schlucken. Es ließen sich viele Hässlichkeiten denken, die man ihnen antun könnte, und sie wusste, dass die meisten der Menschen, mit denen sie sich inzwischen umgeben mussten, dazu auch ohne Weiteres in der Lage wären.

„Wenn nicht wir, wer sonst? Wir sind die Präsidenten von Anninarra. Wenn wir diese Dinge nicht ändern, wer dann?"

Pathein blickt nachdenklich aus dem Fenster. „Als wir mit der Entmilitarisierungskampagne gestartet sind, hat auch keiner geglaubt, dass wir erfolgreich sein würden. Nur jetzt wird es ungleich riskanter."

„Also haben wir wieder ein gemeinsames Projekt", stellt Julia fest und errötet dabei leicht. „Wenn wir es beherzt angehen, wird man uns kaum dafür kritisieren können. Wir müssen ja nicht unser Staatssystem infrage stellen. Es reicht doch, gemeinsam an den gesunden Menschenverstand zu appellieren. Alle haben doch ein Interesse, dass es auch bei uns funktioniert."

Pathein schaut ihr in die Augen. „Das wird Brown nicht gefallen. Der hat seine Augen und Ohren überall."

Ein Ausdruck der Entschlossenheit macht sich in Julias Gesicht breit. „Wir müssen ihn vor vollendete Tatsachen stellen."

Pathein nickt zustimmend.

„Dann lass uns morgen auf der Vollversammlung eine gemeinsame Erklärung verlesen", schlägt Julia vor.

„Morgen schon?" Pathein fühlt sich von ihrer Entschlossenheit überrollt.

„Je länger wir warten, desto schwerer wird es."

Er weiß, dass sie recht hat. So soll es also sein. „Einverstanden! Dann machen wir das so."

Die Freude lässt Julias Gesicht erröten. Pathein liebt es, sie so zu sehen.

„Wie geht es dir denn?", fragt sie mit sanfter Stimme.

„Wie es mir geht? Was soll ich sagen?"

Plötzlich sieht er einen Schatten hinter Julia. Es sind nur wenige Sekunden. Ramin. Pathein spürt einen Stich im Herzen.

„Bis dann zur Vollversammlung", sagt er schnell. „Bereite etwas vor und melde dich dann wieder." Er winkt Julia noch einmal zu und beendet die Übertragung. Eine unaussprechliche Traurigkeit breitet sich in ihm aus. Er nimmt den Opal von Julia und geht zu einem Mörser, der als Dekoration im Regal steht. Niemand soll dieses Gespräch nachverfolgen können. Als er den Stößel schon kraftvoll auf den Stein drückt, wird ihm bewusst, dass er diese Verbindung noch wird nutzen müssen, um die Einwohnerversammlung vorzubereiten. Ohne weiter nachzudenken, legt er den Opal schnell in der untersten Schublade des Schreibtisches ganz nach hinten. Danach fühlt er sich besser.

Unangenehme Wahrheiten

4. Januar 2105

Andrej kommt vom Hangar an der gelb markierten Grenzlinie zwischen dem Tin- und dem Lux-Gebiet zu den Limousinen zurück und streckt den Daumen nach oben. Die Türen der Fahrzeuge öffnen sich. Pathein und Julia steigen aus.

Erst am Morgen haben die beiden Präsidialämter medienwirksam die Bürger von Anninarra zu dieser außerplanmäßigen Einwohnerversammlung eingeladen. Trotzdem haben sie über informelle Kanäle bis zum Schluss Zweifel an dem gemeinsamen Auftreten streuen lassen. Mit dem Ziel, Brown und seine Leute von ihrem tatsächlichen Vorhaben abzulenken.

„Hallo", begrüßt Julia Pathein und streckt ihm die Hand entgegen. Sie spürt seine kräftigen, warmen Finger. Es ist das erste Mal seit Monaten, dass sie sich persönlich sehen. Er nickt ihr kurz zu. Sein Blick scheint kalt, distanziert, aber vielleicht ist es auch bloß Nervosität.

„Dann los", sagt sie. Unter den misstrauischen Blicken der Zuschauer gehen sie flankiert von Sicherheitspersonal auf den Hangar zu. Im Hangar selbst ist es merkwürdig ruhig. Viele Plätze sind frei, und diejenigen, die da sind, haben scheinbar nicht viel miteinander zu besprechen.

Pathein und Julia betreten zügig die Bühne. Der Hangar ist in einem desolaten Zustand. Teile der Seitenwände sind aus der Verankerung gerissen, sodass das Sonnenlicht durch die Löcher bis in den Saal fallen kann. Vandalismus und Diebstahl, wohin man blickt. Nur die Decke ist noch weitgehend intakt.

Julia verschränkt die Arme vor der Brust und lässt ihren Blick über die Anwesenden schweifen. Ein breitschultriger Kerl spielt demonstrativ mit einem Baseballschläger herum. In der ersten Reihe sitzen Lowlands, Brown, der Leiter des Instituts für Marktforschung und Gasa einträchtig nebeneinander.

Auch sie haben ihre Leibwächter mitgebracht. Brown hat das Kinn nach vorn geschoben. Als Peter Sturt an ihm vorbeigeht, verfinstert sich sein Blick. Seit Wochen schon versuchen die Oligarchen, die Recyclingfabrik in die Hände zu bekommen. Brown gehört zwar offiziell nicht zu dieser Gruppe der Superreichen, macht aus seinen Sympathien für sie jedoch keinen Hehl. An Julias Vorgabe, die Recyclingfabrik in öffentlicher Hand zu lassen, war bisher nicht zu rütteln.

Sturt ignoriert Browns aggressiven Blick und sucht das Gespräch mit Ackland. Julia nickt den beiden anerkennend zu. Auf ein Zeichen von Andrej stellen sich Julia und Pathein in die Mitte der Bühne und legen die Hände auf ihre Lesegeräte. Vor ihnen erscheinen ihre beiden Avatare. Durch sie hindurch blicken sie auf das Publikum.

Das ist der Deal: eine Rede, gemeinsam ausgearbeitet, von den Avataren vorgetragen.

„Wir freuen uns, dass sich so viele Menschen eingefunden haben, um die vor uns liegenden Aufgaben zu bewältigen", sagen sie. „Vor etwas mehr als vier Monaten haben wir in diesem Raum die Freiheit und Unabhängigkeit unserer Republik vom Rest der Welt erklärt. Diese Proklamation sollte vielen Menschen Hoffnung geben. Aber nicht jede Entwicklung in unserer Gemeinschaft erfüllt diese Hoffnung. Der Transformationsprozess bringt Veränderungen mit sich. Es ist daher nicht verwunderlich, dass auch der Umgang untereinander anders geworden ist. Doch wenn die Ungleichheit zu groß wird, kommt es zu Benachteiligungen, Diskriminierung und Gewalt. Es kann nicht sein, dass Menschen in unserer Freien Republik aufgrund ihrer Hautfarbe, ihrer Biografie, ihrer geschlechtlichen Identität, ihres Berufs, ihres Einkommens oder aus anderen Gründen benachteiligt werden. Dass Vorurteile die Oberhand gewinnen. Dass wir, statt miteinander zu reden und Probleme gemeinsam zu lösen, der Gewalt gegen Sachen und gegen Menschen den Vorzug geben. Es leben Menschen unter uns, die hungern und nicht mehr wissen, ob sie etwas zu essen finden. Auf der anderen Seite gibt es diejenigen, die versuchen, mithilfe von Sicherheitspersonal und anderen Maßnahmen einen Schutzwall gegenüber der Umwelt aufzubauen. Wollen wir wirklich so leben? Wollen wir wirklich abwarten, bis alles in einer Katastrophe endet?"

Im Hangar ist es still geworden. „Dann kommen Sie endlich zur Besinnung!", rufen die beiden Avatare zeitgleich in den Raum und erstarren.

Julia atmet einmal tief durch. Den Gesichtern des Publikums zufolge hat die Rede verfangen. Der gemeinsame Wille ist da, denkt sie, während sie sich zu Pathein umdreht, der ihren Blick erwidert. Gemeinsam treten sie durch die Avatare hindurch an den vorderen Rand der Bühne. Die Anwesenden schauen sie erwartungsvoll an.

Julias Stimme dringt laut und klar durch den großen Raum: „Wir müssen uns wieder stärker öffnen und die Verhandlungen mit den anderen Staaten neu aufnehmen. Ich sehe eine realistische Chance, dass wir uns mit der Außenwelt einigen können."

Pathein nickt ihr zu.

„Je mehr wir die Außenwelt wieder zu uns hereinlassen, uns auf ihre Standards einlassen, desto schneller werden auch die Probleme wieder verschwinden. Und trotzdem können wir bleiben, wer wir sind. Geben Sie uns für neue Verhandlungen mit der Außenwelt das Mandat, wir werden Sie nicht enttäuschen. Nicht die Reichen und Mächtigen entscheiden, was hier passiert, sondern Sie!"

„Das ist doch alles Unfug", schallt Browns donnernder Bass durch den Hangar, als er sich dem Publikum zuwendet. „Wer hört denn auf halber Strecke auf, wenn er auf dem Weg ist, ein großes Ziel zu erreichen?"

„Sei du doch ruhig! Du hast so viel versprochen, und der einzige Reichtum, der steigt, ist dein eigener!", unterbricht ihn ein Mann von weiter hinten. Einige Leute im Saal lachen. „Lass ihn in Ruhe", zürnt nun ein anderer. „Geht doch dorthin zurück, wo ihr herkommt!"

Die Stimmung im Saal wird aggressiv.

„Es ist Ihre Entscheidung", spricht Pathein das Publikum über den Lärm hinweg an. „Lassen Sie uns gemeinsam für neue, konstruktive Gespräche mit der Außenwelt stimmen. Ich bin mir sicher, dass wir gemeinsam viel erreichen werden."

„Stimmen Sie so ab, wenn Sie zurück in die Knechtschaft wollen", ruft Brown erneut dazwischen. „Unser Weg ist der richtige, das hat die Vergangenheit gezeigt. Ein Kurswechsel führt nur dazu, dass wir alles verlieren, am Ende sogar unser Leben."

Wütend wischt Julia die Worte mit einer Handbewegung beiseite. „Wir werben für den Weg der Vernunft! Die Außenwelt wird uns mit offenen Armen empfangen und in allen Belangen entgegenkommen, davon bin ich überzeugt. Am Ende wird jeder so leben können, wie er will. Lassen Sie uns darüber abstimmen."

Auf einmal dringt ein metallisch-schabendes Geräusch durch den Hangar. In Browns Gesicht blitzt kurz ein boshaftes Grinsen auf, das er schnell verbirgt. Am Eingang treten die Menschen plötzlich zur Seite und bilden einen Korridor. Etwas Längliches wird in die Höhe gehalten. Ein Schrei ertönt. Langsam wird ein Mann sichtbar, der sich etwas Großes, Metallisches an den Körper drückt. Er klettert auf einen Stuhl und beginnt, sich über die Sitzreihen hinweg langsam nach vorn durchzuarbeiten. Dabei schwankt er gefährlich hin und her. Er ist mittelgroß, seine Kleidung zerrissen. Rot fließt es über die Arme und das Hemd des Mannes.

Auch Julia und Pathein wird nunmehr endgültig klar, warum sich die Umstehenden von dem Mann abwenden. Das Metallstück ist ein Stück Bein eines Kampfroboters. Als er näher kommt, ist deutlich zu erkennen, dass es sich bei der roten Flüssigkeit um Blut aus einer Stirnwunde handelt. Inzwischen ist er bei der vorderen Stuhlreihe angekommen.

Die Sicherheitsleute von Julia und Pathein blockieren den Weg, bis sie von oben ein Signal bekommen. Dann ist der Mann auf der Bühne. Ramin kommt dazu, um ihm zu helfen, doch der Mann stößt ihn weg. Er steht mühsam auf, stellt sich breitbeinig hin und streckt das Metallbein in die Höhe.

„Hier", brüllt er in den Raum, „die Lösung aller Probleme. Kupfer, Nickel, Stahl, Verbindungsplasma, das rote Zeug, das durch seine Organe gepumpt wird, und so vieles mehr. Eine Schatzgrube!" Er reißt die Trophäe noch weiter nach oben. Ungläubiges Staunen im Saal. Einige applaudieren.

Julia blickt zu Villegas herüber. In den letzten Wochen hat er über einige wenige Versuche von Anwohnern berichtet, an Waffen heranzukommen. Ein Container mit Kleinwaffen ist beschädigt worden, in einem Fall hat man sich am Rotorblatt eines Hubschraubers zu schaffen gemacht. In beiden Fällen haben sich die Gerätschaften ein kleines Stück außerhalb des Kontrollbereichs eines Kampfroboters befunden. Letztendlich blieben beide Versuche jedoch erfolglos.

Julia überwindet sich als Erste und geht auf den Mann zu. Einige Meter vor ihm bleibt sie stehen

„Was ist mit Ihnen passiert?", fragt sie noch.

Der Mann hält inne. Mit wirrem Blick umklammert er nach wie vor das Roboterbein, dessen Teile sich noch immer bewegen. Diese Bewegungen erschrecken Julia. Sie entfernt sich wieder ein Stück. Ihre Reaktion scheint ihn wachzurütteln. Mit einem Ruck stößt er das Metallstück von sich weg. Es scheppert laut.

„Warum sind Sie solch ein Risiko eingegangen?", fragt Julia, ihren Blick auf den Mann gerichtet.

„Ich habe alles verloren. Mein gesamtes Erspartes. Wenn der Hunger kommt, wird es schlimm. Ganz schlimm!" Im Saal ist es still geworden. Mit gebrochener Stimme spricht er weiter: „Ich wollte ein Handelsunternehmen für Metallstoffe aufbauen, doch ich habe mich verkalkuliert. Dabei tanzen die Rohstoffe doch jeden Tag direkt vor meiner Nase herum! Da habe ich mich auf die Suche gemacht, eine ganze Weile schon. Heute habe ich schließlich ein Exemplar gefunden, das nicht mehr richtig funktionierte und sich außerhalb des Überwachungskreises der Hauptkampfroboter befand."

Julia blickt überrascht zu Villegas. So etwas darf nicht passieren. Darüber würde zu reden sein.

„Es wirkte wehrlos, doch es war nicht einfach", berichtet der Mann auf der Bühne weiter. „Das Ding hat sich mit rasiermesserscharfen Klingen gewehrt und versucht, mich unter sich zu begraben. Als ich seinen Kopf mit dem Vorschlaghammer erwischt habe, sagte es plötzlich: ‚Wenn ich dich kriege, bringe ich dich um!‘ Immer wieder. Dabei projizierte es Hologramme von Menschen, die grausam zugerichtet und getötet worden waren."

Der Mann legt die Hände vors Gesicht. Als er sich wieder aufrichtet, sind seine Augen gerötet. „Schließlich ist das Bein vom Körper des Roboters abgebrochen. Dann ist die Maschine einfach weggerannt. Ich dachte, sie bringt mich um, aber sie ist einfach geflüchtet. Doch dann habe ich Angst bekommen, dass er zurückkommt oder andere Roboter alarmiert. Da habe ich das Bein mitgenommen und bin hierhergerannt."

Der Mann beginnt zu zittern und wird ohnmächtig. Ramin kommt nach vorn und nimmt sich seiner an. Ein Sanitätsroboter kommt hinzu, um ihn zu versorgen und zur Krankenstation zu bringen. Als der Mann von der Bühne herunterbegleitet wird, klopft ihm Brown lächelnd auf die Schulter. Der Mann erwacht kurz und lächelt zurück.

Julia winkt ungeduldig Villegas zu sich heran. „Drohen Sicherheitsgefahren?", fragt sie ihn so leise wie möglich. „Weil wir einen Kampfroboter angegriffen haben?"

Villegas zögert, dann schüttelt er den Kopf. „Das kann ich mir nicht vorstellen. Allerdings ist das, was der Mann erzählt hat, auch ungewöhnlich. So verhalten sich Kampfroboter normalerweise nicht."

Julia und Pathein schauen ihn fragend an.

„Kampfroboter zeigen keine Schwächen, weil sie nicht schwach sind", erklärt Villegas. „Dass sich einer angreifen lässt, hat es meiner Kenntnis nach noch nie gegeben. Das ist neu."

„Ich finde das nicht sehr hilfreich", sagt Julia mit einem knurrenden Unterton. „Was bedeutet das jetzt für uns?"

„Entschuldigung", murmelt Villegas. „Die Kampfroboter sind ja untereinander verbunden, können sogar mit anderen Robotern kommunizieren. Ich kann nicht sagen, was es bedeutet, wenn sich einer plötzlich anders verhält. Vielleicht ist es nur der Anfang, vielleicht werden auch andere immer menschenähnlicher, immer individueller."

„Unberechenbarer. Das ist doch das Wort, was sie gesucht haben", wirft Pathein ein. Sie schauen sich an, keiner sagt ein Wort. Julia wendet sich wieder dem Publikum zu.

„Was dieser Mann getan hat, ist hochgradig gefährlich", ruft sie in die Halle hinein. „Die Waffen gehören den Staaten und wir haben uns verpflichtet, sie zu verwahren. Diese Verpflichtung gilt weiterhin."

„Unsinn!", meldet sich Brown erneut zu Wort. „Der Mann hat nichts falsch gemacht. Er hat lediglich die Ressourcen genutzt, die zur Verfügung stehen."

Zufrieden lehnt er sich zurück. „Das hätte jeder andere hier auch getan. Er verdient unseren Respekt."

Im Hangar wird es ganz still.

„Sie hier!", ruft Brown laut, während er aufsteht und dabei auf Pathein und Julia zeigt. „Sie hier sind doch diejenigen, denen die Existenz dieses Mannes völlig egal ist. Ihnen ist doch egal, wie die breite Mehrheit ihr Geld verdient."

„Das ist nicht wahr!", entgegnet Pathein mit fester Stimme.

„Oh doch! Wäre es anders, hätten Sie längst darauf reagiert, dass die allermeisten von uns auf die Ausbeutung der Rohstoffe aus den Kampfrobotern angewiesen sind. Diesen Menschen geht es schlecht, und Sie halten Ihre Hand über diese Geräte? Was bilden Sie sich ein?"

„Diese Geräte, diese Waffen gehören uns nicht. Wir verwalten sie bloß", versucht Julia zu erklären. „Wir verfügen in Anninarra durch den Produktkreislauf über die gleiche Menge an Rohstoffen wie der Rest der Welt. Unsere Lebensmöglichkeiten haben sich nicht verschlechtert, seit wir eine Freie Republik geworden sind. Das Problem ist doch die Verteilung. Sowohl im Tin- wie im Lux-Land klafft die Schere zwischen Arm und Reich immer weiter auseinander. Wir könnten auf demselben Niveau wie der Rest der Welt leben. Warum wollen Sie bloß immer noch mehr?"

„Wir sind eben so!", gibt sich Brown spöttisch. „Menschen sind unersättlich. Wenn es Möglichkeiten gibt, dann müssen wir sie auch nutzen."

Julia gerät langsam in Rage. „Das soll also die neue Gesellschaft sein? Sollen wir dieselben Fehler wie früher machen? Wir nehmen uns, was wir wollen, ohne Rücksicht auf den Planeten und zukünftige Generationen?"

„Uns allen muss bewusst sein, wie gefährlich es ist, sich den Waffen zu nähern", wendet sich Villegas mit ernster Stimme an die Anwesenden. „Der Mann hier hat von einer Situation gesprochen, in der der Kampfroboter ohnehin schon beschädigt war, und Sie haben gesehen, wie er zugerichtet wurde. Für die Zerlegung der Waffen braucht es besondere Einrichtungen, die wir nicht haben. Dies hier durchzuführen, ist sehr gefährlich, und wir wissen nicht, was es für uns und die Umwelt bedeuten wird."

„Ach, die Umwelt", wirft Brown abfällig lachend von der Seite ein, „mit solchen Dingen werden wir uns gar nicht erst abgeben."

Mit bebender Stimme ergreift nun auch Ackland das Wort: „Das sollten Sie aber! Die Generationen vor uns haben uns so viele Probleme hinterlassen, dass es noch Jahrhunderte dauern wird, bis wir das wieder einigermaßen in den Griff bekommen werden. Wir sollten nichts beginnen, dessen Auswirkungen wir nicht kontrollieren können."

„Nun machen Sie mal hier nicht so einen Zirkus!", ist eine Frauenstimme von weiter hinten zu hören. „Ihnen ist klar, dass es um unsere Existenz geht? Ob wir etwas zu essen haben oder nicht? Ob unsere Kinder satt werden oder nicht? Wollen Sie da ernsthaft mit Problemen kommen, die vielleicht nie eintreten werden?" Die ärmlich gekleidete Dame, die nun sichtbar wird, scheint fast ein bisschen überrascht von ihrer eigenen Lautstärke.

Derweil versucht Julia, die Diskussion wieder in sachlichere Gefilde zu führen. „Natürlich werden wir Ihnen helfen. Aber dafür die Kampfroboter auszuschlachten, ist keine Lösung. Das führt nur zu Toten. Wir wissen nicht, was es mit den Robotern macht, ob sie am Ende nicht gar uns selbst bedrohen."

„Deswegen müssen wir sie jetzt deaktivieren!", sagt Brown triumphierend. „Wir befinden uns im Verteidigungszustand, da können unsere beiden Präsidenten ohne die sonst notwendige Zustimmung der anderen Staaten die Roboter runterschalten. Ich weiß es auch erst seit heute. Das schadet unserer Sicherheit nicht, denn der Verteidigungsring bleibt bestehen. So ist es doch, oder?"

Das Lächeln auf Browns Gesicht wirkt siegessicher. Julia blickt ihn verärgert an.

„Wir wissen nicht genau, was dann passieren wird", wirft Villegas ein. „Was dann genau passiert. Möglicherweise werden dann bei allen Kampfrobotern Programme gestartet, die uns schaden."

Brown wischt diese Bemerkungen mit einer einfachen Handbewegung beiseite.

„Dann haben wir ja doch eine Lösung!", ruft ein unscheinbarer Mann aus der Menge und fängt an, laut zu pfeifen. Andere stimmen ein. Andrej wirft Julia einen nervösen Blick zu.

Pathein hebt mit einer Geste der Beschwichtigung die Hände. „Zu Beginn der Sitzung sind wir uns doch einig geworden, dass Frau Avalux und ich Verhandlungen mit der Außenwelt aufnehmen. Möglicherweise erübrigt sich dadurch alles, was gerade im Zusammenhang mit den Kampfrobotern diskutiert wird."

Brown weiß die Mehrheit der Anwesenden inzwischen hinter sich. „Keine Verhandlungen! Wir brauchen die Außenwelt nicht. Wir sind autark."

Großer Applaus brandet auf.

Julia denkt kurz darüber nach, ob sie auf die Abstimmung bestehen sollte. Doch sie könnten auch verlieren. Besser ist es, sich einen anderen Zeitpunkt zu suchen. Pathein würde jetzt bestimmt lieber auf eine Abstimmung bestehen, dessen ist sie sicher. Unauffällig zieht er an ihrem Arm, doch sie macht sich frei davon.

Brown blickt sie triumphierend an, während er einen Schritt nach vorn kommt. Er winkt den Sicherheitsleuten zu, die sich auf der Bühne zwischen Pathein und Julia positionieren. Andrej will einschreiten, doch Julia gibt ihm ein Zeichen, sich zurückzuhalten.

Brown zeigt schon Richtung Ausgang. „Dann los, ab zum Präsidialamt!", ruft er der Menge entgegen und geht mit großen Schritten voran. Währenddessen werden Julia und Pathein in ihre Wagen verfrachtet und ebenfalls zum Präsidialamt gebracht. Im Auto schließt Julia die Augen. Die Zornesröte in dem Gesicht von Pathein, als sie die Bühne verlassen hat, ist deutlich zu sehen gewesen. Hätte sie doch wie verabredet mit Pathein zusammen auf die Abstimmung bestehen müssen? „Ganz oder gar nicht", hat er im Vorgespräch gesagt. „Wenn wir das nicht durchziehen, werden wir die Kontrolle in Anninarra ganz verlieren." Statt auf Verhandlungen zu setzen, hätten Pathein und ich einfach den Verteidigungszustand aufheben sollen, geht es Julia durch den Kopf. Hätte er dem zugestimmt? Wahrscheinlich schon. Aber sicher sein konnte sie sich nicht. Bis zu ihrem nächsten Gespräch mit Pathein müssen sich die Gemüter in Anninarra nun erst einmal beruhigen. Außerdem muss sie für ihre eigene Sicherheit sorgen. Was, wenn schon nach diesem einen Angriff auf einen Kampfroboter alle anderen außer Kontrolle geraten würden?

Der Wagen hält. Sie öffnet die Augen und blickt auf das Präsidialamt. Als sie und Andrej auf den Sitzungssaal zugehen, kommt ihnen Browns Assistentin mit eiligen Schritten aus dem Gebäude entgegen.

„Was hat die denn hier zu suchen?", wundert sich Julia laut, doch sie erhält keine Antwort.

Der Konferenztisch leuchtet im Halbdunkel leicht grünlich, wie immer seit der Festlegung des Verteidigungszustandes. „Wo ist Villegas?", hört Julia Pathein fragen.

Browns Sicherheitsleute rücken noch näher an die beiden heran. Auch er selbst baut sich drohend vor ihnen auf. „Beeilen Sie sich!", weist er sie herrisch an.

„Ich bitte um Ruhe", antwortet Julia und nickt Pathein zu, der neben ihr Position bezogen hat. Sie schließt die Augen, um zur Ruhe zu kommen. Eine sanfte Wärme steigt an ihrer Halskette auf. Julia öffnet die Augen und sieht, dass Patheins Plättchen grün leuchtet wie ihres auch.

Sie legt ihre rechte Hand auf den Tisch. Pathein bedeckt die Hand mit der seinen. Die Berührung fühlt sich nicht richtig an. Sie schauen sich an und sagen gemeinsam: „Passivierung von Kampfrobotern und Waffensystemen."

Das Feld in der Mitte des Tisches färbt sich rot. „Grund der Entscheidung?", fragt eine Computerstimme. „Wartungsarbeiten", erwidert Julia laut. Gespannt lauschen sie, was als Nächstes passiert.

„Wartungsarbeiten müssen von den entsendenden Staaten genehmigt werden. Dies ist derzeit nicht möglich. Sie sind daher ermächtigt, die Entscheidung ohne die Beteiligung Dritter zu treffen."

Brown atmet erleichtert aus.

„Dauer der Wartungsarbeiten?", meldet sich die Stimme erneut.

„Drei Monate", antwortet Julia spontan. „Die Wartungsarbeiten sollen zunächst drei Monate dauern."

Dann ist es wieder ganz still. „Die Maßnahme ist genehmigt." Der Konferenztisch beginnt, außen rot zu blinken. In der Mitte erscheinen Hologramme, die anzeigen, dass die Waffensysteme und die Kampfroboter nach und nach so weit deaktiviert werden, dass man an sie herankommen kann. Nur der Verteidigungsring bleibt aktiv.

Der Tisch schaltet wieder auf sein normales Grün. Hin und wieder blitzt es rot auf. „Der Wunsch der Vollversammlung ist damit umgesetzt", murmelt Julia resigniert.

Brown reibt sich die Hände. „Sehr gut. Dann lassen Sie uns jetzt nach draußen gehen."

Als der Letzte von ihnen das Gebäude verlassen hat, ist plötzlich eine dumpfe Explosion zu hören. Fensterglas zerbricht. Im Sitzungssaal züngeln vereinzelte Flammen, die sich rasch zu einem offenen Feuer entwickeln. Ein weiterer Knall ertönt. Die Sprinkleranlage setzt mit einem metallischen Zischen ein. Dichter Qualm quillt aus den Fenstern.

Pathein ist vor dem Gebäude stehen geblieben. Als er sich umdreht, sieht Julia sein rußverschmiertes Gesicht.

„Oh", ruft Brown scheinbar betroffen aus. „Wenn der Konferenztisch zerstört ist, können wir doch auch den Verteidigungszustand nicht mehr beenden. Dann müssen wir unser Experiment hier wohl gemeinsam weiterführen und zu einem guten Ende bringen."

Er geht einige Schritte weiter und stellt sich zwischen Julia und Pathein. „Das haben Sie sich selbst zuzuschreiben", zischt er. „Sehen Sie nur, was Sie mit Ihren Gedanken angerichtet haben." Mit diesen Worten zieht er ab.

Fassungslos steht Julia da. Ein unbändiger Zorn steigt in ihr auf.

Wütend kommt Pathein auf Julia zu, die Hände zu Fäusten geballt. Ihr Leibwächter tritt dazwischen.

„Das war deine Idee, und nun hast du es vermasselt!", sagt er mit leiser, drohender Stimme. „In der Versammlung hast du nicht durchgehalten, und jetzt das hier. Es reicht mir. Ich möchte nichts mehr mit dir zu tun haben. Nie mehr!"

Julia lacht verächtlich auf. „Oh, das ist mal wieder so typisch. Aber das kommt mir sehr entgegen. Dann bin ich dich endlich los und kann in Frieden leben."

Ein letzter Versuch

19. Januar 2105

„Vielen Dank für die Gelegenheit, Ihnen eine Bilanz der wirtschaftlichen Entwicklung Anninarras zu geben", sagt der junge Mann. „Ich werde etwas länger sprechen, weil es in den letzten Monaten so außerordentlich viele gute Entwicklungen gegeben hat."

Julia lehnt sich zurück, die Minister starren Löcher in die Luft. Nur Brown lächelt zufrieden. Er belegt mit seiner Masse eine ganze Tischseite; der junge Mann sitzt dünn und blass auf einem Klappstuhl an der Ecke neben ihm.

„Wirtschaft wird in der Wirtschaft gemacht", sagt er gerade mit großer Ernsthaftigkeit.

Julia blickt an ihm vorbei, durchs Fenster auf die Menschen und Autos draußen auf der staubigen Straße. Hinter dem hohen Metallzaun und den abgestorbenen Büschen und Bäumen ist das Präsidialamt gut zu erkennen. Sechs Koffer. Es kribbelt in ihrem Bauch, wenn sie daran denkt. Sie stehen im Wohnzimmer bereit. Sobald die Sitzung vorbei ist, wird Julia Anninarra verlassen. Nur Andrej hat sie in ihre Pläne eingeweiht, denn Browns Spitzel lauern überall.

„Unsere Perspektive als Institut für Marktanalyse ist die der Unternehmen, und hier in Anninarra ist die der Unternehmen auch die der Politik. Deswegen", der Referent nickt Mutombo zu, „sind wir sicher, dass unsere Vorstellungen auch denen der Politik entsprechen und umgekehrt."

Julia schaut zu ihrem Wirtschaftsminister hinüber. Dessen Blick flackert leicht, aber er bleibt stumm. Die feinen Teetassen mit Goldrand spiegeln sich matt in der schwarzen Tischplatte. Das Institut hat sie vom Präsidialamt ausgeborgt. Was für ein Gegensatz zu den weißen Wänden und dem kalten Steinboden hier. Viel Geld hat Brown für die Errichtung des Forschungsinstituts nicht gerade in die Hand genommen. Alles ist sehr schlicht gehalten – genau wie die Botschaften, die von hier aus verbreitet werden.

Julias Blick schweift über den Tisch hinweg wieder nach draußen. Traurig betrachtet sie den Eukalyptus, der den Metallzaun neben der Zufahrt um ein Mehrfaches überragt. Er hat nur noch wenige grüne Blätter, alle anderen sind braun und leblos. So wie inzwischen die meisten Pflanzen. Sogar der Baum des Lebens ist grau geworden und lässt die Blätter hängen. Ein Ast, der bei einem Sturm abgeknickt wurde, baumelt an einer Seite herunter. Oder liegt es doch nur am Licht, dass der Baum so traurig aussieht? Julia prüft seinen Zustand jetzt jeden Morgen durch das Fernglas. Noch scheint seine Kraft ungebrochen.

Die Menschen in Anninarra nehmen die deutliche Veränderung ihrer Umwelt mit einer seltsamen Mischung aus Erschütterung und Hilflosigkeit zur Kenntnis. Niemand sieht sich in der Lage, die Entwicklung zu stoppen. Lieber schimpfen die Leute auf die Politik, die an allem schuld sei. Verdammt noch mal, denkt Julia dann wütend. Wenn ihr nicht mitmacht, wie soll sich dann etwas ändern?

„Das Wirtschaftsministerium ist das Ministerium der Wirtschaft." Der junge Mann betont jedes Wort. Julia blickt ihn finster an. Hört er eigentlich, was er da von sich gibt?

„Es soll die wirtschaftlichen Bedingungen in Anninarra möglichst gut gestalten, mit dem Ziel, für Wohlstand zu sorgen und den Leistungsträgern eine gerechte Teilhabe am Haben und Sagen zu sichern – denjenigen, die in unserem Land die Werte erschaffen", fährt der Sprecher unbekümmert fort.

Nicht nur in die Siedlung ist die Wüste eingedrungen, sondern auch in die Herzen der Menschen. Sie werden hart, sich selbst und anderen gegenüber. Julia fröstelt. Nichts auf dieser Welt ist selbstverständlich, alles bedarf einer Entscheidung, einer Positionierung. Sonst ist die Zukunft nicht zu gewinnen.

Der junge Mann faselt weiter, aber Julia hört nicht mehr zu. Durch den Metallzaun und das tote Gesträuch hindurch ist die an der Brandstelle übermalte Fassade des Präsidialamtes deutlich zu erkennen. Der vor drei Wochen zerstörte Konferenzraum ist längst wiederhergestellt. Doch es gibt auch Schäden, die irreparabel sind.

Gerüchte über Sabotage haben noch am Tag des Brandes die Runde gemacht. Es dauerte nicht lange, bis sich die politischen Lager gegenseitig mit Vorwürfen überhäuften und mit Unterstellungen um sich warfen. Wer die Schuld trage? Wer ein Interesse an einer solchen Situation habe? Und während der Streit munter weiter ging, war es Brown, der sich wieder einmal geschickt aus der Affäre zog.

Es war Julia, die vorgeschlagen hat, für die nächste Kabinettssitzung in den Besprechungsraum des Instituts für Marktanalyse auszuweichen. Es bot sich an, doch Pathein, obwohl er in der Woche turnusmäßig gar keine Leitung innehat, lehnte den Vorschlag brüsk ab. Schlimmer noch, er gab Julia bald auch in aller Öffentlichkeit die Schuld am Zustand der Republik. Wut steigt in ihr auf, wenn sie daran denkt.

Julia hat gleich nach dem Unglück eine offizielle Ermittlung zur Klärung der Brandursachen und deren Folgen angeordnet. Doch Villegas war verschwunden. Bald stellte sich heraus, dass er, während Pathein und Julia zum Präsidialamt gebracht wurden, in die Außenwelt geflüchtet ist. Daraufhin beorderte Julia Sturt an den Ort des Geschehens. Doch auch der hat, genau wie die parallel ermittelnde Kommission des Innenministeriums, keine Antworten auf die Frage gefunden, was an dem Abend eigentlich passiert war.

Als das Kabinett das erste Mal im Institut für Marktanalyse tagte, erschien keiner der Minister, die der Sozialen Gerechtigkeit zugerechnet wurden. Auch Pathein nahm fortan nicht mehr an den Kabinettssitzungen teil. Stattdessen begannen sie in der Volksrepublik, wie sich das Tin-Gebiet inzwischen nannte, eigene Kabinettssitzungen und

Vollversammlungen abzuhalten. Vielleicht, so dachten viele Bürger in beiden Teilen der Republik, war das auch besser so.

Dies bedeutete, dass auch in Julias Kabinett neue Lösungen gefunden werden mussten. So wurden Peter Sturt und William Brown als kommissarische Minister aufgenommen, Ersterer für Lebensgrundlagen und Infrastruktur, Letzterer für Inneres und Justiz.

Als es Brown im Herbst um die Präsidentschaft gegangen war, hatte er noch dankend abgelehnt, in einem Amt Verantwortung für alle zu übernehmen. Jetzt ist er Chef gleich zweier Ministerien geworden, obwohl Julia dies mit aller Kraft zu verhindern versucht hatte. Dass seit ein paar Tagen nun auch noch Sturt verschwunden ist, macht die Sache nicht besser. Die Machtverhältnisse verschieben sich immer deutlicher in Richtung Browns, das ist Julia klar, und es macht sie nicht glücklicher.

„Sehr geehrte Frau Präsidentin", hört Julia den Referenten sagen und schaut auf. „Sehr geehrte Damen und Herren. Die von mir geschilderte Politik hat zu einem Ergebnis geführt, das wir, sobald der Verteidigungszustand wieder aufgehoben werden kann, weit in die Welt hinaustragen sollten – hinaustragen müssen! Bei einer Arbeitslosenquote von null Komma zwei Prozent steht hier jeder in Lohn und Arbeit – sogar Kinder, Alte und Kranke."

Er lächelt selbstzufrieden. „Wir kommen auf ein Wirtschaftswachstum von zweiundvierzig Prozent! Ein Vielfaches dessen, was sie im Rest der Welt erreichen. Das sind die Potenziale, die man erschließen kann, wenn man auf unnötige Sozial- und Umweltstandards verzichtet und der Wirtschaft den Raum gibt, den sie für ihre Entwicklung braucht."

Wenn man will, dass die Welt implodiert, denkt Julia empört. Wenn man ungebremst in den Tod rasen will. Dabei macht sie ja selbst bei dem Ganzen mit. Auch die Beteiligung an der Fabrik für Maschinenzubehör, die sie vor Kurzem erworben hat, wirft Gewinne ab. Nie zuvor hat sie in so kurzer Zeit so viel Geld gemacht. Ohne wäre sie niemals in der Lage, in Anninarra politisch zu überleben.

Es gibt ihr den nötigen finanziellen Rückhalt, wenigstens zu einem gewissen Maß unabhängig zu bleiben.

Jetzt beugt Brown sich nach vorn. Die drei Kampfroboterkrallen, die er an einer Halskette trägt, schlagen mit einem unangenehmen Geräusch gegen den Besprechungstisch. Brown ist bei Weitem nicht der Einzige, der so etwas inzwischen trägt.

Es ist kein Problem, Waffensysteme fachgerecht zu zerlegen, wenn man über die notwendige Technologie verfügt. Aber die gibt es in Anninarra nicht. Stattdessen wird der wertvolle Kern der Maschinen mit roher Gewalt herausgebrochen. Und niemand kümmert sich darum, welche Stoffe dabei freigesetzt werden und in den Boden geraten.

Als Susanthinka Kaur Hoare Julia zeigte, was in den Gewächshäusern der Farm passiert ist, konnten sie sich zunächst keinen Reim darauf machen. Die Pflanzenzucht ist in weiten Teilen zu einer braunen, unförmigen Masse mutiert, die vor sich hin fault und allenfalls noch zur Produktion von Biogas taugt. Innerhalb kurzer Zeit verteuerten sich Lebensmittel um ein Vielfaches. Die Nachricht verbreitete sich in Windeseile unter der Bevölkerung und führte zu Hamsterkäufen und sogar zu kleineren Überfällen auf einzelne Geschäfte.

Als sie endlich verstanden hatten, dass es am Wasser lag, ist es Hoare zum Glück schnell gelungen, die Versorgung wieder sicherzustellen, indem sie die Landwirtschaftsanlagen von der Hauptwasserversorgung ablöste und begann, Wasser aus weniger belasteten Regionen herbeizuschaffen. Doch in der Siedlung und den wilden Lagern wurde das verseuchte Wasser immer mehr zum Problem.

Ramin berichtete schließlich im Kabinett über die gesundheitlichen Folgen. Nach langer Diskussion verabschiedeten sie schließlich ein Kommuniqué, in dem die Bevölkerung aufgefordert wurde, Wasser möglichst von weiter außerhalb zu holen oder es wenigstens abzukochen. Auch wenn das, worüber sich die Regierung durchaus im Klaren war, im Hinblick auf die im Wasser vorhandenen Schadstoffe vollkommen wirkungslos ist.

Es gab auch einige private Initiativen. So hatten Brown und Low-lands in den ärmeren Vierteln Rohrleitungen aus den Straßen nehmen lassen, um daraus eine neue Trinkwasserleitung zu bauen. Schon bald kam es zu Sabotageakten gegen diese Leitung, die aus Kapazi-tätsgründen zunächst nur Trinkwasser in die Villenviertel lieferte. Teilweise wurde Wasser auch einfach gestohlen. Man kam daher überein, ein ausgeklügeltes Überwachungssystem zu errichten und zusätzliches Sicherheitspersonal einzustellen, um die Leitungen Tag und Nacht zu schützen.

Insbesondere Brown wird nicht müde, sich über den Pöbel zu beschweren, der sein Wasser stehle. Er selbst habe doch dafür gesorgt, dass in den Armenvierteln Trinkwasserbrunnen gebohrt wurden, aus denen man – sofern die Trockenphasen nicht zu lange dauerten – weniger stark kontaminiertes Wasser schöpfen könne. Gegenüber den Rationierungsmaßnahmen, die in der Volksrepublik stattfänden, sei das doch immer noch die bessere Lösung.

Verhaltener Applaus holt Julia aus ihren Gedanken. Der junge Mann hat endlich seine Rede beendet. Sie richtet sich auf. „Gut. Machen wir weiter. Wer hat noch etwas?", fragt sie in die Runde.

Finanzministerin Lemann meldet sich. „Gibt es neue Informationen zu Peter Sturt?"

Das letzte Mal wurde er vor drei Tagen gesehen, als er nach einem weiteren gescheiterten Reparaturversuch des verkohlten Kon-ferenztisches von der Recyclingfabrik nach Hause ging, bei seinem Lebenspartner jedoch nicht ankam.

„In der Tat, dem Innenministerium liegt ein neuer Stand vor", antwortet Brown.

Überrascht schaut Julia ihn an. Als sie vor der Sitzung miteinander gesprochen haben, hat er nichts dergleichen erwähnt. Brown blickt auf sein Lesegerät und sucht eine Akte heraus, die vor ihm auf dem Besprechungstisch erscheint. „Wir haben einen neuen Bericht erhalten. Einen Bericht, demzufolge Sturt gestern versucht hat, die Außengrenze von Anninarra zu überqueren."

Julia sieht ihn verwirrt an. Gestern? Brown sucht weiter in der Akte herum. Dann liest er vor: „Die Untersuchung ist zu dem Ergebnis gekommen, dass Sturt beim Überschreiten der Grenze in der Nähe der Kontrollstelle von einem Kampfroboter getötet wurde." Er blickt auf. „Peter Sturt ist tot."

„Tot?", fragt Julia ungläubig.

„Das ist ja schrecklich", stößt Ramin hervor. „Wo ist die Leiche?"

„Es gibt keine Leiche", antwortet Brown mit einem unverschämten Grinsen. „Die Kampfroboter haben ganze Arbeit geleistet."

Misstrauen steigt in Julia auf. „Wo sind die Bilder? Kampfroboter machen immer Aufzeichnungen."

Brown schüttelt den Kopf. „Wir haben darauf keinen Zugriff mehr." Er macht eine Pause. Dann sagt er: „Ich finde, wir müssen den Leuten die Wahrheit sagen."

„Die Wahrheit?", runzelt Julia die Stirn.

„Wir müssen ihnen sagen, was passiert, wenn man dieses Land verlassen will."

„So?", fragt Julia. Wütend starrt sie ihn an.

Browns Lippen umspielt ein Lächeln. „Meine Leute haben mir heute mitgeteilt, dass der Steuerungstisch beim letzten Reparaturversuch in der Recyclingfabrik endgültig zerstört worden ist. Das bedeutet, niemand kommt jetzt mehr hier herein, niemand mehr raus. Auch die Kontrollstation ist ab sofort dicht."

Julias Herz beginnt zu rasen. Ihre Koffer! Ihre Flucht! Sie versucht, sich nichts anmerken zu lassen. Auch alle anderen wirken betroffen. Merkwürdig. Solange man denkt, man könne immer noch woanders hin, hält man alles für ein Spiel. Selbst wenn alles um einen herum zusammenbricht.

Schweigen breitet sich im Raum aus. Wir sind in einem Gefängnis, denkt sie. Der Einzige, der von all dem völlig unberührt scheint, ist Brown.

„Wir müssen die Menschen warnen", fährt er fort. „Es sollten zwar ohnehin alle wissen, dass sie hier gebraucht werden. Aber warnen müssen wir sie trotzdem. Die Volksrepublik sieht das auch so. Ich habe mit meinem Innenministerkollegen Rong gesprochen. Die Bürger sollen friedlich und im Land bleiben."

Julia spürt, wie die Minister sich erwartungsvoll in ihre Richtung wenden.

„Ich will einen Beweis, dass Sturt wirklich tot ist", sagt sie so kühl wie möglich. „Es muss doch irgendwelche Aufzeichnungen geben."

Brown richtet sich drohend auf seinem Stuhl auf. „Was ich sage, stimmt immer!" Trotzdem gibt er über das Lesegerät den Auftrag, etwas Bestimmtes für diese Sitzung zu holen.

„Wenn Sie wollen, werde ich Ihnen einen Beweis geben."

Eigentlich hat er mich gar nicht mehr nötig, jetzt, wo der Kontrolltisch zerstört ist, wird es Julia bewusst. Sie hat das Gefühl, dass der Gedanke ihr die Luft abschnürt. Jemand schiebt ihr ein Glas Wasser hinüber, das sie aber ablehnt.

„Wir sollten für heute schließen oder wenigstens eine Pause machen", wendet sie sich den anderen zu.

Brown blickt in die Runde. „Ich glaube, da sind Sie die Einzige, die das so sieht. Zumindest sollten wir jetzt meinen Boten abwarten."

Julia blickt ihn mit dunklen Augen an, dann stimmt sie zu.

„Das Innenministerium hat die Recyclingfabrik schon unter Kontrolle gebracht."

„Unter Kontrolle gebracht?" Julia schaut ihn konsterniert an.

„Zur Sicherheit", scheint Brown zu beschwichtigen. „Die Fabrik ist von großer Bedeutung, für alle."

Julia wirft Brown einen vernichtenden Blick zu. „War der Betrieb denn beeinträchtigt? Steht die Fabrik auch weiter der Öffentlichkeit zur Verfügung?"

Wieder umspielt ein Lächeln Browns Lippen. „Welche Öffentlichkeit?", fragt er zurück. „Die Fabrik ist für uns da, für niemanden sonst. Die von der Volksrepublik haben dort sowieso nichts zu suchen."

„Was ist mit den Büchern?"

„Abgeschafft. Zu viel Bürokratie!"

„Ach", bringt Julia gerade so noch hervor.

Dann hat Sturt also endgültig verloren. Seit Gründung der Republik hatte er dafür gekämpft, dass die Bücher öffentlich blieben und jeder sehen konnte, wer wie viele Ressourcen verbrauchte."

„Die Bücher waren eine Form der Enteignung", sagt Brown. „Dann hätten wir auch gleich die Gleichmäßige Ressourcenverteilung behalten können, wenn ich allen erklären muss, wie viele Rohstoffe ich wofür benötige."

Julia lehnt sich zurück und verschränkt die Arme vor der Brust. „Also keine Form der Dokumentation."

Brown überhört es. „Ich habe mich entschieden, die Nachfolge für die Leitung der Recyclingfabrik Daniel Lowlands zu übertragen."

„Sie haben entschieden?", ruft Julia. „Das haben Sie nicht zu entscheiden! Das ist meine Sache und die des Kabinetts."

Daniel Lowlands. Einer der Oligarchen. Wilde Geschichten ranken sich um diese Gruppe, die nur aus Männern besteht. Sie sollen auch vor Mord nicht zurückschrecken, um ihre wirtschaftlichen Interessen durchzusetzen. Julia muss an Peter Sturt denken, mit seinem sonnengebräunten Gesicht und dem breitkrempigen Cowboyhut. Er hat auch den Oligarchen die Stirn geboten.

Eine stille Unruhe bemächtigt sich ihrer. Die Machtverhältnisse haben sich verschoben, das steht fest. Es war ein Fehler, Brown zum Innen- und Justizminister zu machen. Doch sie hatte keine Wahl gehabt. Jetzt über die Neubesetzung der Leitung der Recyclingfabrik zu streiten, ist aussichtslos. Erst würde sie im Hintergrund für eine Mehrheit sorgen müssen, falls das überhaupt noch zu schaffen ist.

Julia holt tief Luft. „Das Kabinett wird so bald wie möglich über eine endgültige Personalentscheidung in dieser Frage beschließen."

Unter Verschiedenes wird noch kurz über einen neuen Werbefilm für die Außenwelt gesprochen, mit dem Anninarra auf die neuen wirtschaftlichen Erfolge aufmerksam machen soll. Noch so ein Propagandafilm gegen die Gleichmäßige Ressourcenverteilung und den Weltvertrag, geht es Julia durch den Kopf. Es ist nichts, was sie, abgesehen von den dafür verschwendeten Steuermitteln, besonders aufregt: Die Welt würde diese Filmchen schon richtig einzuordnen wissen.

Sie schiebt den Stuhl nach hinten, um die Sitzung zu verlassen, da klopft es an der Tür. Ein Mitarbeiter des Instituts betritt den Raum und stellt einen quaderförmigen Karton mit einer Kantenlänge von jeweils etwa dreißig Zentimeter vor Brown auf dem Tisch ab.

Genüsslich zieht Brown den Karton zu sich heran. „Sie wollten etwas von Sturt haben?", fragt er und erhebt sich. „Einen Beweis, dass er wirklich tot ist?"

Julia nickt stumm. Brown scheint zu jeder Ungeheuerlichkeit fähig. Betont langsam öffnet er den Karton und schiebt ihn zu ihr herüber. Auge in Auge stehen sie sich gegenüber. Was hat er mit ihr vor? Mit einem flauen Gefühl im Magen holt sie den Karton zu sich heran. Von oben erkennt sie etwas Dunkles. Sind es Haare? Sie würgt und ringt um Fassung, dann beugt sie sich vor und schaut in das Behältnis. Es ist ein Cowboyhut.

„Was soll das für ein Beweis sein?", ruft sie erleichtert und greift nach dem Paket. Als sie den Hut umdreht, sieht sie, dass er von innen mit Blut beschmiert ist. Mit einem leisen Schrei lässt sie ihn fallen und springt auf.

„Reicht Ihnen das als Beweis? Oder wollen Sie noch mehr?" Julia taumelt zur Seite und reißt dabei den Stuhl um. Polternd landet er auf dem Boden. Sie muss hier raus! Sie rennt aus dem Raum und zum Hinterausgang hinaus. Im Hof wartet Andrej mit einigen Sicherheitsleuten vor den Fahrzeugen auf sie.

Schnell fahren sie das kurze Stück über die Hauptstraße zum Präsidialamt. Die mit Maschinengewehren bewaffneten Sicherheitskräfte lassen sie gleich passieren. Als die Fahrzeuge im Hof halten, springt Julia sofort aus dem Auto und läuft zum Fahrstuhl. Andrej will ihr folgen, doch sie weist ihn zurück.

Oben warten die Koffer. Sie stehen mitten im Raum im Sonnenlicht. Bei ihrem Anblick verliert Julia endgültig die Fassung. Wütend hebt sie einen nach dem anderen hoch und wirft sie schreiend quer durchs Wohnzimmer. Krachend schlagen sie gegen die Wände und springen auf, Kleidung und andere Habseligkeiten fallen heraus. Langsam sinkt Julia auf die Knie. Dann beginnt sie, laut und hemmungslos zu weinen.

TEIL 4
ENDZEIT

Das Paradies hat seinen Preis

21. Februar 2105

Das schwarze Metalltor steht unter Starkstrom, die goldglänzenden Glasspitzen sind mit Schlangengift gefüllt. An der Mauer links und rechts des Tores sind Selbstschussanlagen installiert. Ein Warnhinweis ist nirgends zu entdecken.

Das Tor öffnet sich mit einem metallischen Summen. Julia spürt eine Bewegung in ihrem Bauch. Schnell legt sie die Hand darauf. Da, noch eine. Diesmal hat sie den Fuß genau gespürt. Hab keine Angst, mein Kind.

Mit einem Scheppern rastet das Tor in der Halterung ein. Julias Limousine und die Begleitwagen der Sicherheitsleute setzen sich in Bewegung. Gemeinsam fahren sie in einen vom Mondlicht und einigen bunten Lichtern dezent erleuchteten Park. Palmen und wild blühende Büsche säumen den Kiesweg.

Wie ich das wohl malen würde? Acryl auf Leinwand, beschließt sie. Mit ganz viel Schwarz. Seit einiger Zeit beschäftigt sie sich in ihrer Freizeit mit nichts anderem mehr. Sie muss nachdenken. Sie muss zusehen, dass ihr etwas einfällt. Das Malen hilft ihr dabei.

Überrascht stellt sie fest, wie weitläufig der Park ist. Sie erspäht mehrere beleuchtete Springbrunnen. Als sie das letzte Mal hier war, war alles noch Baustelle. Langsam fährt die Wagenkolonne die leichte Anhöhe hinauf. Julia öffnet das Wagenfenster und saugt die feuchte, schwere Luft ein. Das Geschrei von Papageien und anderen Tieren ist zu hören.

Es ist nicht lange her, da war es in Anninarra überall so grün und bunt. Ein Paradies auf Erden. Doch das ist jetzt vorbei. Julia wird schwer ums Herz. Schnell schließt sie das Fenster.

Durch das Grün hindurch werden die Konturen einer Villa sichtbar. Mit den verspielten Türmen und Giebeln gleicht sie einem Schloss. Sie halten mitten auf der Auffahrt. Julia steigt mit Andrej die Treppe zum Eingang hoch.

Die große, grün und rot bemalte, zweiflügelige Holztür öffnet sich in dem Moment, in dem sie oben ankommen. „Frau Präsidentin!", begrüßt sie die blonde Assistentin von Brown und lächelt sie an. Das verdammte Miststück. Was sie mit dem Brand im Präsidialamt zu tun hat, wird Julia auch noch herausfinden.

Die Assistentin neigt den Kopf ein wenig nach vorn und lässt Julia ein, während Andrej den Rückweg zum Fahrzeug antritt. In der großen Eingangshalle stehen auf zierlichen Walnusstischchen goldene Porzellanengel, vor den Fenstern hängen Vorhänge aus Brokat. Der grobmaschige rote Teppich, der auf dem hellen Marmorboden liegt, scheint jedes Geräusch zu schlucken.

Julia dreht sich zu der Assistentin um. „Bin ich die Erste?"

„Ja", antwortet die Assistentin eine Spur zu höflich, während ihr blondes Haar hin- und herwippt. „Bitte machen Sie es sich hier im Erdgeschoss bequem."

Mit diesen Worten geleitet sie Julia in einen prunkvollen Spiegelsaal, von dem eine überdimensionierte Treppe in den ersten Stock führt. Links und rechts gehen breite Korridore ab, die in das Innere des Schlosses führen. Die Assistentin nickt ihr noch einmal zu, dann zieht sie sich zurück.

Gelangweilt schlendert Julia durch den Raum. Draußen leuchtet der Garten bunt und prachtvoll im Licht der Lampen. Julia ist trotzdem traurig.

Dunkel ist im Hintergrund die Silhouette von Anninarra zu erkennen. Irgendwo dort ist auch ihre Wohnung. Jeden Morgen, wenn sie aufwacht, geht sie auf die Terrasse und legt eine Hand auf ihren Bauch. Dann blickt sie zum Baum des Lebens. Jeden Tag hofft sie, dass seine Blüten wieder leuchten. Jeden Tag wird sie aufs Neue enttäuscht.

Sie wendet sich ab. Überdimensionierte Kronleuchter hängen von der Decke. Kein Staubkorn ist zu entdecken.

Was für ein Palast! Angewidert schüttelt sie den Kopf.

Gegen Wohlstand ist nichts einzuwenden, viele Menschen auf der Welt können sich mehr leisten als je zuvor. Aber Wohlstand auf Kosten anderer, das ist nicht in Ordnung. Und so ist es jetzt in Anninarra. Eine kleine Gruppe von Menschen lebt auf Kosten aller anderen. Das hat nichts mehr mit Unternehmertum zu tun.

Julia geht ein paar Schritte in einen der Korridore hinein. Auf der linken Seite öffnet sich der Flur in einen Festsaal mit holzgetäfelter Kassettendecke, Wandornamenten und schmalen Säulen. Rechts liegt eine Bibliothek. Die Decke wird von hölzernen Rundbögen unterteilt, die mit griechisch anmutenden Fresken bemalt sind. Alte Schifferlampen hüllen den Raum in ein sanftes Licht. In der Mitte stehen Sessel, ein paar Leselampen und ein ovaler Holztisch. Die Papierbücher sind in Glasvitrinen entlang der Wände aufgereiht.

Julia geht auf einen der Schränke zu und blickt hinein. Sie kann sich beim besten Willen nicht vorstellen, dass Brown auch nur eines davon je in die Hand genommen hat. Oder sonst jemand in diesem Haus.

Ein klopfendes Geräusch holt sie aus ihren Gedanken. Plock-plock, plock-plock, plock-plock. In der Stille des Hauses klingt es seltsam lebendig. Julia folgt dem Klang und entdeckt weiter hinten im Korridor eine geöffnete Tür. Sie schaut hindurch und entdeckt einen etwa achtjährigen Jungen mit gescheiteltem Haar und grauem Anzug, der mitten im Raum steht.

„Hallo", grüßt sie freundlich. Der Junge wirft ihr einen kurzen, mürrischen Blick zu. Dann schmettert er weiter einen Ball gegen ein Wandgemälde, das eine religiöse Szene zeigt. Plock-plock, plock-plock, plock-plock. Julia blickt sich um. Ein Himmelbett. Ein Schrank, ein Schreibtisch. Getäfelte Wände. Der unvermeidliche Kronleuchter.

Von hinten nähern sich schnelle Schritte. „Barron! Barron!" Julia dreht sich um und sieht eine Frau Ende vierzig, die in Stöckelschuhen auf sie zueilt. Den Bildern nach ist es die Ehefrau von Brown. Vor dem

Zimmer wird sie schlagartig langsamer und muss mit den Armen rudern, um auf dem glatten Boden nicht auszurutschen. Dann betritt sie das Zimmer des Jungen, beugt sich zu ihm hinunter und beginnt, leise auf ihn einzureden.

Nachdenklich geht Julia zurück in die Halle. Das also ist der Junge, der einmal alles erben wird. Und doch wird auch sein Reichtum ihn nicht vor den Gefahren schützen können, die allen drohen.

Im Foyer trifft sie auf Ministerin Lemann, die bereits an einem prächtigen Büfett zugange ist. Im Zuge der Wasserkrise hat ihre Getränkefabrik einen unglaublichen Aufschwung erlebt, sodass das Ministerinnenamt für sie inzwischen fast zur Nebensache geworden ist.

Auch die anderen Gäste treffen nun ein. Schließlich zählt Julia etwa dreißig Personen, unter ihnen auch Lowlands und Minister Mutombo. Die meisten sind Unternehmer. Mit Atleo ist sogar eine Vertreterin der Volksrepublik dabei. Von denen hat Julia schon lange niemanden mehr zu Gesicht bekommen. Dass dies nun gerade in der Villa von Brown geschieht, überrascht sie. Sollte es aber vielleicht nicht, sagt sie sich. Das Kapital findet auf dieser Welt immer zusammen.

Der Gedanke an Pathein versetzt ihr einen kleinen Stich. Doch was vorbei ist, ist vorbei.

Sie nimmt sich ein Glas Orangensaft und geht ein paar Schritte durch den Raum. Neben dem Büfett findet sie eine Ecke, von der aus sie die anderen beobachten kann. In dem Moment kommt ein livrierter Diener mit einem silbernen Stab in der Hand die große Treppe herunter. Unten bleibt er stehen und stößt mit dem Stab mehrmals auf den Marmorboden. Die Gäste verstummen.

„Voilà!", hört Julia es von oben durch die Halle dröhnen. Am Treppenabsatz erscheint Brown in einem weißen Dinnerjacket. Als er näher kommt, fällt Julia die feine Struktur des teuer aussehenden Stoffs auf. Wo um alles in der Welt hat er das bloß wieder her?

Langsam stolziert Brown die Stufen herab. Er genießt den Auftritt sichtlich. Er winkt den Gästen mit gönnerhaftem Lächeln zu. Unten angekommen begrüßt er jeden persönlich mit Handschlag.

„Frau Präsidentin", sagt er zu Julia. Sie ignoriert den ironischen Unterton, den er ihr gegenüber in letzter Zeit anschlägt. „Schön, dass Sie da sind. Vielleicht haben Sie ja sogar Interesse, sich an den Kaufverhandlungen zu beteiligen."

„Wohl kaum", antwortet Julia kühl.

„Lassen Sie sich überraschen, es wird etwas ganz Besonderes."

Als er alle begrüßt hat, geht Brown auf eine Flügeltür zu, die sich direkt unter der Treppe befindet. Dann dreht er sich um und lächelt alle an, wobei er seine Zähne zeigt.

„Meine Damen und Herren, folgen Sie mir... ins Wunderland!"

Die Türen werden von innen aufgestoßen. Brown macht einen Schritt zur Seite, um die Besucher eintreten zu lassen. Der Saal, der sich vor ihnen auftut, bietet ausreichend Platz für alle. Zwei Männer in dunklen Anzügen warten darin bereits. Einer mittelgroß mit schwarz gelockten Haaren, der andere etwas kleiner mit ernstem Blick. In der Mitte steht ein runder Tisch, der mit einem weißen Tuch bedeckt ist.

„Ich darf vorstellen", ruft Brown in den Raum hinein. „Architekt Dun Torcuill und Projektingenieur Volker Mattarnovi. Die Erfinder von Wunderland!"

Brown macht eine ausladende Handbewegung. Zwei Diener treten herbei und ziehen das weiße Tuch mit Schwung zur Seite. Vor ihnen erscheint ein Podest mit einem kreisrunden Modell von etwas, das aussieht wie ein großer Park mit ein paar vereinzelten Villen darin.

„Wie Sie sehen", sagt Brown stolz, „haben wir uns nicht lumpen lassen." Er lacht laut auf.

Neugierig strecken alle die Köpfe nach vorn. Eine Hauptstraße kräuselt sich durch den Park, von der zu beiden Seiten kleinere Straßen abzweigen. Prunkvolle Häuser sind verstreut in der Anlage angeordnet, kleine Schlösser sind es eher, mit Haupt- und Nebengebäuden. Jedes Anwesen ist so platziert, dass die Bewohner für sich sind, aber nicht so weit von den Nachbarn entfernt, als dass sie sich einsam fühlen müssten. Überall sind Gräben, Bäche und Teiche, Wasser scheint im

Überfluss vorhanden zu sein. Die ganze Anlage umgibt eine hohe Schutzmauer.

„Hier sehen Sie unsere neue Siedlung", erklärt Dun Torcuill in die Stille hinein. „Die Gegend hat den bezaubernden Namen Wunderland, und so haben wir auch unser Bauprojekt genannt. Wunderland. So wird die neue Siedlung Anninarra aussehen, in der all die Probleme, mit denen Sie sich jetzt noch herumschlagen, der Vergangenheit angehören werden. Die Fläche der neuen Siedlung entspricht in etwa der jetzigen Größe von Anninarra und bietet Platz für fünfundzwanzig Familien."

Fünfundzwanzig Familien von fast achttausend Einwohnern.

„Wir werden nur die besten Materialien verwenden. Wer hier lebt, wird sich nie mehr über irgendetwas außerhalb dieser Siedlung den Kopf zerbrechen müssen", fährt Dun Torcuill fort. „Alles, was Sie zum Leben brauchen, wird durch eigene Lieferdienste herbeigeschafft. Es ist ein Leben in Sicherheit und einer sauberen Umwelt. Das Wasser wird außerhalb der jetzigen Problemzonen gewonnen und uns in mehr als ausreichendem Maß zur Verfügung stehen. Alles wird perfekt sein, das garantieren wir."

Julia blickt von dem Modell in die interessierten Gesichter der Umstehenden. „Was soll das Ganze denn kosten?" unterbricht sie Dun Torcuill, der gerade auf den Golfplatz der Siedlung zu sprechen kommen will.

„Dazu kommen wir noch. Aber ich will Ihnen gleich sagen: Es ist ein Privileg, hier eingeladen zu sein, ein Privileg, in solch einer Siedlung wohnen zu dürfen."

„Wie weit ist diese neue Siedlung von Anninarra entfernt?", möchte Lowlands wissen.

„Ja, das war ein Problem", sagt Dun Torcuill mit näselnder Stimme. „Es musste ein Bereich sein, in dem sich keine Waffen befinden. Und es durfte nicht zu weit von der jetzigen Siedlung entfernt ein, denn natürlich brauchen wir die Infrastruktur, vor allem auch Personal, um alles betreiben zu können. Es sind jetzt etwas mehr als zwanzig Kilometer geworden. Das hat auch den Vorteil, dass wir gut kontrollieren können, wer in die Siedlung gelangen kann, wen wir dort haben wollen und wen nicht. Geradezu ideal!" Der Mann jubelt förmlich.

Julia blickt zu Atleo, doch die verzieht keine Miene. Reichtum verbindet, immer.

„Und was bedeutet die Neuanlage für die bisherige Siedlung?", fragt Julia. Eigentlich hätte Atleo als ehemalige Ministerin für Lebensgrundlagen diese Frage stellen müssen.

„Jetzt lass ihn doch mal reden", knurrt jemand neben ihr, doch Julia gibt nicht auf.

„Ist denn die neue Siedlung ohne die Altsiedlung lebensfähig?", fragt sie.

Für einen kurzen Moment wird es still.

„Natürlich produzieren die dort weiter das, was wir in Wunderland brauchen", bricht es aus Brown heraus.

„Aber was bedeutet das für die Altsiedlung?" Julia bleibt beharrlich. „Bleibt sie unter diesen neuen Bedingungen überlebensfähig oder nicht? Und wenn die Altsiedlung stirbt, stirbt dann auch Wunderland?"

Jetzt blicken auch einige aus der Runde fragend zu Brown.

„Nein, niemals", antwortet der sofort. „Wir erschließen doch einfach nur neuen Raum." Er blickt Julia an, als wäre sie schwer von Begriff. „Überlegen Sie doch mal! Wir schaffen hier ein Kunstwerk! Die ganze Welt wird uns darum beneiden. Einen Ort des Friedens, an dem wir weit weg von allen schlechten Elementen unserer Gesellschaft leben können. Wir haben es verdient, unter uns zu bleiben, an einem Ort, an dem wir die ganze Hässlichkeit dieser Welt vergessen können.

Jeder gehört an seinen Platz, an den Platz, den er sich verdient hat. Jeder hat die Möglichkeit, in Wunderland zu leben, jeder hat das Recht, sich hier einzukaufen. Wir sind ein freies Land, in dem jeder seine Ziele erreichen kann."

Dann nennt Brown doch noch den Preis, den man bezahlen muss, um in die Siedlung aufgenommen zu werden. Es ist ein hoher Preis, exorbitant hoch.

„Und Anninarra?", fragt Julia. „Wie sorgen wir dafür, dass der Wohlstand auch in der alten Siedlung erhalten bleibt?"

„Wohlstand? Welcher Wohlstand?", gibt Brown zurück.

„Die Leute müssen dort natürlich weiter leben und arbeiten können", schaltet sich Lowlands ein. „Die Wirtschaftskraft darf nicht beeinträchtigt werden."

Deine Gewinne dürfen nicht beeinträchtig werden, meinst du, denkt Julia verächtlich. Dir ist es völlig egal, wie die Menschen dort leben. Laut sagt sie: „Dazu muss auch dort investiert werden. Wir müssen die Infrastruktur aufrechterhalten."

„Das ist Sache des Staates", kontert Brown. „Dafür gibt es Steuern. Das kann nicht unsere Aufgabe sein."

„Hört, hört", schließt sich Lowlands sofort an.

„Sie sollten es nicht so hart aussehen lassen", rät Julia. „Gründen Sie einen Fonds, über den Sie einen kleinen Teil Ihrer Einnahmen wieder an die Gesellschaft zurückgeben. So können Sie Unruhen verhindern."

Nachdenklich wiegt Brown den Kopf. Und Lowlands sagt: „Das können wir ja meinetwegen tun. Mit der nächsten Steuererklärung holen wir uns ja sowieso wenigstens einen Teil wieder vom Staat zurück. Soll jeder von uns selbst entscheiden, wie viel er geben möchte und wofür."

Sie kommen überein, einen Sozialfonds zum Wohl Anninarras zu gründen. Wenigstens ein kleiner Erfolg.

„Wir müssen auch etwas für die staatlichen Institutionen tun", fährt Julia vorsichtig fort. „Je länger wir in dieser Weise hier in Anninarra zusammenleben, desto größer wird der Druck auf den Staat. Das wird er nicht mehr lange aushalten, weder in Lux noch in Tin."

Brown verschränkt die Arme vor der Brust. „Was haben wir vom Staat schon zu erwarten? Nichts! Wir brauchen keinen Staat. Wir schützen uns selbst, wir sorgen selbst für die Ausbildung unserer Kinder und unsere medizinische Versorgung."

Julia schnaubt verächtlich. „Und wie ist dann Ihre Vision der Zukunft? Wie soll die Welt in hundert Jahren aussehen? Keine Staaten mehr, nur noch Unternehmen, die die Welt beherrschen?"

Alle sind still. Jeder erinnert sich, dass die Großunternehmen schon einmal versucht haben, die Weltherrschaft zu übernehmen. Sehr viel Geld haben sie dafür in die Hand genommen. Und sind trotzdem gescheitert. Weil sich niemand auf der Welt mehr seine Freiheit und seine Menschenrechte nehmen lassen wollte.

Julia blickt die Anwesenden an. „Wo geht unsere Zukunft dann hin? Wie sollen unsere Kinder und Enkel eines Tages leben?"

„So wie jetzt", entgegnet Brown. „So wie es früher war und wie es immer sein wird."

Julia schüttelt den Kopf.

„Jawohl!", ruft Brown. Er wirkt von der Lautstärke seiner Stimme selbst überrascht. „Das hier", er zeigt mit dem Finger auf das Modell von Wunderland, „ist erst der Anfang. Die Welt wird folgen. Darauf können Sie sich verlassen. Alles andere wäre doch irre! So wie es früher war, so ist es richtig! Wir werden die Fragen der Zukunft nur beantworten können, wenn wir uns an die Vergangenheit halten. Was gestern richtig war, kann morgen nicht falsch sein!"

Ja, natürlich. Die gute alte Zeit. Nur, dass es die in Wirklichkeit nie gegeben hat.

„Aber jetzt", sagt Brown, nun wieder etwas ruhiger, „lassen Sie uns über Wunderland sprechen. Das ist das Einzige, was uns alle interessieren sollte."

„Wer ist dabei?", fragt Dun Torcuill. Sofort drängen sich die Gäste um ihn. Auch Atleo meldet sich. Sie reserviert fünf Anwesen für nicht näher bezeichnete Persönlichkeiten der Volksrepublik.

Trotzdem sind Zweifel gesät. Ein älterer Mann mit Glatze fragt Brown geradeheraus: „Und was passiert, wenn hier doch alles auseinanderbricht?"

Brown lacht ihn mit seinen Haifischzähnen an. „Alle malen immer so schwarz." Er zeigt auf eine Fläche nördlich des Wunderlands, am Rand des Modells. „Aber keine Sorge, wir haben alles bedacht. Wenn es wirklich so weit kommt, haben wir noch einen Ausweg. Hier hinten bauen wir eine Abschussrampe für eine Weltraumrakete. Das ist technisch ohne Probleme realisierbar. Wenn hier alles scheitert, suchen wir uns einen Planeten, auf dem wir neu anfangen können."

„Wie viele wollen Sie denn da mitnehmen?", fragt Mutombo.

„Bei der Entfernung, von der wir ausgehen müssen: acht Personen. Viel mehr wird nicht gehen. Diese Plätze werden wir zur gegebenen Zeit gesondert verkaufen."

Julia schüttelt den Kopf. „Von vielleicht hundert Menschen, die nach Wunderland ziehen, also acht." Ganz zu schweigen von den vielen Tausend, die in Anninarra leben.

Brown schüttelt das alles einfach ab. „Eine Flucht in die Außenwelt kommt für mich nicht infrage", sagt er. „Wenn wir hier scheitern, dann müssen wir es auf einem anderen Planeten versuchen. Niemals werde ich mich dem Diktat der Gleichmäßigen Ressourcenverteilung beugen."

Julia versucht sich vorzustellen, wie sich acht Einwohner aus Wunderland in einer Rakete auf den Weg machen, eine ferne, lebensfeindliche Welt neu zu besiedeln. Und wie das wohl enden wird, wenn es noch nicht einmal auf der Erde geklappt hat.

Brown hält kurz inne, dann fährt er fort. „Aber lassen Sie uns nicht so pessimistisch sein. Zuerst sollten wir uns auf dieses wunderbare Vorhaben freuen! Wir werden jetzt so schnell wie möglich mit den Bauarbeiten beginnen. Sie werden das Wunderland schon bald beziehen können!"

Julia hat genug. Schnell verabschiedet sie sich von allen und verlässt das Anwesen. Andrej wartet bereits vor der Tür. Als die Limousine durch den Park rollt, atmet sie tief durch. Immerhin hat sie einen Sozialfonds für Anninarra herausgeholt. Mehr war nicht mehr möglich.

Das Metalltor ist bereits geöffnet, als sie am Ausgang ankommen. Schlagartig befinden sie sich wieder in der kahlen, menschenfeindlichen Wüste, zu der sich Anninarra in letzter Zeit entwickelt hat. Julia schließt die Augen. Sie denkt an ihre Wohnung mit den vielen neuen Bildern, die dort an den Wänden hängen. Und an ihren eigenen kleinen Park vor dem Haus. Dort wird sie ihr Kind aufziehen. Ihr Geld wird sie beschützen.

„Ich schaffe mir mein eigenes Wunderland", brummt sie. „Ich brauche dich nicht, Brown. Geh zum Teufel."

Chaos

11. April 2105

Behutsam stützt Julia sich auf den hellroten Steinen ab. Die neue Mauer um die Dachterrasse ist angenehm warm. Ihr Rücken entspannt sich, und sie seufzt leise. Der Kampf gegen die Schmerzen ist zur täglichen Routine geworden. Es ist der 11. April, eigentlich ist für heute der Geburtstermin errechnet worden.

Wann kommst du endlich, kleiner Racker?

„Geduld!", hat Ramin erst vor einigen Tagen wieder gemahnt. Der hat gut reden. Eine leichte Brise weht Julia ins Gesicht. Sie schließt die Augen und denkt an das großformatige Bild vom Sonnenuntergang am Meer, das sie vor Kurzem über dem Sofa aufgehängt hat. „Genieße den Moment. Er ist dein Leben!" steht darauf.

Früher hat sie sich nie für solche Sprüche interessiert. Warum jetzt? Hat es damit zu tun, dass ihr Leben vor Anninarra besser war?

Gestern soll jemand versucht haben, mit einem Fesselballon abzuhauen. Eine originelle Idee. Genau wie der Tunnel, der in der Nähe des Grenzübergangs gegraben wurde. Oder die Stahlkugel, die man in einer Garage fand und mit der sich jemand in die Außenwelt katapultieren wollte. Nur weg von hier, wo die Lebensbedingungen immer schlechter werden.

Doch genauso wenig, wie noch jemand nach Anninarra einreisen kann, ist es möglich, die Siedlung zu verlassen. Der Versuch ist strafbar. Alle, die es trotzdem darauf anlegen, riskieren ihr Leben. Nicht eine einzige Arbeitskraft darf verloren gehen. William Brown hat eigens eine Stiftung gegründet, um kinderreiche Familien zu fördern.

„Wir müssen wachsen, wenn wir unsere Stellung in der Welt behaupten wollen", hat er sein Vorgehen begründet.

„Sind nicht alle froh, die Menschheit endlich wieder auf eine Zahl gebracht zu haben, die der Planet auch ertragen kann?", hat Julia erwidert. Doch da hörte Brown ihr schon nicht mehr zu.

Die Grenze ist unüberwindbar. Seit Neuestem heißt sie ANTIDIKTATORISCHER SCHUTZWALL. Draußen, die Außenwelt, das sind Diktatur und Terror, das Böse schlechthin. „Wir müssen wachsam sein, brauchen die Grenze, um Angriffe auf unser Gesellschaftssystem, auf die Art und Weise, wie wir leben wollen, abzuwenden." Dass diese Floskel im Tin- wie im Lux-Land gleichermaßen Verwendung findet, obwohl sich die Systeme sonst so feindlich gegenüberstehen, irritiert Julia am meisten.

Während sich die staatliche Ordnung immer weiter auflöst, übernehmen Bürgerwehren die Aufgabe, für die öffentliche Sicherheit zu sorgen.

Es bricht Julia das Herz, wenn sie das graue, staubige Anninarra betrachtet. Als einziger grüner Fleck sticht das Anwesen Browns hervor. Seit einigen Tagen sind am Horizont auch die Baukräne von Wunderland zu erkennen. Schon in drei Wochen soll die Eröffnung stattfinden, ausgerechnet am 1. Mai, an dem Internationalen Tag der Arbeit.

Eine Blechdose klappert im leichten Wüstenwind die Straße entlang. Schließlich verfängt sie sich in Unrat und bleibt auf der Straße liegen. Ein Bettler kommt mit einem Handwagen die Straße herunter und stochert mit einem Stock im Müll herum. Erst vor Kurzem hat der Sicherheitsdienst eine bettelnde Obdachlose an der Tür abgewiesen, die sich als Fengliu ausgab. Julia hat ihre zittrige Stimme an der Tür gehört, während sie gerade in einem komplizierten Arbeitsprozess ein strahlendes Blau für ein Bild anmischte. Erst später wurde ihr bewusst, dass sie selbst hätte an der Tür nachsehen müssen. Doch dass gerade Fengliu, diese smarte, junge Person, dermaßen abstürzen sollte, war ja nun auch mehr als unwahrscheinlich. Viel wahrscheinlicher war es eine Betrügerei, wie es unter diesen Leuten inzwischen ganz selbstverständlich geworden ist. Unabhängig von allem anderen zahlt Julia auch weiterhin einen guten Beitrag in den Sozialfonds von Babro Ackland ein und achtet darauf, mit ihrem Geld sorgsam umzugehen. Wer kann schon wissen, ob die Zeiten nicht noch viel schlechter werden.

Doch diese Gedanken ermüden sie. Sie geht zu zur Liege und bald schon fallen ihr die Augen zu. Erst als Andrej erscheint und sie zum Aufbruch mahnt, rafft sich Julia auf. Den Termin bei Ramin will sie auf keinen Fall verpassen.

Vor dem Gebäude stehen bereits mehrere gut gesicherte Fahrzeuge zur Abfahrt bereit. Als sie auf die Hauptstraße abbiegen, bemerkt Julia eine ältere Frau, die direkt neben dem Institut für Marktanalyse ein kleines Stück Land umbricht. Die Ärmste! Der karge Boden wird sicherlich kaum etwas hergeben.

Am Flugplatz gibt Andrej Julia ein Zeichen, mit dem Aussteigen noch zu warten. Mehrere bewaffnete Leibwächter kommen herbeigelaufen und umstellen den Wagen. Julia blickt nach draußen, doch sie kann keine Gefahr erkennen. Zügig bringt Andrej sie schließlich in die Ankunftshalle.

Dort schlägt ihr eine unheilvolle Duftwolke aus Blut, Urin und Fäkalien entgegen. Die Betten sind wüst durcheinandergeschoben, das Bettzeug zerrissen und mit zersplittertem Glas und anderem Müll bedeckt. Von der Decke und den rohen Wänden hängen Kabel und Lampen herunter. Und überall liegen verletzte und kranke Menschen, die Hilfe suchend die Hände nach ihnen ausstrecken. Ehe Julia etwas tun kann, schieben ihre Leute sie durch das Chaos in das angrenzende Arztzimmer.

Auch hier ist kein Einrichtungsgegenstand heil geblieben, ist alles aus den Schränken und Regalen gerissen worden. So ein Schwachsinn, gerade hier so viel Zerstörung anzurichten, an einem Ort, den alle brauchen. Im fensterlosen Waschraum finden sie Ramin, der auf dem Boden neben der Toilette sitzt. Er hat eine blutende Wunde am Kopf.

Julia beugt sich herunter und streicht ihm über die Schulter. Etwas Blut rinnt seine Schläfe herab, als er zu ihr aufschaut.

„Ich habe die letzten Nächte bei meinen Patienten verbracht", sagt er leise. „Ich dachte, hier würden sie uns in Ruhe lassen."

„Was wollten die nur?", fragt Julia.

„Sie hatten Hunger. Und waren voller Wut über die Zustände, in denen sie leben müssen."

Er starrt in eine Ecke und sagt nichts mehr. Auf ein Zeichen von Julia bringen ihre Leute Ramin zum Konvoi, während andere damit beschäftigt sind, so viel medizinisches Gerät wie möglich einzusammeln, um möglichst wenig den Dieben und Randalierern zu überlassen. Vorsichtig steigen sie über die blutenden, wimmernden Menschen in der Ankunftshalle hinweg, um wieder zu den Fahrzeugen zu gelangen.

„Wir müssen uns selbst schützen", murmelt Julia leise. „Wir können euch nicht helfen." So machen sie sich auf den Weg zurück. Erst als sich die Tore des Präsidialamtes wieder schließen, findet auch Julia Ruhe.

Reiter ohne Pferd

11. April 2105

Pathein steht mit dem Rücken zur Wand seines Arbeitszimmers und starrt durch das Fenster nach draußen. Das Pferd auf der Weide vor dem Haus bäumt sich schmerzerfüllt auf. Aus seiner Halsschlagader spritzt Blut. Eben holt ein Mann erneut mit der Lanze aus und sticht ihm mit voller Wucht in die Seite. Das arme, geschundene Tier wiehert ein letztes Mal, dann bricht es zusammen. Angewidert sieht Pathein zu, wie die Meute sinnlos auf die Kreatur einprügelt.

Was ist bloß aus ihrer schönen Welt geworden? Wie sind sie hier gelandet? Der Anführer erhebt sich als Erster, das Gesicht blutverschmiert. Er streckt die Lanze nach oben und brüllt los. Dann zeigt er auf Patheins Haus. Pathein verzieht das Gesicht zu einem zornigen Grinsen, als die Horde losrennt.

Ihn wollen sie töten? Er streckt das Kinn nach vorn. Sollen sie ruhig kommen! Er ist bereit.

Rette sich, wer kann

Julia öffnet die Augen und blinzelt gegen das helle Licht. Die weißen Gardinen bewegen sich vor dem geöffneten Fenster leicht hin und her. Seufzend rollt sie sich aus dem Bett und verschwindet im Bad. Die Laborwerte sind in Ordnung, stellt sie dort fest. Sie greift unter ihren Kugelbauch und geht mit schweren Schritten in die Küche, in der Ramin schon beim Frühstück sitzt.

„Ist es schon so spät?", murmelt sie und gibt ihm einen Kuss, den er sofort erwidert. In seinem Gesicht zeigt sich eine leichte Röte. Es rührt Julia, wie leicht er sich in Verlegenheit bringen lässt.

Ramin zeigt in Richtung Wohnzimmer und sagt: „Ich habe mir das neue Bild angesehen, das du gemalt hast. Ich mag es sehr."

Julia streicht mit den Händen langsam über die Tischplatte. „Wenn ich male, fühle ich mich der ganzen Welt verbunden. So etwas habe ich noch nie empfunden."

„So geht es mir, wenn ich in der Natur bin", sagt Ramin.

„Es ist merkwürdig, dass ich mit dem Malen nicht schon viel früher angefangen habe. Es hat mich schon in meiner Kindheit fasziniert. Doch dann haben sich meine Prioritäten verschoben. Ich wollte immer mehr besitzen, dachte immer nur darüber nach, was ich als Nächstes kaufen kann. Heute bedeutet mir das alles überhaupt nichts mehr. Manchmal habe ich das Gefühl, als wäre ich erst jetzt wirklich erwachsen geworden."

„Jeder braucht seine Zeit", versucht Ramin sie zu beruhigen.

„Wahrscheinlich begreifen die Alten als Letzte, dass wir nicht mehr auf Kosten unseres Planeten leben können."

„Hast du mich gerade alt genannt?"

„Nein, dich habe ich damit nicht gemeint." Ramin lacht, dann wird er ernst. „Ich meine Menschen, die die Vergangenheit glorifizieren und ohne Rücksicht auf die Bedürfnisse anderer und auf Kosten dieses Planeten leben. Es betrifft Alt und Jung. Nur manchmal habe ich das Gefühl, junge Menschen begreifen es etwas schneller."

Er zieht Julia zu sich heran, um ihr einen Kuss zu geben. „Ich muss los", sagt er und steht auf. „Meine Patienten warten schon."

„Pass auf dich auf, ja?"

Er lacht kurz. „Bei der Begleitung? Dein halber Sicherheitsdienst kommt mit mir. Ich mache mir eher Sorgen, dass sich kein Patient mehr zu mir traut."

Er gibt ihr noch einen schnellen Kuss und geht. Es ist schön mit Ramin, geht es Julia durch den Kopf, während sie an ihrem Kaffee nippt. Jetzt, wo er bei ihr eingezogen ist.

Trotzdem kann sie auch Pathein nicht vergessen. Manchmal, mitten in der Nacht, wenn alle schlafen, nimmt sie das Lesegerät und sucht heimlich nach neuen Meldungen über ihn. Seit Kurzem gibt es keine mehr. Das beunruhigt sie.

Nachdem sie gefrühstückt hat, betritt sie die Dachterrasse und macht es sich auf einer Liege gemütlich. Sie nimmt ein altes Papierbuch zur Hand, das sie vor Kurzem in einem Trödelladen gekauft hat. Beim Lesen nickt sie immer wieder ein. Sie genießt den Schwebezustand zwischen Traum und Wirklichkeit.

Irgendwann hört sie Ramin mit seinem Gefolge wieder nach Hause kommen, doch er kommt nicht zu ihr heraus. Sie liest weiter, und erneut fallen ihr die Augen zu. Ein merkwürdig knirschendes Geräusch unten vor dem Haus weckt sie schließlich endgültig aus dem Dämmerschlaf. Mühsam rollt sie sich von der Liege und tritt an die Terrassenmauer. Irritiert stellt sie fest, dass die verdorrten Überreste vom Baum des Lebens heute nicht zu erkennen sind. Stattdessen sieht sie eine riesige Staubwolke. Dann entdeckt sie den Grund dafür: Eine Menschenmenge bewegt sich in ihre Richtung.

Plötzlich spürt sie einen scharfen Schmerz am Kopf. Sie taumelt zurück und reißt den Sonnenschirm neben der Liege mit sich zu Boden. Ramin ist mit einem Sicherheitsmann sofort bei ihr.

„Du blutest!", ruft er. Ungläubig blickt Julia zu ihm auf.

„Was ist passiert?", fragt sie benommen.

Ramin sieht sie an und sagt dann beruhigend: „Die Wunde ist nicht tief."

Julia versucht sich aufzusetzen und stößt gegen einen harten Gegenstand. „Ein Stein?"

Der Sicherheitsmann springt auf und blickt von der Terrasse herunter. Dann verschwindet er ohne ein Wort im Haus. Ramin läuft ebenfalls los und kommt mit einem Verbandskasten zurück. Vorsichtig verbindet er die Wunde.

„Ich muss aufstehen", murmelt sie. In gebückter Haltung geht sie mit ihm bis zur Brüstung.

„Warte, wenn wir dich kriegen!", hört sie Andrej unten aus dem Haus brüllen. Vorsichtig schaut Julia über die Mauer. Unten steht ein Mann, der drohend die Faust reckt. Wütend schaut er nach oben.

„Ich habe Hunger!", brüllt er. Gleich fliegt ein neuer Stein auf die Terrasse.

Schnell gehen Julia und Ramin in Deckung. Unten ist zu hören, wie eine Tür geöffnet wird und mehrere Sicherheitsleute aus dem Haus rennen. Julia wagt es, über die Brüstung zu schauen, und sieht den Mann überraschend schnell über das Grundstück sprinten und verschwinden.

Die Sicherheitsleute folgen ihm, kommen aber gleich wieder zurückgerannt.

„Sie haben den Zaun eingerissen, da kommen gleich noch mehr", ruft Andrej. „Schnell, verbarrikadiert das Haus!"

Ramin springt auf und rennt hinein. Was passiert hier?, fragt sich Julia, die allein auf der Terrasse zurückbleibt. Sie weiß, dass sie hier sicher sind. Sie haben Lebensmittel für mehrere Monate, eine gute Trinkwasserversorgung. Niemandem muss etwas passieren.

Ein paar Vögel fliegen am Haus vorbei. Julia dreht den Kopf zur Seite. Sie hört ein Gemurmel von Stimmen, das immer lauter wird, und ein schepperndes Geräusch wie von Metall auf Metall, das durchs ganze Haus dröhnt. Das Glas auf dem Tisch neben der Liege klirrt bei jeder Erschütterung.

Sie versuchen, die Türen aufzubrechen!, begreift sie erschrocken. Sie weiß, dass keiner eine Chance hat, zu ihr hereinzukommen. Türen und Fenster sind verriegelt und unzerstörbar. Doch die Schläge gehen mit unverminderter Heftigkeit weiter. Mit größter Vorsicht blickt Julia erneut über die Brüstung. Dutzende Menschen haben sich jetzt vor dem Haus versammelt. Sie sehen hungrig und zerlumpt aus.

„Verdammt!", flucht sie. Sie geht wieder in Deckung, stolpert dabei aus Versehen über den Tisch und stößt ihn um. Krachend zerbirst das Glas auf dem Boden. Beim Versuch, sich abzustützen, fasst sie mitten in die Scherben. Aus ihrer Hand quillt Blut.

„Verdammt!", schreit sie erneut. „Verdammt! Verdammt!" Plötzlich spürt sie in ihrem Bauch eine ungewohnte Bewegung, die sie innehalten lässt. Behutsam atmet sie ein und aus. Ruhig bleiben, ermahnt sie sich. Sie muss an ihr Kind denken. Die Sicherheitsleute werden sich um den Rest kümmern.

Sie rutscht zur Seite und zieht die Beine zu sich heran, während ihr Kind weiter gegen die Bauchdecke trommelt.

Eine neue Erschütterung bringt das Haus zum Beben.

„Meine Güte, tut doch was, damit sie verschwinden! Gebt ihnen Essen!", herrscht sie einen der Sicherheitsmänner an. Er verschwindet im Haus. Nach kurzer Zeit erscheint Andrej neben ihr.

„Das haben wir schon versucht", berichtet er. „Das Essen haben sie auch gern genommen. Aber sie wollen mehr. Sie wollen uns. Sie machen uns verantwortlich für alles, was in Anninarra passiert ist."

Das Dröhnen scheint kein Ende zu nehmen. Doch je länger es andauert, desto mehr wächst Julias Zuversicht, dass die Sicherheitsvorkehrungen halten werden. Sie kommt ein wenig zur Ruhe. Nach einiger Zeit hört sie plötzlich einen Knall, begleitet von einem Grölen der Menge.

„Kein Strom mehr", ruft Ramin, der auf die Terrasse gelaufen kommt. Betroffen schaut sie ihn an.

„Also auch kein Wasser mehr", sagt sie. „Ohne die Pumpen."

Sie zwingt sich, erneut zur Terrassenmauer zu gehen. „Was wollt ihr von uns?", ruft sie herunter.

Von unten ertönen laute Buhrufe und hämisches Lachen. „Wir wollen alles, was ihr habt, und euer Leben noch dazu", plärrt ein Mann mit rauer Stimme. „Kommt doch raus, das macht es leichter." Die Umstehenden johlen.

Andrej kommt auf die Terrasse und zieht Julia zur Seite.

„Komm weg da. Das ist zu gefährlich. Mit denen ist nicht zu spaßen."

Julia hangelt sich zurück zur Liege. „Jetzt sind wir also Gefangene", sagt sie zu Ramin, der reglos am Boden sitzt. Sie beschließt, all ihre Leute zusammenzurufen. Es ist ein merkwürdiger Anblick, wie das Personal schwer bewaffnet im Wohnzimmer sitzt, müde und erschöpft. Keiner weiß einen Ausweg aus der verzweifelten Lage. Obwohl es äußerst unwahrscheinlich ist, hoffen einige im Stillen, dass doch noch Hilfe von außen kommt.

„Wir könnten uns ein paar Fahrzeuge schnappen und damit bis zur Grenze fahren", schlägt Ramin vor. „Hauptsache, weg von dieser Meute!"

„Bis zu den Fahrzeugen schaffen wir es nie", wendet Andrej ein. „Und außerdem, was wollen wir an der Grenze? Die Kampfroboter am Verteidigungsring sind immer noch im Alarmmodus. Wenigstens kann dann alle Welt daran teilhaben, wie wir verdursten und verhungern." Er lacht bitter auf.

„Dann müssen wir eben verhandeln", sagt Julia. „Wir müssen unser Leben erkaufen."

„Mit denen kann man nicht verhandeln. Dafür sind sie zu wütend. Sie sagen, wir hätten ihre Welt zerstört und müssten jetzt dafür büßen. Ich glaube nicht, dass sie jemanden am Leben lassen wollen."

Ramin ist trotzdem nicht überzeugt davon, einfach auszuharren. „Entweder wir wehren uns und kämpfen oder wir warten ab und sterben."

In der Nacht findet Julia keine Ruhe. Je dunkler es wird, desto verzweifelter denkt sie über die Frage nach, in was für eine Welt ihr Kind da hineingeboren wird. Wenn es überhaupt noch so weit kommt. Sie weint sich in einen unruhigen Schlaf. Immer wieder hört sie draußen Geräusche, die sie aufschrecken lassen. Erst als der Tag dämmert, schläft sie endlich ein.

Doch schon bald weckt sie Andrej. „Sie versuchen es erneut."

Julia wälzt sich aus dem Bett. Sie wirft sich etwas über und begleitet Andrej auf die Terrasse.

„Wir haben noch eine Idee, wie wir sie vertreiben können", sagt Andrej.

Wachleute kommen die Treppe herauf. Sie schleppen schwere Möbel und mit gelber Flüssigkeit gefüllte Flaschen an Julia vorbei. Schnell geht Julia wieder ins Haus. Sie hört, wie es mehrmals laut kracht, jedes Mal schreit die Meute laut auf. Sobald es ruhiger wird, tritt sie wieder hinaus.

Andrej liegt auf dem Bauch am Boden und bohrt mit einer Brechstange ein Loch in die steinerne Brüstung. Julia kauert sich zu ihm und er lässt sie hindurchschauen. Die Zahl der Menschen scheint etwas abgenommen zu haben.

„Die plündern jetzt die anderen Häuser."

Der Rest des Tages verläuft ruhig. Auch wenn an immer mehr Stellen in der Nachbarschaft Feuer ausbricht, sodass der Rauch bald wie Nebel über der ganzen Siedlung hängt. Sogar bei Browns Villa scheint es zu brennen. Wenn das schon da so ist, wie sollen wir dann die Angriffe auf Dauer abwehren können?, fragt sie sich besorgt.

Obwohl Julia versucht, wach zu bleiben, nickt sie immer wieder ein. Die rauchige Luft vernebelt die Sinne und macht durstig. Doch Andrej muss ihr mitteilen, dass nun tatsächlich auch die letzten Vorräte an Wasser verbraucht sind. Zu trinken gibt es nur noch Fruchtsäfte, von denen man allerdings nur noch durstiger wird.

Nach Einbruch der Dunkelheit erheben sich vor dem Haus wilde Kampfgesänge. Im Haus setzen sie trotzig ihre eigenen Lieder dagegen.

Doch irgendwann werden sie müde und geben auf. An Schlaf ist nicht zu denken.

Im Laufe des folgenden Tages breitet sich das Feuer weiter in der Siedlung aus. Immer wieder hören sie, wie unter den Belagerern Kämpfe um die erbeuteten Lebensmittel ausbrechen. Aber das nehmen sie im Haus kaum noch wahr. Stattdessen liegen sie die meiste Zeit apathisch herum, kaum jemand spricht ein Wort.

Am Nachmittag brennt fast die ganze Siedlung. Zum Glück bleibt das Präsidialamt, das etwas abseits steht, verschont. Doch inzwischen haben sie überhaupt nichts mehr zu trinken, nur noch Alkohol. Julia befiehlt allen, die Finger davonzulassen. Als einer der Wachleute am Abend vor Durst rasend wird und wild um sich schlägt, bekommt sie es mit der Angst zu tun. Gegen ihren Willen wird der gut gesicherte Schrank mit den Flaschen geöffnet, und die meisten bedienen sich.

Nach Einbruch der Dunkelheit nimmt die Anzahl der Menschen vor dem Haus wieder zu. Es werden Lagerfeuer entzündet, wieder setzt das animalische Geheul ein.

„Jetzt kommen sie bald", sagt Andrej. Trotz der Wärme ist Julia kalt. Ramin kümmert sich liebevoll um sie, während Andrej hektisch auf und ab läuft. In ihrer Verzweiflung greift Julia schließlich ebenfalls zu einer Weinflasche. Wenn es schon zu Ende geht, dann wenigstens so. Doch als Ramin sieht, wie sie zu einem zweiten Schluck ansetzt, nimmt er ihr die Flasche weg.

Er überredet Julia, sich mit ihm in der Küche einzuschließen. Im ganzen Haus riecht es inzwischen nach Exkrementen, Urin und verdorbenen Lebensmitteln. Julia nimmt es gleichgültig wahr.

Als der Morgen graut, wagt sich Ramin noch einmal aus der Küche heraus. Dann kommt er zurück und schließt sorgfältig die Tür ab. Schweigend sitzen sie nebeneinander auf dem Boden, Hand in Hand. Doch die dumpfen Schläge gegen die Eingangstür und die verriegelten Fensterläden bleiben aus. Dafür ist vom Fahrstuhlschacht an der Außenseite des Gebäudes ein leises, metallisch schabendes Geräusch zu hören, dann laute Schritte über ihnen auf dem Dach.

Von der Terrasse her ertönen Schreie, dann auch aus dem Treppenhaus. Auf der anderen Seite der Tür gehen die Kämpfer mit wütendem Geschrei aufeinander los. Dann ist nur noch die schmerzerfüllte Stimme eines Mannes zu hören, der um Gnade bettelt. Julia erstarrt, als ihr bewusst wird, dass es sich um Andrej handelt. Eine schreckliche Angst befällt sie. Andrej stöhnt noch einmal auf, dann verstummt er. Ein Brüllen geht durch das Haus, Siegesgeheul. Überall ist nun Getrampel zu hören, und das Geräusch von Schranktüren, die aufgerissen, und Möbeln, die umgeworfen werden.

„Gib mir ein Messer", flüstert Julia.

Ramin greift zu einer Schublade hoch und zieht sie auf. Er reicht ihr ein großes Tranchiermesser und behält ein zweites für sich. Es fühlt sich kalt an. Langsam dreht sie die Klinge in ihre Richtung und setzt sich die Spitze ans Herz. Ihre Hand zittert, sie muss sie mit der anderen abstützen.

Hilflos müssen Julia und Ramin mit ansehen, wie jemand von außen die Klinke der Küchentür herunterdrückt. Dann wirft sich jemand gegen die verschlossene Tür, doch sie hält stand. Immer und immer wieder. Bis plötzlich mit lautem Krachen und Scheppern eine Axt durch das Holz fährt. Ramin befiehlt Julia leise, auf die andere Seite des Küchenblocks zu rutschen.

Er selbst steht auf und stellt sich mit dem Messer neben die Küchentür. Ein neuer Schlag mit der Axt lässt sie erzittern. Dann noch einer, und die Tür springt aus den Angeln und stößt mit einem lauten Knall gegen den Kühlschrank. Staub legt sich über den Raum. Julia stockt der Atem. Sie packt das Messer noch fester und spürt, wie sich die Spitze in ihre Haut bohrt. Sie hört, wie die Männer aufeinanderprallen und brüllen. Einer fällt zu Boden.

Verzweifelt hält Julia das Messer ein Stück von sich weg. Als sie zustoßen will, taucht einer der Angreifer vor ihr auf und tritt es ihr aus der Hand. Dann schlägt er ihr mit voller Wucht ins Gesicht. Julia hebt schützend die Hände, doch er schlägt noch einmal zu, und noch einmal.

Neben der Kochinsel kann sie auf dem Boden Ramins halb geöffnete Hand sehen, die Fingerspitzen zeigen nach oben. Wie rein und unversehrt die Hand aussieht. Ist es die Absicht unseres Schöpfers oder eine Laune der Natur, uns stark und schön zu machen, nur um uns am Ende zu vernichten?

Die Einbrecher reißen Schranktür für Schranktür auf, fegen alles heraus, was sie in die Finger bekommen. Glas und Porzellan stürzen mit Getöse auf den Boden. Ramins Hand liegt immer noch offen da. Jetzt ist sie in feinen, weißen Staub gehüllt und mit kleinen Scherben bedeckt. Leise beginnt erst ein Finger, dann zwei, dann die ganze Hand zu zittern. Julia stockt das Herz. Schließlich wird das Zittern schwächer und geht in ein langsames Zucken über. Als versuchte er, nach etwas zu greifen. Dann öffnet sich Ramins Hand und rührt sich nicht mehr. Er ist tot.

Er ist tot, und ich bin es bald auch. Julia fühlt nichts. Ihr Lebenswille ist erloschen. Auf einmal wird sie in die Höhe gerissen und gegen die Spüle geschleudert. Ihr Bauch zieht sich vor Schmerzen zusammen, und sie bekommt keine Luft mehr. Sie schreit laut auf. Aus dem Augenwinkel sieht sie, wie einer der Täter eine Eisenstange in die Hand nimmt. Jetzt ist es vorbei.

Sie holt tief Luft. Eine Hand greift nach ihrer Schulter und reißt sie herum. Der Angreifer packt sie und stößt sie an Ramin vorbei Richtung Tür. Sie prallt mit einer solchen Wucht gegen den Türrahmen, dass sie sich den Arm ausrenkt.

Mit der Bewegung kehrt die Angst in Julias Körper zurück. Die Aussicht auf ein qualvolles, schmerzerfülltes Ende ist kaum zu ertragen. Sie zerren sie aus der Wohnung hinaus ins Treppenhaus, wo Andrej in seinem Blut liegt. Dann wird sie die Treppe hinuntergeschleppt. Unten im Haus brennt es. Alles ist zerstört, überall liegen Tote.

Ein Raunen geht durch die Menge, als sie aus dem Haus gestoßen wird. Ihr habt die Falsche, denkt sie verzweifelt, aber sie weiß, dass niemand auf sie hören wird. Vor dem Haus liegen zerschlagene und verbrannte Möbel, Bilder, zerrissene Kleidung – alles, was von ihrem Zuhause übrig geblieben ist.

Ein paar Menschen verschlingen gierig erbeutetes Essen. Julia schöpft ein wenig Hoffnung. Vielleicht lenkt es ja die Aufmerksamkeit von ihr ab. Sie sieht, dass sich um eine der Straßenlaternen ein Kreis gebildet hat. Dort soll sie also sterben, so? Ihre Augen füllen sich mit Tränen. Unsanft wird sie weitergestoßen, bis sie in der Mitte des Kreises steht. Unter der Laterne kauert eine Gestalt, blutig und in sich zusammengesunken. Pathein? Es ist Pathein!

Zögernd geht sie auf ihn zu und beugt sich zu ihm herab. Mühsam holt er Luft. Er sieht ihr tief in die Augen, dann spuckt er ihr mitten ins Gesicht. Die Menschen um sie herum johlen. Angewidert wischt Julia sich mit einem Ärmel die Spucke weg.

„Was tust du da?", fragt sie so leise wie möglich.

Patheins Mund verzieht sich zu einem hässlichen Grinsen. Seine Augen sind voller Verachtung. „Ich hasse dich", bricht es aus ihm heraus. „Du hast dir immer alles genommen. Nichts für andere übrig gelassen. Noch nicht mal bemerkt, wie wenig für andere übrig geblieben ist. Ich hasse deine Arroganz, mit der du meinst, anderen überlegen zu sein. Mit der du dich über uns und unsere Kulturen lustig gemacht hast, mit der du alles in den Schmutz gezogen hast. Dass ich heute hier liege, ist deine Schuld.

Ohne dich und Brown und seine Konsorten wäre das hier eine bessere Welt. Du hast uns in diese Situation gebracht, und dafür verachte ich dich."

Seine Worte sind wie ein Faustschlag. „Ich bin nicht schuld an dem, was hier passiert. Was hätte ich denn tun sollen? Ich kann doch nicht die Verantwortung für die ganze Welt übernehmen."

Pathein lacht abschätzig auf. „Du bist nicht bereit, deinen Reichtum zu teilen und irgendeine Verantwortung zu übernehmen. Und dann wunderst du dich, dass die Menschen wütend sind?"

„Was willst du von mir?", erwidert Julia zornig. „Ich habe getan, was ich tun konnte!"

„Du hättest dich den Regeln der Gemeinschaft stellen müssen. Stattdessen wolltest du nur bequem weiterleben und schöne Bilder malen. Wenn du etwas für andere gemacht hast, dann doch nur, um dabei gut auszusehen. Wie habe ich dich nur jemals lieben können?"

Ja, wie nur. Ohne weiter nachzudenken, murmelt sie: „Damals haben wir die schönen, die guten Seiten an uns gesehen, und nicht nur die anderen."

Almosen

20. April 2105

Für Pathein steht die Welt still. Die schönen, die guten Seiten? Was sagt sie da? Sein Kopf fühlt sich an, als wäre er aus Watte. Hat Julia ihn eben angelächelt? Es ist schwer zu sagen, so zerschlagen und blutig ist ihr Gesicht.

Langsam zieht sie sich neben ihm mit einem Arm am Laternenmast nach oben. Ihr Bauch ist riesig. In dieser Situation ein Kind zur Welt zu bringen, muss fürchterlich sein. Er sieht, wie sie die Lippen zusammenpresst und sich umdreht. Dann geht sie ein paar Schritte auf eine Person zu, die ihr mit einer Lanze in der Hand entgegenkommt.

Pathein muss an das Pferd auf der Koppel vor seinem Haus denken. Man wird Julia töten! Warum bloß tut sie ihm auf einmal leid? Hat es sie in letzter Zeit gekümmert, was er alles zu erdulden hatte?

Der Anführer bleibt mit der Lanze in der Linken einige Meter vor Julia stehen. Es ist eine Frau.

„Fengliu?", ruft Julia. „Bist du es?"

Pathein kneift die Augen zusammen. Fengliu! Sein Herz beginnt zu rasen. Die Frau richtet ihre Lanze auf Julia.

„Komm ja nicht näher", faucht sie.

„Fengliu! Du lebst!"

„Ruhe!", herrscht die sie an. Pathein schreckt ruckartig zurück, sodass sein Kopf gegen den Laternenmast schlägt. Ein stumpfer Schmerz zieht durch seinen Körper. Nichts wird gut, wird ihm klar. Gar nichts.

„Vor ein paar Monaten noch habe ich euch beide bewundert für euren Mut und eure Kraft, die Welt von Waffen und Gewalt zu befreien", sagt Fengliu. Sie blickt herunter auf ihre Hand, die die Lanze hält. „Doch was habt ihr seitdem aus Anninarra gemacht? Was habt ihr aus uns gemacht?", schreit sie.

„Ihr habt euch wieder den alten Vorstellungen gebeugt! Deine Selbstsucht und sein Hass", sie zeigt erst auf Julia, dann auf Pathein, „haben aus dieser Welt einen Trümmerhaufen gemacht, in dem aus zivilisierten Menschen raubende und mordende Monster geworden sind. Niemand hier wollte diesen blutigen Kampf. Ihr habt ihn herbeigeführt!"

Julia macht einen Schritt rückwärts. Der verletzte Arm hängt seltsam verdreht an ihrer Seite herab.

„Wenn wir uns nicht gewehrt hätten, würdet ihr immer noch auf euren Terrassen sitzen und die Aussicht genießen, während hier alle vor die Hunde gehen. Es wäre euch egal. Wir sollten euch töten!"

Drohend macht sie einen Schritt auf Julia und Pathein zu. Julia blickt in die Menge, als hätte sie dort jemanden erkannt. Fengliu packt sie an der Kleidung.

„Wo sind die Schlüssel für die Fahrzeuge der Lagerverwaltung?", fragt sie. „Ohne kommen wir hier nicht weg."

„Wo wollt ihr auch hin?", fragt Julia. „Seit der Kontrolltisch zerstört ist, ist die Grenze dicht. Hier kommt niemand raus."

„Das soll nicht deine Sorge sein", antwortet Fengliu schroff. „Wo sind die Schlüssel?"

„Der Kontrollstein ist an meiner Halskette", sagt Julia. Sie dreht sich zur Seite. „Aber den kann ich dir nicht geben", sagt sie. „Ich habe es geschworen."

Fengliu zischt wütend auf. Mit einer schnellen Bewegung reißt sie Julia die Kette vom Hals. Julia stöhnt, greift sich an die Kehle. Ihre Hand ist voller Blut. Fengliu reicht den Stein dem Mann, der Julia aus dem Haus gezerrt hat. Der rennt zusammen mit einigen anderen los, um das Haus herum, aus dem inzwischen eine schmale Rauchfahne in den Himmel steigt. Es dauert nicht lange, bis die Autos und Lastwagen der Lagerverwaltung vor dem Gebäude vorfahren.

„Mehr sind nicht übrig!", ruft einer.

„Es muss reichen", sagt Fengliu. „Alle aufsteigen!"

Ihre Bande gehorcht sofort. Einige von ihnen müssen sich außen an den Autos festklammern, um mitzukommen.

Fengliu kramt in einer Tasche und wirft Julia und Pathein je ein Stück Brot zu. „Hier, für euch. Nun wisst ihr, wie es sich anfühlt, von Almosen abhängig zu sein." Mit diesen Worten geht sie zu einem der Fahrzeuge hinüber.

„Wir werden diese Welt verlassen", ruft Fengliu Julia und Pathein zu. „Doch ihr, die ihr sie erschaffen und nichts daraus gelernt habt, ihr bleibt hier. Bleibt hier und lasst uns ein für alle Mal in Ruhe. Wir wollen mit eurem Hass und eurer Arroganz nichts mehr zu tun haben. Nie mehr. Wir wollen leben!"

Mit diesen Worten setzen sich die überladenen Fahrzeuge in Bewegung, an Pathein und Julia vorbei.

Ein letzter Wunsch

20. April 2105

Als das letzte Fahrzeug in der großen, roten Staubwolke verschwindet, beginnt Pathein zu husten. Julia beugt sich zu ihm hinunter und befreit ihn vorsichtig von den Fesseln. Doch als sie ihm aufhelfen will, stößt er sie weg. An seiner Seite ist eine tiefe Wunde zu sehen, aus der bei jeder Bewegung frisches Blut fließt.

„Lass mich in Frieden", stöhnt er. Er greift nach einem Stück Brot und erhebt sich mühsam. Nach einem letzten vernichtenden Blick Richtung Julia beginnt er, von ihr wegzuhumpeln. Betroffen sieht sie ihm nach. Sie spielt mit dem Gedanken, ihm einfach nachzulaufen, lässt es dann aber lieber.

Das Präsidialamt steht jetzt lichterloh in Flammen. Sie sinkt zu Boden und lehnt sich an die Laterne. Der Bauch lässt ihr kaum Luft zum Atmen. Doch sie lebt. Sie lebt.

Nachdem sie sich kurz ausgeruht hat, legt sie zum ersten Mal seit langer Zeit die Strecke zum Flugplatz zu Fuß zurück, in der Hoffnung, dort etwas Schutz zu finden. Es ist später Nachmittag, und die Ruinen werfen lange Schatten über den Unrat, der vom Wind über die sandigen Straßen gewirbelt wird.

Immer wieder nimmt sie Bewegungen wahr, bei denen sie gleichzeitig hofft und befürchtet, dass es sich um andere Menschen handeln könnte, die wie sie ums Überleben kämpfen. Doch sie begegnet niemandem.

Jeder Schritt tut weh. Entkräftet erreicht sie schließlich das Ankunftsgebäude am Flugplatz, das noch fürchterlicher zugerichtet ist als bei ihrem letzten Besuch. Es bereitet ihr Mühe, über den Schutt hinweg-zusteigen.

Sie betritt die Krankenstation und weicht sofort wieder zurück. Der Geruch nach Fäkalien und Chemie ist unerträglich. Langsam kämpft sie sich weiter durch das Gebäude. Überall sieht sie die Folgen der Zerstörungswut. Nur der kleine Raum der Weltidentität ist unver-sehrt. Offenbar hat es niemand über sich gebracht, den heiligen Ort zu entweihen.

Durch die hohen Fenster fällt sanftes Licht auf den hellen Granit-boden und beleuchtet das Buch der Weltidentität. Es kommt ihr wie eine Insel der Glückseligkeit vor, wie ein Wunder. Sie schiebt ein paar Hocker zusammen und legt sich darauf.

Sie tastet nach dem Brot und zieht es hervor. Warum hat Fengliu das gemacht? Wollte sie sie wirklich demütigen? Julia sieht sich plötzlich selbst arm und abgerissen vor ihrem eigenen Haus stehen, während oben in der Wohnung jemand hin- und herläuft und schöne Bilder malt. Dabei ist auch sie da unten ein Mensch wie jeder andere, hat auch sie das gleiche Recht darauf, in dieser Welt zu leben und glück-lich zu sein.

Vorsichtig bricht sie ein Stück Brot ab und schiebt es sich in den Mund. Und während sich das Brot in ihrem Mund auflöst, laufen ihr die Tränen über das Gesicht. Niemals hätte sie so gleichgültig sein dürfen. Sie weint und weint, bis sie schließlich erschöpft in einen tiefen, traumlosen Schlaf fällt.

Es ist dunkel, als sie wieder aufwacht, nur der Altar mit dem Buch der Weltidentität leuchtet schwach. Hat sich gerade ihr Kind bewegt? Oder ist da draußen etwas? Panik ergreift sie. Sie ermahnt sich, ruhig zu bleiben.

Eine große Leere breitet sich in ihr aus. Ihr Tod steht kurz bevor, sie kann es spüren. Doch irgendetwas in ihr ist noch ungelöst und muss gelöst werden. Und aus ihrer inneren Leere bildet sich ein Name, ein Mensch, mit dem sie noch in Frieden kommen muss, bevor sie stirbt. Pathein!

Mühsam steht Julia auf und tastet sich langsam durch die dunkle Flughafenhalle zum Ausgang, während der Müll und die Glasscherben unter ihren Füßen knirschen. Es kommt ihr sehr laut vor. Zweimal bleibt sie abrupt stehen, weil sie meint, etwas gehört zu haben. Doch da ist nichts. Als sie den Ausgang erreicht, sieht sie, dass schon die Morgendämmerung einsetzt. Was für ein wunderbares Licht.

Auf der gegenüberliegenden Straßenseite findet sie eine Metallstange, die sie als Stütze verwenden kann. Als sie auf die Straße zum Präsidialamt einbiegt und die Straßenlaterne erblickt, erschaudert sie. Auf dem Boden liegen immer noch die Seile, mit denen Pathein gefesselt war.

Wo kann er bloß sein? Aller Erschöpfung zum Trotz macht Julia sich auf den Weg, kreuz und quer durch die Siedlung. Sie lässt keine Straße, keinen Winkel aus. Sollte Pathein tot sein, das nimmt sie sich fest vor, will sie ihn zur Weltidentität bringen und dort so bestatten, wie es sich für seine Religion gehört. Und wenn es das Letzte ist, was sie tut.

Die Sonne steigt immer höher, und sie wird vor Hitze und Durst fast wahnsinnig. Manchmal muss sie sich kurz im Schatten ausruhen. Aber dann treibt der Gedanke sie wieder auf die Beine, dass sie ihn finden, ihm helfen muss, bevor es für sie und für ihn zu spät ist. Sie läuft erneut durch Gebiete und Straßen, die sie bereits durchquert hat. Vor den Ruinen des Roadhouse setzt sie sich erschöpft auf den Boden. Tränen laufen ihr über das Gesicht.

Sie will nicht sterben. Nicht ohne Verantwortung für Pathein übernommen zu haben. Nicht ohne ein Zeichen der Reue für ihr Verhalten. Ein Geier nähert sich kreisend dem Ort, an dem sie sich niedergelassen hat. Er wartet darauf, dass es mit ihr vorbei ist. Und auch mit Pathein. Die Wunde hat tief und gefährlich ausgesehen, er muss fürchterlich gelitten haben.

Julia beobachtet den Geier, der vor dem strahlend blauen Himmel dahingleitet. Seine Kreise werden größer und wieder kleiner, bleiben aber immer in ihrer Nähe. Ihm ist es egal, wie lange er warten muss.

Er hat Zeit. Auch wenn es auf der Welt keinen einzigen Menschen mehr gäbe, würde der Geier weiter seinem Jagdtrieb nachgehen.

Überhaupt würde es nicht weiter auffallen, wenn die Menschen nicht mehr da wären. Doch dann hätte die Menschheit ihre Aufgabe nicht erfüllt. Dann hätte sie nicht, wie überall in der Weltidentität niedergelegt, ihren Beitrag dazu geleistet, eines Tages ein neues Universum zu erschaffen. Dann würde sie der Spur derer folgen, die bereits vor ihnen ausgestorben sind. Sie würde Platz machen für andere, bessere Wesen, irgendwo im Universum.

Wieder strampelt das Kind in Julias Bauch. Diesmal trifft es den Solarplexus. Sie kippt zur Seite und bekommt ein paar Sekunden lang keine Luft mehr. Als sie sich wieder aufrichtet, beginnt sie zu lachen. Die Welt mag ja untergehen, doch die schöpferische Kraft, die das Universum erschaffen hat, muss viel Humor haben.

Oben am Himmel schiebt sich eine Wolke vor die Sonne. Julias Blick streift über die Landschaft. Da sieht sie ein Flirren, ein Stück entfernt von ihr auf dem Hügel, genau an der Stelle, wo der Baum des Lebens steht. In diesem Moment bricht die Sonne wieder hervor. Julia kneift die Augen zusammen. War es nur das Licht, eine optische Täuschung? Oder sind seine Blätter wirklich wieder heller?

Sie rafft sich auf und schafft es, auf die Beine zu kommen. Langsam geht sie über die Straße. Als sie den Hügel erklimmt, versagen ihr immer wieder die Beine. Ihrem Kind scheint das nicht zu gefallen, es strampelt wie wild. Schließlich hat sie es geschafft.

Der Anblick ist überwältigend. Als sie den Baum des Lebens das letzte Mal gesehen hat, war er tot und abgestorben, voller Enttäuschung über den widerwärtigen Egoismus der Menschheit. Nun erstrahlt er in voller Blüte und erzeugt ein Leuchten, das Julia alles um sich herum vergessen lässt.

Der Baum des Lebens

21. April 2105

Pathein hört sie kommen. Es ist, als begänne sein Herz von innen zu leuchten.

„Julia", sagt er heiser. „Schau! Der Baum!" Er lächelt schwach.

„Er blüht wieder!", haucht sie andächtig. „Wie kann das sein?"

„Er war tot", sagt Pathein. Er hält die Augen geschlossen. „Aber ich hatte ganz dringend das Bedürfnis zu reden. Mit ihm zu reden. Also haben wir uns die ganze Nacht unterhalten, der Baum und ich." Wieder lächelt er schwach. Wann hat er schon einmal mit einem Baum gesprochen? Er spürt, wie Julia sich neben ihn setzt. Vielleicht lächelt sie ihn an. Nichts wünscht er sich sehnlicher.

„Es war, als die Sonne aufging", murmelt er. „Ich habe begriffen, dass ich die Beleidigungen der Welt nicht länger mit Hass beantworten darf. Wir sind über Jahrhunderte misshandelt und geknechtet worden, ja. Aber die Welt hat nur dann eine Zukunft, wenn es uns gelingt, unseren Hass zu überwinden. Wenn wir anerkennen, dass ihr euch wirklich verändern wollt, werdet ihr uns die Wertschätzung geben, die wir verdienen. Wir wollen von euch gesehen werden, wie wir sind, von euch angenommen und geliebt werden.

Ich muss lernen zu verzeihen, so wie ihr bereit sein müsst, euren Teil an Verantwortung für die Welt zu übernehmen. Das gehört zusammen, es bedingt einander. Und die Welt kann nur heilen, wenn beides passiert. Als mir das am Morgen klar wurde, hat der Baum des Lebens innerhalb von wenigen Minuten angefangen zu blühen und zu leuchten. Da wusste ich, dass du mich finden würdest. Dass du mich befreien würdest!"

Pathein spürt, wie Julia ihm vorsichtig eine Hand auf die Schulter legt. Dann fängt sie leise zu weinen an. Er öffnet die Augen. Der Baum des Lebens funkelt, als wäre nie etwas vorgefallen.

„Wir haben es doch nur gut gemeint", sagt Julia leise. „Was haben wir falsch gemacht?"

„Dein Kampf für mehr Freiheit und meiner für mehr soziale Gerechtigkeit, sie waren immer richtig. Aber wenn man nicht aufpasst, werden Ideale zu Extremen und so zu einem Nährboden für die Browns, Lowlands und Gasas dieser Welt, die sie für ihre persönlichen Zwecke nutzen. So haben wir genau das Gegenteil von dem erreicht, was wir ursprünglich wollten. Wir müssen die Verantwortung für das Elend übernehmen, das über unsere kleine Welt gekommen ist."

„Die tragen wir jetzt schon", bemerkt Julia. „Wir drei. Aber wenigstens haben wir Frieden miteinander gefunden."

Pathein spürt, wie sich Julias Bauch zusammenzieht. Sie stöhnt auf und schiebt sich von ihm weg. Als sie sich auf dem ausgekugelten Arm abstützt, schreit sie auf. Sie atmet keuchend, bis der Schmerz vorüber ist. Dann tastet sie nach Patheins Hand und legt sie auf ihren Bauch. Er spürt, wie sie zittert.

„Es ist deins", flüstert sie. So leise, dass es kaum zu hören ist.

„Ich weiß", antwortet er sanft. „Ich wusste es vom ersten Tag an."

„Vom ersten Tag an? Woher?"

„Ich wusste es einfach."

Julia sieht Pathein zaghaft an. „Kannst du mir meine Arroganz wirklich vergeben?"

Pathein hört die Angst in ihrer Stimme.

„Ja", antwortet er schlicht. „Ich will, dass wir uns alles verzeihen. Lass uns in die Zukunft sehen, nicht in die Vergangenheit." Er spürt ihre Tränen, die auf sein Gesicht fallen. Sie vermischen sich mit seinen eigenen. Eine Weile bleiben sie still so sitzen. Dann wird die Hitze unerträglich.

„Wir müssen los", sagt Julia.

Pathein lacht auf. „Wie bitte?"

„Hier will ich nicht sterben!"

Julias Feststellung trifft Pathein wie ein Schlag.

„Ich will in die Weltidentität. Dort soll das Kind geboren werden, dort will ich mich von der Welt verabschieden."

Mühsam kommt sie auf die Beine. „Steh auf, Pathein, komm schon!" Sie gibt nicht nach. Unter großen Schmerzen gelingt es ihm, sich aufzurichten. Sie klammern sich aneinander fest. Keiner wird den anderen halten können, wenn er stürzt. Doch die Gemeinsamkeit gibt ihnen Mut und mit viel Glück schaffen sie es den Hügel hinunter bis zur Hauptstraße.

Wie an unserem ersten Abend in Anninarra, denkt Pathein. Es ist ein bitterer Gedanke. Warum haben wir nicht alles anders gemacht? Dann könnten wir jetzt glücklich sein. Am Roadhouse, direkt unter dem Fenster von Julias altem Zimmer, bricht er zusammen. Julia stützt sich am Gemäuer ab und beugt sich zu ihm herunter.

„Ich schaffe es nicht, Julia. Du musst dich um dich selbst kümmern. Lass mich hier. Ich will hier sterben!"

Julia schießen die Tränen in die Augen. „Dann sterben wir beide hier! Ich lass' dich nie wieder allein."

Trotzig kneift sie die Lippen zusammen. Pathein fallen vor Erschöpfung die Augen zu. Als er sie wieder öffnet, steht Julia mit einer Schubkarre neben ihm. Er spürt, wie sie sich zu ihm hinabbeugt und versucht, ihn mit einer Hand nach oben zu ziehen. Dabei stöhnt sie laut vor Schmerzen. Pathein beißt die Zähne zusammen. Er blickt nach oben in ihr zerschundenes Gesicht, das sich scharf vor dem wolkenlosen Himmel abzeichnet. Von ihrem Hals zum linken Griff der Schubkarre hat sie einen Gürtel gebunden, um den kaputten Arm zu ersetzen.

Er hört, wie sie tief Luft holt. Als sie die Karre anhebt, schreit sie erneut auf. Pathein denkt erschrocken an das Kind in ihrem Bauch, dann fallen ihm wieder die Augen zu. So arbeiten sie sich Meter für Meter bis zum Flugplatz vor. Julia stöhnt bei jedem Schritt. Patheins Herz wird ganz weich. Wie hat er sie je alleinlassen können?

Die letzten Meter durch das dunkle Flughafengebäude sind die schlimmsten. Völlig erschöpft erreichen sie die Weltidentität. Dass es Julia noch gelingt, Pathein aus der Karre zu wuchten, grenzt an ein Wunder. Dann fallen beide sofort in einen tiefen Schlaf.

Die Hochzeit

22. April 2105

Sie erwachen Arm in Arm, als wären sie nie getrennt gewesen. Julia dreht sich um und schläft sofort wieder ein. Müde sieht sie aus. Kein Wunder, nach allem, was passiert ist. Pathein gelingt es aufzustehen. Er macht sich auf die Suche nach etwas Essbarem. Als er zurückkommt, ist Julia wach. Sie hat die Hände auf ihren Bauch gelegt.

„Ich bin mir sicher, dass es heute so weit ist."

Pathein reicht ihr etwas zu essen und zu trinken. Viel hat er nicht gefunden. Keiner von ihnen wird satt. Trotzdem sehen sie sich zärtlich an. Pathein streckt die Hand aus. Es liegen zwei kleine hölzerne Ringe darauf.

„Ich habe sie von einer Gardinenstange abgenommen." Er legt sie ihr bedeutungsvoll in die Hand und sieht sie gespannt an.

„Ja, ich will", sagt Julia und lächelt. Pathein beugt sich vor und küsst sie. Gemeinsam wanken sie zum Buch der Weltidentität. Entschlossen legt Pathein die rechte Hand darauf. Sofort leuchtet das Buch auf. Die Aufzeichnung beginnt.

Mit klarer Stimme spricht Pathein: „Julia Avalux, stellvertretend für die ganze Welt nehme ich dich hiermit zu meiner angetrauten Frau. Ich will dich lieben, achten und ehren, alle Tage meines Lebens, in guten und in schlechten Zeiten, in Gesundheit und Krankheit, bis dass der Tod uns scheidet. Trage diesen Ring als Zeichen meiner Liebe und Treue." Er steckt ihr den Ring auf den Finger.

Julia antwortet: „Pathein U Tin, stellvertretend für die ganze Welt nehme ich dich hiermit zu meinem angetrauten Mann. Ich will dich lieben, achten und ehren, alle Tage meines Lebens, in guten und in schlechten Zeiten, in Gesundheit und Krankheit, bis dass der Tod uns scheidet. Trage diesen Ring als Zeichen meiner Liebe und Treue." Und auch sie steckt ihm einen Ring an. Dann küssen sie sich.

Das Buch der Weltidentität leuchtet heller denn je. Julia legt die rechte Hand hinein und Pathein die linke auf ihre.

„Was bleibt uns jetzt noch?", fragt er leise.

„Ich würde so gern noch die Reisfelder sehen, die deine Familie ernährt haben, und an ihrem Grab Blumen niederlegen. Ich würde so gern noch verstehen, was dir wichtig ist. Damit es auch für mich wichtig wird."

Pathein blickt sehnsüchtig aus dem Fenster. „Ich will die Welt durch deine Augen sehen. Das soll mich inspirieren und zu einem Teil von mir werden. Für dich. Für uns."

Dann öffnen Julia und Pathein den Weltvertrag und unterschreiben ihn. Nach einigen Momenten der Stille, in denen sie ruhig vereint beieinanderstehen, beenden sie die Aufzeichnung. Langsam verdunkelt sich das Buch. Beiden ist andächtig zumute.

„Und jetzt", fragt Julia leise, „legen wir uns hier also zum Sterben nieder?" Der Satz klingt in der Stille des Raumes nach. Plötzlich stößt sie einen Schrei aus und krümmt sich. Das muss eine Wehe sein!

Leise und bestimmt sagt Pathein: „Ich will nicht, dass unser Kind hier stirbt. Und wenn es nur ein paar Meter sind, ich will hier raus."

Julia nickt. Pathein hilft ihr, sich aufzurichten, und führt sie langsam zur Schubkarre, die immer noch direkt neben der Tür zur Weltidentität steht. Sicher sind sie das trostloseste Paar, das die Welt je gesehen hat. Pathein mit einer Wunde, die sich kaum geschlossen hat, Julia stöhnend und voller Schrammen. Aber immerhin sind sie nun vereint, haben endlich verstanden und begriffen.

Mit der frischen Luft wachsen ihnen neue Kräfte zu. Die Siedlung, die sie nun verlassen, ist in einem erbärmlichen Zustand. Kein bisschen Grün ist mehr vorhanden, das verbliebene Wasser in dem Bach glänzt ölig schwarz, die Häuser sind niedergebrannt und geplündert.

Ruinen, wohin man nur blickt. Das alles ist in wenigen Monaten aus dem einst blühenden Anninarra geworden. Sie erreichen das Farmhaus, das hinter der zertrümmerten Recyclingfabrik liegt. Als sie es an den zerschlagenen Gewächshäusern mit den toten Pflanzen und dem Panzerdenkmal vorbeigeschafft haben und die Wüste vor ihnen liegt, schreit Julia erneut laut auf.

Die Rettung

22. April 2105

O Gott! Die Fruchtblase! Julia spürt, wie es zwischen ihren Beinen nass wird. Gleich darauf kommt eine neue Wehe. Pathein schiebt weiter, immer weiter, ohne Pause, trotzig, mit leerem Kopf. Dutzende von Kilometern liegen noch vor ihnen.

„Halt an!", ruft Julia. „Das hat keinen Sinn. Wir schaffen es nicht."
Mit letzter Kraft hebt Pathein Julia bei einem alten Holzpfosten aus der Schubkarre und schleppt sie durch die sengende Hitze zu einem Felsen. Dort sinkt er mit ihr zu Boden. Um sie herum ist alles wie Nebel.

„Bereust du, dass wir uns gefunden haben?", hört sie ihn fragen. Julia schüttelt den Kopf. Sie spürt Patheins Körper an ihrem. Plötzlich durchfährt ihn ein Ruck. Sie hört seine krächzende Stimme, die etwas sagen will, es aber nicht mehr herausbringt, und folgt seinem Blick nach oben. Über ihnen kreisen Geier. Eine weitere Wehe kommt und Julia beginnt wieder zu keuchen. Da schiebt sich etwas Riesiges, Schwarzes in ihr Blickfeld und sie erstarrt. Über ihnen türmt sich ein gigantischer Kampfroboter auf. Panisch blickt sie um sich: Er ist nicht allein. Die ganze Umgebung ist voll von ihnen, es müssen Dutzende sein. Sie drückt sich gegen den Felsen.

Patheins Hand greift fest nach ihrer und sie dreht sich zu ihm um. Sie spürt seine Wärme und Nähe, und trotz allem ist da ein tiefes Gefühl der Geborgenheit. Wenn es jetzt vorbei ist, dann ist es vorbei. Hauptsache, sie sind zusammen. Patheins Mund umspielt ein ernstes, ermutigendes Lächeln, seine Augen leuchten dunkel. Julia atmet seufzend aus, dann verliert sie das Bewusstsein.

Jemand zerrt an ihren Schultern und schreit. Sie sieht Patheins angstverzerrtes Gesicht vor sich auftauchen und im nächsten Moment wieder verschwimmen. Eine Flasche Wasser wird ihr an die Lippen gehalten. Sie trinkt gierig und verschluckt sich. Keuchend dreht sie sich auf die Seite und kommt auf ihrem verletzten Arm zu liegen. Sie schreit auf und erbricht sich. Dann trifft sie eine heftige Wehe.

„Kommen Sie, kommen Sie", sagt eine fremde Stimme von ganz weit weg. Ein Mann in Polizeiuniform kniet vor ihr, und noch ein zweiter. Zusammen ziehen sie Julia hoch. Sie windet sich panisch. Rings um sie herum haben sich Kampfmaschinen versammelt. Die Männer halten sie fest.

„Ruhig, ganz ruhig!", beruhigt sie der ältere der beiden. „Keine hektischen Bewegungen."

Julia weiß nicht, wie ihr geschieht. Aber sie hat keine Kraft mehr, sich zu wehren. In ihrem Bauch tobt es. Sie lässt sich von den Männern wegtragen. Am Wagen angekommen, stützt sie einer der beiden, während der andere die Türen öffnet und ins Auto klettert. Gemeinsam schieben und ziehen sie Julia auf die Rückbank. Dann laufen sie zurück, um Pathein zu holen.

Ein harter Schlag erschüttert das Auto. Dazu ein schreckliches Quietschen von Metall auf Glas. Ein Kampfroboter hat ein Bein auf den Kofferraum des Autos gestellt. Seine Augen fixieren Julia. Sie kommen ihr fast menschlich vor. Liest sie Gier darin oder Mitleid? Nein, es ist etwas ganz anderes. Es ist vollkommene Gleichgültigkeit. Ihm ist egal, ob sie stirbt, ob die ganze Menschheit stirbt. Er ist nur eine Maschine, die ihr Programm ausführt.

Die Polizisten schieben nun Pathein zu Julia auf die Rückbank. Dann nehmen sie vorn im Auto Platz. Vorsichtig und ganz langsam kommandieren sie das Fahrzeug, Zentimeter für Zentimeter fährt es los. Noch einmal das schreckliche Quietschen. Der Kampfroboter hat sein Bein nicht bewegt. Seine Kralle durchtrennt die Kofferraumklappe mit einem scharfen Schnitt. Doch das Fahrzeug kommt frei.

Langsam und vorsichtig fahren sie an den Robotern vorbei. Mehrfach müssen sie nach links und rechts ausweichen, um nicht mit einem von ihnen zusammenzustoßen, einmal sogar unter einem durchfahren. Doch die Maschinen verfolgen sie nicht. Julias Wehen kommen nun immer dichter aufeinander. Sie fahren weiter, quälend langsam, während Julia laut schreit, bei jeder Wehe, immer wieder, und die Polizisten anherrscht, schneller zu fahren. Schneller! Schneller!

Sobald sie außer Sichtweite der Kampfroboter sind, rast das Fahrzeug los. Julias Bauch droht zu zerreißen, während sie durch das Auto geschleudert wird. Verzweifelt greift sie nach Pathein. Doch der reagiert nicht. Sein leblos wirkender Körper wird neben ihr hin und her geworfen.

Endlich erreichen sie die Grenze. Dahinter befindet sich eine unglaubliche Anzahl an Fahrzeugen und Zelten. Julia schreit, und nun kommt das Kind wirklich. Der Wagen bremst abrupt ab, der Fahrer springt aus dem Auto und rennt davon. Julia schreit und schreit. Der Polizist im Cockpit versucht erfolglos, sie zu beruhigen. Da kommt sein Kollege zurück. Er reißt die Tür auf und Julia sieht, wie er einen Arzt zu ihr hineinstößt. Dann verliert sie erneut das Bewusstsein.

TEIL 5
DIE NEUE WELT

Helin Aditi

24. April 2105

„Er kommt zu sich", dröhnt eine Stimme von oben. Langsam öffnet Pathein die Augen. Ein Mann blickt auf ihn herab. Dunkle Haare, grüner Kittel. Braune Augen. Auf der Stirn eine tiefe Falte.

„Wo bin ich?"

„Ruhig", mahnt der Mann und legt ihm eine Hand auf die Schulter. „Sie sind in Sicherheit. Sie waren zwei Tage lang bewusstlos." Hinter ihm sieht Pathein eine Vielzahl medizinischer Apparaturen blinken, piepsen und zischen. Der Arzt lächelt ihm ermutigend zu, dann verschwindet er aus seinem Blickfeld.

Vorsichtig beginnt Pathein, seinen Körper zu erkunden. Er spürt Bandagen, Schläuche, Metallklammern. Dann wird sein Atem schwer, alles verdunkelt sich wieder. Neben ihm erscheint eine Frau. Sie sieht aus wie Julia. Eng umschlungen tasten sie sich bei Nacht fröhlich einen Berg herab. Doch auf einmal verzerrt sich das Gesicht der Frau zu einer schrecklichen Grimasse. Sie schreit vor Schmerzen. Ihr Leben ist in Gefahr. Kalter Schweiß läuft an Pathein herab, sein Herz rast. Erschrocken öffnet er die Augen und blickt direkt in eine kreisrunde Deckenlampe. Eine Krankenschwester beugt sich über ihn.

„Kommen Sie zurecht?", fragt sie. Pathein atmet ganz langsam aus. Er nickt schwach. Vorsichtig legt die Frau ein kleines Bündel an seine Seite.

„Ihre Tochter."

Das Baby!, denkt er erleichtert. Meine Tochter! Zärtlich greift er nach ihr, ganz vorsichtig. Ihre Haut ist rosa, die Finger winzig klein.

Pathein will etwas sagen, doch seine Stimme versagt. Die Kranken-schwester beugt sich zu ihm herunter, und er krächzt: „Wo ist Julia?"

Mit ernstem Blick schiebt die Krankenschwester das Bett zur Seite, bis es an ein anderes stößt. Sein linker Unterarm berührt sanft einen anderen. Pathein bekommt eine Gänsehaut. Er dreht sich zur Seite. Dort liegt jemand in Verbände gehüllt und an Maschinen ange-schlossen. Langsam greift er nach ihren Fingern und berührt sie. Ihre Hand öffnet sich ein wenig. Du musst durchhalten, Julia! Halte durch!

Leise beginnt das Kind in seinem Bett zu weinen. Sofort ist die Krankenschwester da und nimmt es vorsichtig wieder an sich. Tränen fließen Pathein übers Gesicht. Mein Kind! Meine Frau! Nie mehr werde ich euch verlassen. Nie mehr!

Ein neues Leben

26. April 2105

Zwei Tage kreisen all seine Gedanken nur um Julia. Stumm starrt er aus dem Fenster auf eine kleine Grünfläche, auf der ein paar Vögel herumhüpfen.

Da hört er auf einmal, wie jemand seinen Namen sagt. „Pathein?" Er schreckt auf. Julia! Schnell greift er nach dem Gehstock und ruft nach der Krankenschwester. Als sie sieht, dass Julia aufgewacht ist, legt sie ihr behutsam das Baby in den Arm. Julias Gesicht beginnt zu leuchten.

„Mein Baby", haucht sie.

„Ja", sagt Pathein. „Unsere Tochter!"

Eine ganze Weile sind sie still. Doch der friedliche Moment währt nur kurz. Plötzlich verengen sich Julias Augen. „Pathein, was habe ich nur getan?"

Er ergreift ihre Hand und betrachtet die Vögel, die draußen immer noch im Grünen herumhüpfen.

„Was haben *wir* getan?", korrigiert er sie leise. „*Wir* haben uns falsch verhalten. *Wir* hätten wissen können – wissen *müssen!* –, dass unsere Welten zum Überleben aufeinander angewiesen sind. Hätten wir auf unsere Herzen gehört und uns auf unsere Gemeinschaft konzentriert, wäre nichts von alldem passiert."

Julia schluckt schwer. „Ich fühle mich schrecklich", sagt sie mit schwacher Stimme, und Tränen rinnen ihr über das Gesicht.

Pathein streicht zart über Julias Hand. „Ich auch", doch das hört sie schon nicht mehr. Sie ist schon wieder eingeschlafen.

Unglaubliche Geschichten

27. April 2105

Nachdenklich betrachtet Julia das Frühstückstablett vor sich auf dem Bett. Das heiße Wasser beschlägt die Innenseite des Teeglases. Es ist zehn Tage her, dass sie das letzte Mal richtig gefrühstückt hat. Während der Belagerung. Während Andrej immer wieder die Treppe hoch und runter lief. Später lag er tot auf den Stufen. Andrej. Schnell schiebt Julia das Tablett von sich weg.

Die Krankenstation ist voll mit Menschen, die in Anninarra beinahe ums Leben gekommen wären. Von überall treffen sie vorwurfsvolle Blicke und feindliche Kommentare. Jetzt, wo die Grenze offen ist, sind die Aufzeichnungen aus Anninarra mit allen schockierenden Einzelheiten in die ganze Welt gelangt. Wie habe das nur passieren können, fragen sich seither alle. Wo das Neue doch schon zum Greifen nah war, die Vorteile für alle so offen auf der Hand lagen.

Plötzlich steht Babro Ackland mit einem kleinen Strauß Blumen im Zimmer. Sie sieht Julia freundlich an. „Ich wollte nur kurz nach dir schauen und dir sagen, wie froh ich bin, dass ihr es geschafft habt. Ich hoffe, ihr seid bald wieder ganz gesund. Und natürlich alles Gute zur Geburt eurer Tochter!"

„Helin Aditi", sagt Julia und lächelt dem Kind in der Wiege zärtlich zu, während Ackland eine Vase mit Wasser füllt und die Blumen auf dem Nachttisch platziert.

„Ein schöner Name", antwortet sie.

Julia lächelt sie an. Dann verdüstert sich ihre Miene wieder. „Es ist so fürchterlich, was in Anninarra passiert ist."

Ackland lächelt sie aufmunternd an. „Das hier ist die neue Welt. Sei froh, dass ihr hier angekommen seid. Alles Weitere wird sich finden."

Ihr Lesegerät summt kurz auf. „Entschuldigung, ich habe leider nicht viel Zeit heute", seufzt sie und greift nach Julias Händen. „Peter, sein Mann und ich haben viel zu erledigen. Aber ich wollte dich wenigstens kurz sehen."

„Peter? Peter Sturt?"

„Hat es dir noch niemand erzählt?", fragt Ackland.

„Aber Brown hat doch gesagt, ..."

„Brown!", erwidert Ackland verächtlich. „Der hätte niemals etwas zu sagen haben dürfen."

„Nirgends auf der Welt", sagt Julia mit düsterer Stimme. „Auch das muss ich auf meine Kappe nehmen."

Noch einmal beugt sich Ackland zu ihr herab und drückt sie. „Bleib zuversichtlich. Es wird sich alles finden. Du wirst sehen."

Dann ist Julia wieder allein. Sie zwingt sich, ein paar Bissen herunterzuwürgen. Nach einiger Zeit kommt Pathein ins Zimmer, hinter ihm erscheint der Stationsarzt.

„Es scheint Ihnen schon besser zu gehen. Sehr gut! Bald denken Sie nicht mehr an das, was in Anninarra vorgefallen ist."

Pathein schüttelt den Kopf. „Sie können sich sicher sein, dass wir das nie vergessen werden."

„Auch wenn wir immer noch nicht verstanden haben, was eigentlich genau passiert ist", fügt Julia hinzu und sieht den Arzt fragend an.

„Es ist auch eine wirklich unglaubliche Geschichte. Ich bin mit den ersten Polizeikräften im September hierhergekommen. Kurz darauf wurde die Freie Republik ausgerufen, dann waren plötzlich die Grenzen dicht, sodass wir aus Anninarra keine Informationen mehr bekamen. Wir machten uns große Sorgen. Standen Tag für Tag, Woche für Woche diesen riesigen Kampfrobotern gegenüber. Und dann ..."

Der Arzt schüttelt langsam den Kopf, als könne er selbst noch nicht ganz glauben, was er erlebt hat. „Als die Polizisten am 21. April morgens den Dienst begannen, haben sie ihren Augen nicht getraut.

Dutzende von Fahrzeugen kamen auf einmal auf die Grenze zugerast, begleitet von einigen Hundert Kampfrobotern. Und dann, stellen Sie sich das vor, sind die Autos einfach über die Grenzstation hinaus zu uns in die Freiheit gefahren! Einfach so! Wagen für Wagen!"

„Und die Roboter?", flüstert Julia.

„Sind an der Grenze stehen geblieben. Uns direkt gegenüber."

Stille breitet sich im Raum aus. „Viel Zeit zum Wundern blieb jedenfalls nicht", sagt er. „Noch nie habe ich Menschen in einem so schlimmen Zustand gesehen. Ausgetrocknet, ausgehungert, vergiftet. Körperlich am Ende, und allesamt traumatisiert von dem, was sie erlebt hatten." Er macht eine Bewegung, als würde er versuchen, etwas von sich abzuschütteln.

„Noch immer standen Hunderte Kampfroboter auf der anderen Seite der Grenze", fährt er fort. „Die Geräuschkulisse war unbeschreiblich. Sie haben sich wie wild bewegt, sind wie irre herumgetanzt. Wir alle waren völlig überfordert mit der Situation.

Zuerst dachten wir, dass nun alle gerettet waren. Bis sich herausstellte, dass Sie noch da drin waren und am Leben sein könnten. Dann gingen die Diskussionen los, was wir tun könnten, hin und her, bis die Polizeiführung entschied, nichts zu unternehmen, damit die Kampfroboter nicht weiter provoziert würden in dieser angespannten Situation. ,Sicherheit zuerst!', der Werbespruch unserer Polizei", sagt der Arzt und lächelt dabei still.

„Doch zwei Polizisten wollten unbedingt nachschauen, ob Sie noch leben und gerettet werden können. Sie haben sich über alle Anweisungen hinweggesetzt und auf den Weg gemacht, sind einfach mit dem Polizeiwagen auf die Kontrollstation zugefahren, haben stark beschleunigt. Jeder hat damit gerechnet, dass ihr Auto in Flammen aufgehen würde, sobald es die Grenze erreicht."

Der Arzt lächelt. „Aber ihnen ist rein gar nichts passiert. Sie haben die Grenze überquert und sind einfach weitergerast. Die Kampfroboter hinterher. Wir dachten, wir würden sie niemals lebend wiedersehen."

Julia schaut zu Pathein, der betroffen wirkt. „Wie heißen die beiden?"

„Wirrpanda und Colbung", sagt der Arzt. „Die zwei sind hier aus der Gegend."

„Wir werden uns bei ihnen bedanken", murmelt Julia. „Sie haben uns das Leben gerettet."

„Nicht nur Ihres", sagt der Arzt. „Nachdem klar war, dass man nicht gleich getötet wird, wenn man die Grenze überschreitet, wurde nach weiteren Überlebenden gesucht. Brown zum Beispiel hat man in einem Erdloch gefunden."

Der Arzt beugt sich ein kleines Stück nach vorn. „Aber tun Sie das. Zeigen Sie sich der ganzen Welt gegenüber für Ihre Rettung erkenntlich. Erzählen Sie allen von Anninarra, damit sie daraus lernen können. Zeigen Sie ihnen, dass Sie beide ab sofort und für immer ein Vorbild sein wollen. Kämpfen Sie für eine bessere, gerechtere Welt. Einen besseren Dank können Sie der Welt und damit auch Ihren beiden Rettern nicht erweisen."

Nach diesen Worten wendet er sich zur Tür.

„Warum haben sich die Kampfroboter am Schluss so merkwürdig verhalten?", fragt Julia ihn noch.

Er bleibt im Türrahmen stehen. „Man vermutet, dass es am Brand im Präsidialamt liegt, der den Steuerungstisch zerstört hat. Von menschlichem Verhalten lernende Roboter … Diese Dinger sind sehr sensibel. Aber wer weiß das schon so genau."

Er macht einen Schritt in den Flur, dann dreht er sich noch einmal um. „Oder es waren der Hass und die Arroganz der Menschen in Anninarra, die die Maschinen schließlich verrückt gemacht haben. So wie sie früher die ganze Welt verrückt gemacht haben. Es wird Zeit, dass wir das endlich hinter uns lassen." Damit geht er.

Julia verzieht den Mund zu einem schiefen Lächeln. „Mir scheint", wendet sie sich Pathein zu, „wir haben nur deswegen überlebt, weil wir uns am Ende doch noch gefunden haben. Nur so konnten uns auch andere finden."

„Nur schade, dass wir uns erst so spät gefunden haben", antwortet Pathein. „Wir hätten uns und vielen anderen viel Leid ersparen können."

Julia nickt betroffen. „Wir haben den Arzt gehört. Das wird unsere Botschaft an die Welt sein: Fangt sofort damit an, die Welt gerechter zu machen. Wartet nicht zu lange ab!"

Pathein setzt sich auf das Bett, sodass sie sich in den Arm nehmen können. Julia zieht die Wiege näher heran und greift vorsichtig nach ihrer Tochter. So bleiben sie sitzen, bis ein Krankenpfleger Pathein zu einer Untersuchung abholt.

Später am Tag bekommt Julia noch eine unerwartete Besucherin. Als sie sich umarmen, spürt Julia, dass Fenglius Gesicht vor Tränen ganz weich ist. Sie drückt sie noch etwas fester an sich, obwohl ihre Wunden immer noch schmerzen.

„Was haben wir in Anninarra bloß aus uns gemacht?", seufzt Fengliu mit rauer Stimme. „Wir waren wie Tiere! Gibt es für die Zukunft noch Hoffnung, wenn so etwas möglich ist?"

„Wir sind wider Willen so geworden. Aber wir hätten umkehren können, umkehren müssen. Alles das hatte seine eigene, grausame Logik, auf die wir uns nie hätten einlassen dürfen. Nichts entbindet uns von unserer Verantwortung und jeder von uns hat die Konsequenzen dafür zu tragen."

„Ich weiß", sagt Fengliu heiser.

Julia blickt sie ernst an. „Ich habe weitaus mehr Schuld als du. Ich hoffe, dass du mir verzeihen kannst und dass wir Freundinnen bleiben."

Auf Fenglius Gesicht erscheint ein vorsichtiges Lächeln. „Es gibt nichts, über das ich mich mehr freuen würde."

Am Abend erfährt Julia aus den Nachrichten, dass William Brown um Einrichtung einer Wahrheitskommission gebeten hat, um sich von allen gegen ihn erhobenen Vorwürfen freisprechen zu lassen. Dieser eitle Tölpel! Er besteht darauf, dass alles, was er getan hat, richtig war, und die Welt falschliegt.

Doch bald wird es dem Vorsitzenden zu bunt. „Bauen Sie sich doch einfach Ihre Weltraumrakete!", herrscht er Brown an. „Dort können Sie so viel von sich selbst erzählen, wie Sie nur wollen, ohne dass wir es hören müssen. Wir wären Sie gern endgültig los."

Brown ist fassungslos. „Bilden Sie sich bloß nichts ein", zischt er. „Das werde ich tun! Sie werden schon sehen, was Sie davon haben."

Es ist die wohl kürzeste Sitzung einer Wahrheitskommission, die es je gegeben hat.

„Traurig, dieser Mann", sagt Pathein, als sie später darüber reden, und grinst dabei über das ganze Gesicht.

„Ja, wirklich traurig", lächelt Julia. „Hoffen wir, dass er irgendwann noch einmal zur Besinnung kommt."

Ein neuer Anfang

4. Mai 2105

„Ich bin bereit für meinen ersten Arbeitstag", sagt Pathein, als er ein paar Tage später Julias Zimmer betritt. Sie blickt vom Sessel auf. Mit dem Kopfverband sieht sie immer noch versehrt aus.

„Bringst du mich noch bis zur Tür?", fragt er. Julia steht vorsichtig auf und hakt sich bei ihm unter. Auf dem Weg zum Ausgang kommen sie am Aufenthaltsraum vorbei, in dem nur noch einige wenige Patienten sitzen. Bald schon soll die Krankenstation ganz aufgelöst werden.

„Geht es Ihnen besser?", ruft einer von ihnen Julia zu. Sie senkt die Augen und geht schnell weiter. Schweigend erreichen sie den Ausgang. Dort nimmt Pathein sie in den Arm.

„Ich weiß, wie es dir geht", flüstert er so leise, dass niemand sonst ihn hören kann.

„Ich komme mir vor wie der letzte verdammte Idiot. Als wäre ich die Letzte auf diesem Planeten, die begriffen hat, worauf es wirklich ankommt."

Pathein schaut sie liebevoll an.

„Das geht mir ganz genauso. Lass mich nun mithelfen, dass wir ab jetzt nach vorn blicken können."

Er lächelt ihr noch einmal zu, dann ist er weg. Langsam macht sich Julia auf den Weg zurück ins Zimmer.

Abschied

Einige Tage später ist es so weit. „Du bist einfach wunderbar", flüstert Julia Helin Aditi zu und drückt ihr die Nase in den Bauch. Sie nimmt ihre in eine Decke gehüllte Tochter auf den Arm. Noch sind nicht all ihre Wunden verheilt. Die Ärzte machen ihr Mut, aber es wird wohl noch etwas dauern.

Auf dem Flur stapeln sich zahlreiche Kisten. Der Abbau der Station hat begonnen. Die Krankenschwester steht schon an der Hintertür und wartet. Sie lächelt Helin Aditi an. Daran muss Julia sich noch gewöhnen. Jetzt ist die Kleine der neue Mittelpunkt. Draußen ist es angenehm warm. Julia braucht einen Moment, um sich an die Helligkeit zu gewöhnen. Dann erst sieht sie, wie strahlend blau der Himmel ist.

Ein gläsernes Auto wartet schon auf sie. Vorsichtig legt sie Helin Aditi in die Babyschale. Sie streicht ihrer Tochter sanft über den Bauch, dann dreht sie sich zu der Krankenschwester um. Die hält ein Paar geblümter Babyschuhe in der Hand, die mit einer roten Schleife zusammengebunden sind.

„Alles Gute für Sie", sagt sie.

„Danke", antwortet Julia. „Das wünsche ich Ihnen auch."

Die Krankenschwester nickt Julia noch einmal zu, dann wendet sie sich ab. Im Auto ist es genauso hell wie draußen. Sie gibt das Kommando zum Anfahren und legt eine Hand zu Helin Aditi in die Schale. Außer der Krankenschwester ist niemand gekommen, um sich von ihnen zu verabschieden. Aber was kann sie schon erwarten, nach allem, was passiert ist? Vorsichtig biegt das Fahrzeug in eine kleine Straße ein. Überall stehen provisorisch errichtete Baracken, Zelte und Container.

Als sie den ersten Mann sieht, der zusammen mit zwei Werkstattrobotern eine Lagerbaracke ausräumt, senkt sie den Blick. Jeder, der hier ist, ist es wegen mir, geht es ihr durch den Kopf. Nur weil ich so eingebildet und arrogant war.

Als sie die Hauptstraße erreichen, blockieren einige Transportfahrzeuge den Weg. Was das alles für Dimensionen angenommen hat! Sie schlängeln sich vorbei und lassen die Tieflader hinter sich. Zügig fährt der Wagen an einigen solide gebauten Häusern vorbei. Dann folgen mehrere Schutzwälle, die an der Hauptstraße notdürftig zu größeren Verteidigungsanlagen ausgebaut worden sind. Schließlich wird die Straße ganz schmal und schlängelt sich zwischen zwei Hügeln den Berg hinab. Hinter der letzten Kurve taucht der Kontrollpunkt vor ihnen auf.

Am Straßenrand steht ein Polizist. Als er sie sieht, hebt er die Hand, und der Wagen hält. Julia fällt auf, wie sehr sich die alten Grenzanlagen bereits verändert haben. Vor allem sind die hohen Zäune und Metallgitter verschwunden. Stattdessen stehen nun große Steinblöcke auf der Straße, die nur noch eine langsame Durchfahrt zulassen.

Auf der anderen Seite des Kontrollpunkts sind ein paar Polizisten damit beschäftigt, einen Lastwagen, dessen automatische Steuerung versagt hat, durch den Engpass hindurchzulotsen. Er hat drei große Kampfroboterköpfe geladen. Julia dreht sich um und blickt die Grenze entlang. Mit Befriedigung stellt sie fest, dass dort kein einziger Roboter mehr zu sehen ist. Direkt vor ihr steht das Warnschild, das sie von ihrem ersten Besuch hier kennt:

Betreten auf eigene Gefahr.
Vor der Annäherung an Waffen oder
Waffensysteme wird gewarnt!

Am Fahnenmast weht die Flagge des Überlebenstages, die Fahne der Zukunft. Dutzende von Flaggen der Staaten sind in unterschiedlicher Höhe so darunter platziert, dass es aussieht, als würden alle zusammen eine Kugel ergeben, ein geschlossenes Ganzes.

Der Polizist bittet Julia, den Wagen ein kleines Stück zurückzusetzen. Dann fährt der Lastwagen ganz nah an ihr vorbei. Die toten Augen der Kampfroboter starren sie an. Auch jetzt noch wirken sie irgendwie lebendig. Endlich tritt der Polizist beiseite. In Schlangenlinien fährt Julia an den Barrikaden vorbei.

Als sie die Kontrollstation hinter sich gelassen haben, beschleunigt der Wagen. Vor ihnen öffnet sich die Tiefebene von Anninarra. Überall steigen Rauchsäulen senkrecht in den Himmel. Vielfach liegen Waffenteile verstreut am Straßenrand herum. Gelegentlich kommt ihnen ein Fahrzeug entgegen. Einmal sieht Julia eine Gruppe von Menschen mit einigen Reparaturrobotern neben der Straße herumstehen.

Schließlich verlangsamt der Wagen und biegt in einen unebenen Seitenweg ein. Besorgt schaut Julia zu Helin Aditi, doch die schläft friedlich weiter. Trotzdem befiehlt Julia dem Wagen, langsamer zu fahren. Dann sind sie endlich da.

Das Wasser in dem stählernen Kochtopf dampft und blubbert. Das Lagerfeuer darunter lodert kräftig.

„Pathein!", ruft ein Arbeiter. „Wir brauchen dich hier!"

Pathein lässt das Feuer in Ruhe und geht wieder zu den anderen. Vor ihnen liegt ein riesiger Kampfroboter. Die Maschine dreht den Kopf abwechselnd nach links und rechts, während ihre Beine hilflos nach oben zeigen. Sie haben durch die Ösen an seiner Seite lange Metallstäbe in die Erde getrieben, die den Roboter zusätzlich zur neuen Software am Boden halten. Trotzdem halten alle sorgsam Abstand.

In einer Staubwolke kommt der Wagen mit Julia und dem Baby auf sie zugefahren und knirschend neben ihnen zum Stehen. Beherzt steigt Julia aus. Näher wagt sie sich nicht heran. Pathein läuft ihr entgegen. Sie trägt die Brosche, die früher einmal seiner Frau gehört und die Pathein vor zwei Tagen in den Trümmern seines Hauses gefunden hat. Die Hitze hat die Metallschichten schmelzen und ineinanderfließen lassen, sodass sie wie ein Herz aussehen, in das eine Perle eingeschlossen ist.

„Du brauchst keine Angst zu haben", ruft er ihr zu und drückt sie vorsichtig. Dann nimmt er sie am Arm und führt sie zu den anderen.

„Dann mal los!", ruft eine Arbeiterin, die dem Team am Morgen neu zugeteilt worden ist. Sie holt den Kontrollschlüssel hervor und hält ihn an eine bestimmte Stelle am Hinterkopf des Roboters. Direkt darüber springt eine Klappe auf. Pathein kniet vor dem Hinterkopf nieder. Gleich unter der geöffneten Klappe liegt die Hauptsteuerung. Vorsichtig greift er hinein und bekommt die Glasplatte im Inneren zu fassen. Mit einem Ruck zieht er sie heraus. Sofort fällt der Roboter leblos in sich zusammen. Stolz streckt Pathein die kleine Platte in die Höhe.

Dann steht er auf und geht damit zum Lagerfeuer. Vorsichtig schiebt er die Glasplatte über den Rand des Kochtopfes und lässt sie in das sprudelnde Wasser fallen. Zischend zerschmelzen die Elektroteile.

Er blickt nach oben, zu einer Drohne, die den gesamten Arbeitsprozess für die Weltgemeinschaft dokumentiert.

„Jetzt ist das Gehirn zerstört", sagt er zu Julia. „Das Ding ist nur noch ein Klumpen Metall. Es braucht noch eine ganze Reihe weiterer Demontageschritte. Aber darum kümmern sich die Nächsten."

Er geht auf Julia zu, nimmt sie in den Arm und gibt ihr einen Kuss.

„Meine Güte! Du zerstörst Waffen?", fragt sie ungläubig.

„Es ist ganz leicht. Ich verstehe wirklich nicht, warum wir das nicht schon viel früher getan haben."

„Da, schau", ruft Julia und zeigt nach oben. Ein Schwarm von Kameradrohnen fliegt über sie hinweg. Fröhlich reißt sie die Hand nach oben und winkt ihnen zu. Auch Pathein streckt einen Arm nach oben. Arm in Arm stehen sie so nebeneinander und winken der Welt zu.

Für Julia wird es Zeit aufzubrechen. Ihr Herz wird schwer. „Komm bald nach. Ich brauche dich!"

Pathein legt ihr einen Arm um die Schulter. „So bald wie möglich. Sobald das hier erledigt ist."

Er begleitet sie zum Auto. Als sie sich hineingesetzt hat, gibt er Helin Aditi einen Kuss auf die Stirn.

„Vorsicht", mahnt Julia sanft. „Weck sie nicht auf." Pathein lächelt ihr zu, dann drückt er sich ganz nah an sie. Sie küssen sich innig. Er tritt ein paar Schritte zurück, dann setzt sich Julias Wagen in Bewegung. Sie blickt nicht zurück.

Auf der Hauptstraße nimmt der Wagen Fahrt auf. Bald werden die ersten Konturen der Siedlung sichtbar. Doch noch bevor sie sie erreichen, hält der Wagen erneut.

Es ist die Stelle, an der Pathein und sie beinahe gestorben wären, wenn die beiden Polizisten sie nicht gerettet hätten. Sie geht zu dem Holzpfosten hinüber und stützt sich darauf ab. Dann verharrt sie still und erinnert sich daran, wie sich die Kampfroboter über sie gebeugt haben, und ein Schauern durchläuft ihren ganzen Körper.

Im Auto beginnt das Baby zu quengeln. Julia geht zu ihr und holt sie heraus. Für einen kurzen Moment soll auch Helin Aditi einmal an dem Ort gewesen sein, an dem ihre wundersame Rettung stattgefunden hat. Dann steigt Julia wieder in den Wagen, um dem Baby die Brust zu geben. Wie friedlich es jetzt überall ist – sogar hier. Als ihre Tochter satt ist, macht Julia alles zur Abfahrt bereit.

Doch etwas hält sie noch zurück. Spontan holt sie das Paar Babyschuhe hervor, das sie von der Krankenschwester bekommen hat. Ein Geschenk. Ja. Das Leben ist ihnen neu geschenkt worden. Sie springt aus dem Wagen und hängt die geblümten Schühchen an den Pfahl. Dann ist sie bereit.

Als der Wagen startet, wird Helin Aditi erneut unruhig. Liebevoll legt Julia eine Hand auf den Bauch ihrer Tochter. Merkwürdig. Nach dem Stillen ist das Baby sonst immer ganz friedlich.

Hinter dem Panzerdenkmal beginnen auf der rechten Straßenseite die Gewächshäuser, oder vielmehr das, was von ihnen übrig ist. Noch immer kann man gut die Sicherheitsvorrichtungen erkennen, die um das Gelände herum errichtet worden waren. Sie sorgten dafür, dass die Nahrungsmittel den Reichen und Wohlhabenden vorbehalten blieben, bis schließlich alles von den ausgehungerten Menschen überrannt wurde. Auf der anderen Straßenseite sind die Überreste des wilden Lagers zu sehen, das durch einen Flächenbrand völlig zerstört wurde.

Als sie an den Ruinen der Farm vorbeifahren, beginnt Helin Aditi leise zu wimmern. Julia beugt sich zu ihr, um sie zu beruhigen, doch es gelingt ihr nicht. Sie folgen der Straße in Richtung Roadhouse. Auch hier liegt überall Schutt auf der Straße, Maschinenteile und auch ganze Kampfroboter. Das Baby weint jetzt immer stärker.

Die Fußgängerbrücke des BEAU RIVAGE ist auf einer Seite eingestürzt. Der Wagen folgt einer neuen Sicherheitsmarkierung rechts um das Gebäude herum. Im Vorbeifahren sieht Julia ein paar Menschen und Roboter bei der Arbeit.

Die Siedlung Anninarra soll nicht abgerissen werden, sondern der Nachwelt als ein Ort der Mahnung erhalten bleiben.

Der Wagen biegt nach links ab, und die Ruine des Roadhouse kommt in den Blick. Kurz entschlossen lässt Julia den Wagen halten. Helin Aditi weint immer noch. Julia nimmt sie auf den Arm und steigt aus. Direkt vor ihr breitet sich ein verblichener Fleck aus, Überreste des getrockneten Bluts von Pathein und ihr.

Angewidert macht sie einen Schritt zur Seite. Vor ihrem inneren Auge spielt sich erneut ab, was in den letzten Stunden und Tagen der Siedlung alles passiert ist. Wieder spürt sie die Angst und Verzweiflung. Dann bemerkt sie, dass Helin Aditi aufgehört hat zu schreien. Julia spürt ein besonderes Gefühl von Licht und Wärme. Intuitiv blickt sie hoch zum Baum des Lebens. Er glitzert, blüht und leuchtet hell und klar.

Nur schwer kann sie sich von dem Anblick losreißen. Sobald sie mit Helin Aditi in den Wagen steigt, wird ihre Tochter wieder unruhig. Als sie zum Präsidialamt kommen, sieht Julia, dass dort immer noch Qualm aufsteigt. Sie muss schlucken, als sie an die letzten Tage in dem

Gebäude denkt. Es ist, als stünde sie wieder inmitten des wütenden Mobs, und ihr Herz beginnt zu rasen.

Schnell befiehlt sie dem Wagen, die Fahrt fortzusetzen. Sie halten erst wieder am Flugplatz. Julia nimmt ihre Tochter in den Arm, die sich immer noch nicht ganz beruhigt hat, und steigt aus. Hinter ihnen schließt sich die Fahrzeugtür und der Wagen fährt davon.

Auf der anderen Straßenseite sieht Julia ein mit Steinen abgegrenztes Feld, das frisch angelegt worden ist. Zögernd geht sie hinüber. Hier liegen die sterblichen Überreste der Menschen, die in Anninarra ihr Leben verloren haben. Trauer überkommt sie, und sie ist erschüttert, wie groß das Feld ist. Wie groß wäre es erst, hätte sich das, was in Anninarra passiert ist, über die ganze Welt ausgebreitet? Wie viele Millionen und Milliarden Tote hätte es gegeben?

Sie geht durch die Reihen und bleibt immer wieder stehen, um einzelner Menschen zu gedenken. Es fällt ihr schwer, den Ort wieder zu verlassen. Auch Ramins Grab entdeckt sie und verweilt dort einige Momente. Dann geht sie über die Straße ins Ankunftsgebäude.

Dort sind bereits erste Informationstafeln für die spätere Ausstellung aufgestellt worden. Die Zerstörungen hat man belassen. Julia denkt daran, was Ghazala Hussain vor ein paar Tagen im Kreis der 1000 gesagt hat: „Wir müssen uns der Vergangenheit stellen. Nur so können wir uns weiterentwickeln: Wenn wir auch das Schlechte als einen Teil unserer Geschichte annehmen und dafür Sorge tragen, für unsere Schuld den Menschen und der Menschheit gegenüber Sühne zu leisten."

Mit einem klammen Gefühl betritt sie die Weltidentität. Überrascht blickt sie dort in ihr lächelndes Gesicht und in das von Pathein. Die zwei Hologramme bewegen sich leicht hin und her. Davor sind folgende Worte zu lesen: „An dieser Stelle haben Pathein U Tin und Julia Avalux geheiratet."

Julia denkt an das Glück, das Pathein und sie seitdem empfinden. Hier, an dieser Stelle, hat sich die Welt endgültig versöhnt. Helin Aditi schläft tief und fest. Julia bleibt lange stehen. Schließlich rafft sie sich auf, geht noch einmal zum Buch der Weltidentität und küsst es. Dann macht sie sich auf den Weg nach draußen.

Am Rand des Startfeldes wartet ein gläsernes Flugzeug auf sie und ihre Tochter. Daneben steht eine Gestalt, mit der Julia nicht gerechnet hat. Es ist Ghazala Hussain. Julia eilt ihr entgegen. Sie ist nicht allein. Der Gedanke tröstet sie. Auch Ghazala Hussain kommt auf sie zu. Sie greift mit beiden Händen nach Julia.

Julia spürt die Liebe, die Kraft, die von der neuen Gemeinschaft ausgeht. Gemeinsam steigen sie die Treppe zum Flugzeug hinauf.

Nach dem Start zieht das Flugzeug einen großen Bogen über ganz Anninarra. Sie überfliegen die Ruinen der einstmals blühenden Siedlung, und noch einmal sticht es Julia tief ins Herz. Dann durchstößt das Flugzeug die strahlend weiße Wolkendecke. Die alte Zeit ist vorüber, das alte Denken tot und eine neue Epoche angebrochen.

Rechenschaft

12. Juni 2105

Die Hologramme der vielen Tausend Teilnehmenden steigen auf und beginnen, sich umeinander zu drehen. Erst langsam, dann immer schneller, bis sie sich zu einer Kugel vereinen, einem blauen Planeten. Dann erscheint groß das Hologramm von Kanstantsin Vygotsky, einem der fünf Vizepräsidenten des Kreises der 1000. Mit ernster Miene blickt er in die Kamera.

„So weit ist es uns also gelungen", sagt er, „in den letzten Tagen die Vorkommnisse um Anninarra vollständig aufzuarbeiten. Viele Menschen sind zu Tode gekommen, andere haben Verletzungen erlitten, unter denen sie für den Rest ihres Lebens leiden werden. Und das, obwohl die Welt Hunger, Krieg und Umweltzerstörung eigentlich längst hinter sich gelassen hatte. Strafgerichte und Wahrheitskommissionen werden sich damit beschäftigen. Mehr als eine Woche haben wir uns mit der Frage auseinandergesetzt, wie es dazu kommen konnte, welche Versäumnisse wir uns vorzuwerfen haben. Lassen Sie uns heute zum Abschluss des Weltkongresses ein gemeinsames Fazit versuchen."

Jayden Moore kommt ins Bild. Er scheint um Jahre gealtert. „Ich habe mir in den letzten Tagen viele Vorwürfe anhören müssen, dass ich meine Aktionen früher mit allen hätte abstimmen müssen", sagt er. „Dass ich mit meinem Handeln zu Gewaltausbrüchen beigetragen habe, bedauere ich sehr. Doch ich muss auch erneut die Frage stellen: Wie lange hätte die Welt denn noch auf eine bessere Zukunft warten sollen?

Denken Sie doch an die Geschichte: Klimakrisen, Kriege, Hungersnöte … Und trotzdem führen Menschen das Wort, die an nichts etwas ändern wollen. Müssen wir das aushalten? Müssen wir akzeptieren, dass manche Menschen alle Vorteile für sich in Anspruch nehmen, sich aber weigern, Verantwortung zu übernehmen?

Es braucht diejenigen, die den Finger in die Wunde legen, die zuspitzen und wachrütteln. Nichts anderes habe ich getan. Alles, was ich gefordert habe, ist richtig und wichtig und wird, wie wir wissen, von einer großen Mehrheit der Weltbevölkerung mitgetragen. Trotzdem werden wir in Zukunft anders vorgehen und mehr darauf achten, auch die Menschen mitzunehmen, die wir nicht sofort von unseren Anliegen überzeugen können."

Das Hologramm von Ghazala Hussain erscheint. „Auch ich bin sehr nachdenklich", beginnt sie. „Wenn jemand Verantwortung zu übernehmen hat, bin ich es. Und ich muss sagen, dass ich die Dinge in Anninarra vor lauter Euphorie über unsere Erfolge zu lange unterschätzt habe. Nie im Leben hätte ich damit gerechnet, dass die Lage so eskalieren könnte. Ich hätte die Staaten schon vor Ausrufung der Freien Republik miteinbeziehen müssen, um die Krise zu beenden, dann vielleicht hätten alle in Anninarra weniger erdulden müssen. Dafür muss ich mich entschuldigen. Wenigstens werden jetzt alle Waffen zerstört. Auch das hätte schon viel früher passieren müssen."

Wieder leuchtet ein neues Hologramm auf. „Wir wissen nur zu gut, wie viele Versuche einzelne Staaten in der Vergangenheit bereits unternommen haben, die Welt zu einem besseren Ort zu machen, und was für kleine Schritte es dann häufig genug geblieben sind. Viel zu klein für die Probleme, vor denen die Welt stand", schallt die Stimme von Damu Tona, der aus Papua-Neuguinea stammenden, gerade wiedergewählten Generalsekretärin der Vereinten Nationen, durch den Raum. „Es konnte also nicht anders sein, dass sich schon lange abseits der Regierungsapparate Kräfte sammeln, die staatenübergreifend an besseren Lösungen für ein gutes Zusammenleben der Menschheit arbeiten. Ich bin der Meinung, dass das durchaus noch schneller hätte vonstattengehen müssen, wiewohl wir an Anninarra sehen, dass hierin auch Risiken liegen.

Was die Waffen angeht, haben wir uns zu zögerlich verhalten. Uns hat das Vertrauen gefehlt, mit dem Kreis der 1000 zu einer guten Lösung zu kommen. Uns allen sollte zu denken geben, dass es gerade an dem Ort, an dem die letzten Waffen der Welt verwahrt wurden, zu so viel Gewalt gekommen ist. Trotz allem haben die Staaten Ruhe bewahrt und Mut bewiesen. Das zeigt mir, dass sie wirklich in der neuen Zeit angekommen sind. Und es lässt mich hoffen, dass unsere neue Welt Bestand haben wird." Sie lehnt sich auf dem Bürostuhl zurück.

„Meine Güte!", bricht es aus einer Frau aus Colorado Springs mit dem Namen Sada Duhayindavyi heraus. „Hat hier denn niemand ein Herz? Mein Kind ist tot, niemand kann es wieder lebendig machen! Die Schmerzen, die ich zu erleiden habe, werden mich bis zum Ende meines Lebens begleiten.

Es ist alles richtig, was in den letzten Wochen auf den Weg gebracht wurde, die systematische Aufarbeitung, die Gedenkstätten und die Gedenktage, die Entschädigungen … Doch mein Kind ist und bleibt tot! Die Bilder, die ich gesehen habe, werde ich nie vergessen. Ich will nichts mehr hören.

Julia Avalux, Pathein U Tin, ich möchte Sie hassen für das, was passiert ist, denn Sie hätten es verhindern müssen. Doch selbst das kann ich nicht. Hass macht es nur noch schlimmer."

Eine lähmende Stille breitet sich über den ganzen Weltkongress aus. Eine blasse Julia ergreift das Wort. „Es tut mir unendlich leid, was in Anninarra passiert ist – was Ihnen passiert ist. Ich will dafür alles an Sühne leisten, was ich kann, das verspreche ich Ihnen.

Viele Jahre habe ich der Freiheitsbewegung vorgestanden, die eine Welt propagiert hat, in der wir auf Kosten der schwächeren Mitglieder unserer Weltgemeinschaft leben. Und obwohl ich es bei meinem Amtsantritt in Anninarra bereits hätte besser wissen können, habe ich mich doch wieder in die alten Wertvorstellungen und Verhaltensweisen hereinziehen lassen.

Als ich das erkannt habe, war es schon zu spät, und ich konnte die Kräfte, die entfesselt worden waren, nicht mehr bändigen. Ich habe Freiheit gepredigt, doch was ist das für eine Freiheit, die nur Wohlhabenden offensteht und allen anderen die kalte Schulter zeigt? Wahre Freiheit gibt es nur, wenn sie allen in gleicher Weise möglich ist. Nun endlich sind wir in einer Welt angekommen, in der das auch wirklich passiert. Ich will allen Opfern der alten Ungleichheit ein Denkmal setzen. Das habe ich Pathein und der ganzen Welt versprochen. Und dieses Versprechen werde ich halten."

Kurz leuchtet das Hologramm von Frau Duhayindavyi auf, die in sich zusammengesunken in einer Ecke sitzt, dann kommt Pathein ins Bild. Er hat dunkle Schatten unter den Augen.

„Julia und ich sind zu gleichen Teilen verantwortlich für das, was passiert ist. Lange war ich Vorsitzender der Sozialen Gerechtigkeit und habe für die benachteiligten Menschen gesprochen. Als ich in Anninarra ankam, habe ich erstmals Liebe für eine Welt empfunden, der ich bisher nur durch Abneigung verbunden gewesen war." Er greift mit einer Hand nach Julia und zieht sie kurz in sein Hologramm herein.

„Doch dann holten auch mich die Gespenster der Vergangenheit ein. Hass und Neid verstellen den Weg in eine bessere Zukunft. Gerechtigkeit kann nur erlangen, wer sein Herz für die Vielfalt öffnet und jeden Einzelnen, unabhängig von Geschlecht, Religion, Kultur und Sprache, als das anerkennt, was er ist: ein Mensch, der in seiner kurzen Lebenszeit seine Träume auf dieser Welt verwirklichen will. Ich habe daher beschlossen, eine Studienstiftung zu gründen, die Menschen auf dem Weg zu ihrem persönlichen Glück beraten und unterstützen soll."

Pathein schluckt einmal schwer. „Frau Duhayindavyi, ich kannte Ihre Tochter, und ihr Tod tut mir unendlich leid. Sie kam, wie viele andere, in der Hoffnung nach Anninarra, dort ein besseres Leben führen zu können.

Wenn Sie einverstanden sind, werde ich meine Stiftung nach Ihrer Tochter benennen: Khadija-Duhayindavyi-Stiftung. Dies ändert nichts an dem, was Sie gesagt haben. Es soll nur ein kleines Zeichen der Demut und eine Verbeugung vor Ihrer Tochter sein. Ich würde mich freuen, wenn Sie mein Angebot annehmen würden."

Kurz wird das Hologramm von Sada Duhayindavyi aufgerufen. Stumm nickt sie in die Kamera, während ihr erneut Tränen über das Gesicht rinnen.

Mit ein paar letzten Worten schließt Kanstantsin Vygotsky die Sitzung. „Es ist wichtig, dass wir die Fragen und Schmerzen, mit denen wir nicht sofort umgehen können, weiter in Erinnerung behalten. Denn wir werden sie brauchen, um den Weg in die bessere Zukunft finden zu können."

Frieden und Kraft

9. Juli 2105

Die untergehende Abendsonne taucht die Skyline von Manhattan in ein erhabenes Licht. Doch weder Pathein noch die Generalsekretärin der Vereinten Nationen haben einen Blick dafür. Stattdessen betrachten sie eine neben dem Fenster platzierte Skulptur, die Frieden und Kraft ausstrahlt und die sie unmittelbar berührt.

„Einfach wunderbar, nicht?", sagt Damu Tona. „Die Skulptur trägt den Titel: ‚Wofür Menschen leben und die Vereinten Nationen arbeiten'. Es ist eine Darstellung der dritten Phase."

„Dritte Phase?", fragt Pathein.

„Die Vereinten Nationen wurden im Kampf gegen Krieg, gegen Hunger und Krankheit gegründet. Sie kennen doch das Denkmal ‚The Knotted Gun', die am Lauf verknotete Pistole, das sich vor dem UN-Hauptgebäude befindet. Doch alle Kämpfe, die sich *gegen* etwas richten, sind fatalistisch. Sie zementieren, was wir eigentlich bekämpfen wollen, sie halten uns in der Vergangenheit zurück.

In der zweiten Phase wurden die Präpositionen gewendet, *für* Frieden, *für* Nahrung und *für* Gesundheit. Auf den ersten Blick schien das viel besser, aber war es das wirklich? Kann man *für* etwas kämpfen? Gegen etwas zu sein war klar und präzise, aber jetzt? Was heißt Frieden? Ein Paradies, in dem es keine Konflikte gibt, vollkommen blutleer und spannungslos? Genügend Nahrung, sodass wir vor Genuss platzen und uns nur noch übergeben wollen? Und dann für Gesundheit: damit wir ewig leben, mit der Konsequenz, nie mehr etwas beenden zu dürfen, sondern auf immer mit uns selbst und den eigenen Unzulänglichkeiten leben zu müssen? Dieses Bild war so unscharf, so bedrohlich, dass manch einer es für die Beschreibung der Hölle auf Erden hielt.

Waren wir also lieber gegen etwas, mit einem klaren Feindbild, aber ohne Aussicht, diesen Feind besiegen zu können, oder für eine Zukunft, die uns in Angst und Schrecken versetzt?"

Damu Tona schaut Pathein ernst an.

„Und dann geschah es. Eine Zukunft wurde sichtbar, die sowohl das eine wie auch das andere beinhaltet. Wir nennen es die dritte Phase, Sie kennen es vielleicht unter einem anderen Namen. Diese Zukunft wurde sichtbar in der Kunst, in Kunstwerken, in denen Frieden auf Erden alles andere als Langeweile, Nahrung für alle alles andere als Triebhaftigkeit und eine gute Gesundheit alles andere als Unachtsamkeit bedeutet. Hier, zuerst hier, wurde unsere neue Gesellschaft sichtbar und begreifbar, zu einer Zeit, in der sich viele noch im Sumpf des Gestrigen befanden. Und als dieser Sprung, diese Innovation gelungen war, das neue Ziel deutlich wurde, begann ein Wettlauf, diese neue Welt abzubilden, in Tausenden und Abertausenden Bildern, in der Musik, im Theater, in allen Formen, die die Kunst zu bieten hat. Hier, in dieser Skulptur, ist für mich alles davon verwirklicht."

Der Weltgeburtstag

Die Anzeige neben der Kamera schaltet von Grün auf Rot und der kleine Scheinwerfer erlischt. Durch das Fenster im Dach fällt ein sanftes Licht in die Kammer. Julia lehnt sich auf dem Stuhl zurück und schließt die Augen. So viel hat sie der Weltidentität zu erzählen.

Plötzlich spürt sie eine unglaubliche Welle der Energie. Es fühlt sich an, als würde ihr Körper von innen heraus leuchten. In Gedanken fliegt sie noch einmal durch die Wolken, erlebt noch einmal, wie sie Anninarra hinter sich lässt, das Gefühl der Freiheit, des Glücks, des Friedens. So verharrt sie noch eine ganze Weile.

Schließlich steht sie auf, verlässt die Kammer und betritt den Hauptraum. Durch die schmalen Buntglasfenster dringt gedämpftes Licht auf die im Halbrund aufgestellten Holzbänke. Ihr Festkleid raschelt bei jedem Schritt. Das Buch der Weltidentität ist hell erleuchtet. Julia legt beide Hände auf ihr Herz und bleibt still davor stehen. Dann dreht sie sich um und geht hinaus.

Bereits im Vorraum strahlt ihr durch die Ritzen der Außentür das wunderbare Licht entgegen, das die neue Welt umhüllt. Mit einem leichten Stoß öffnet sie die Tür. Draußen ist es strahlend hell, doch es blendet nicht. Ihr Mann steht unter einem mächtigen Baum des Lebens. Entschlossen, schön, bezaubernd sieht er aus. In dem gelben Longyi und mit der goldenen Kappe beugt er sich im Licht der aufgehenden Sonne über den Kinderwagen ihrer Tochter. Auf seiner Hand sitzt ein blauer Schmetterling. Aus dem Kinderwagen hört sie ein fröhliches Glucksen.

Julia hält vor Glück die Luft an. Helin Aditi, ihre Tochter. Geborgen und frei zugleich, wie eine Göttin. Pathein bewegt leicht die Hand und der Schmetterling fliegt davon. Mit dem Kinderwagen kommt Pathein auf Julia zu.

„Wie schön du bist", murmelt er, als sie sich in die Arme schließen. Gemeinsam beugen sie sich über den Kinderwagen. Helin Aditi strampelt lachend vor sich hin. Julia nimmt sie aus dem Kinderwagen und schmiegt sich mit ihr an Pathein.

Gemeinsam lassen sie den wunderbaren Ausblick auf die mexikanische Atlantikküste mit ihrem feinen Sandstrand und den lieblichen Tälern, in denen sich Grünland und Waldflächen abwechseln, auf sich wirken. Im Morgenlicht ist alles in ein sanftes Gelbgrün getaucht. Von der nahen Metropole ist weder etwas zu sehen noch zu hören. Die in Naturstein errichtete Kathedrale der Weltidentität, ein neues Wunderwerk der Architektur, fügt sich organisch in die Landschaft ein, als hätte sie schon immer hier gestanden.

Die ganze Welt ist zu einem großen Paradies vereint. Egal wohin man blickt, überall ist Schönheit, in Nord oder Süd, Ost oder West, auf dem Land oder in einem Industriegebiet. Überall herrscht Frieden, und von jeder Stelle geht eine besondere Aura aus.

Vorsichtig legt Julia Helin Aditi in den Kinderwagen zurück und schiebt ihn einer jungen Frau entgegen, die am Rand des Weges auf sie wartet. Dann geht sie mit Pathein eine kleine Anhöhe hinauf. Von der anderen Seite ist ein leises Rauschen zu hören. Dort steht bereits Bude an Bude, jede mit einem Mast, an dem später eine Laterne aufgezogen werden soll.

Als Julia und Pathein näher kommen, sehen sie, dass die Feierlichkeiten zum Überlebenstag bereits in vollem Gang sind, obwohl sie offiziell noch gar nicht begonnen haben. Bald schon sind sie mitten im Gedränge, umgeben von fröhlichen und ausgelassenen Menschen, guten Gerüchen und schöner Musik.

Als die Leute sie erkennen, beginnen sie zu klatschen. Schnell breitet sich der Applaus in alle Richtungen aus.

„Frei beweglich, aber unzertrennlich", murmelt Pathein leise. Schritt für Schritt gehen sie voran, in die neue Welt hinein, bis sie vor dem Haupteingang der Kathedrale der Weltidentität stehen. Dort wartet Präsidentin Hussain bereits auf sie.

Am Himmel surren unzählige Kameradrohnen leise vor sich hin und nehmen alles auf. Noch einmal drehen sich Julia und Pathein zu den Marktständen um. Nun erst erkennen sie das wahre Ausmaß des Jahrmarktes. Tausende Buden und Stände erstrecken sich bis hin zu den ersten Gebäuden der angrenzenden Stadt. Viele der Festtagsbesucher winken ihnen fröhlich zu, und Julia und Pathein erwidern den Gruß. Dann folgen sie der Präsidentin in die Kathedrale.

Als sie die dunkle, große Halle betreten, empfängt sie fröhliche Musik, die an Klassik erinnert, aber dann doch wieder ganz anders ist. Zwischen den voll besetzten Bankreihen hindurch erblicken sie ganz vorn am Ende eines langen Gangs ein hell erleuchtetes Podest. Dies hier kann keine Religion der Welt, keine andere Weltanschauung, nichts, niemals. Dies hier ist ein Ort, an dem die Menschheit erkennt, dass sie eine Einheit ist, dass sie ihren Weg nur gemeinsam gehen kann.

Konzentrische Kreise sind in den Granitboden eingelassen, in derselben Weise, wie auch die Bänke mit den etwa dreitausend Sitzplätzen um das Buch der Weltidentität herum angeordnet sind. Wie oft haben Julia und Pathein hier Ruhe gefunden, wenn ihre Beiträge für das Buch der Weltidentität sie in den letzten Wochen zu sehr aufgewühlt haben.

Sie kennen das Gebäude in- und auswendig, doch heute scheint es, als würden sie es neu entdecken. Auf allen Bänken sitzen bekannte Personen aus aller Welt. Staatsoberhäupter, Künstler, Wirtschaftsführer, Journalisten und Religionsoberhäupter. Weiter vorn sitzen Babro Ackland, Susanthinka Kaur Hoare, Peter Sturt, Saliha Mujaj, Ermias Hersi und Iván Villegas.

Pathein und Julia schenken den ehemaligen Mitstreitern aus Anninarra ein kurzes Lächeln. Auch der Generalsekretär des Verteidigungsbündnisses, Emeka Asma'u, und Generalin Alla Kusnezow sowie Damu Tona sind da. Als sie Pathein und Julia sehen, erheben sie sich.

Ghazala Hussain führt Julia und Pathein bis in die erste Sitzreihe. Dort kommt ihnen Jayden Moore entgegen und geleitet sie zu den Plätzen neben sich. Die Kleidung der Menschen im Saal leuchtet in bunten Farben. Es ist die schönste, die bedeutendste Festveranstaltung, die die Welt je gesehen hat.

Dann wird es im Saal dunkel, die Musik verklingt. Präsidentin Hussain steht auf und geht zum Rednerpult, das neben dem Buch der Weltidentität steht. „Sehr geehrte Damen und Herren! Ich freue mich, verkünden zu können, dass vor einigen Stunden die letzten Waffen dieser Welt vernichtet worden sind. Damit ist dieses Kapitel der Menschheitsgeschichte endlich abgeschlossen."

Das Publikum beginnt zu klatschen, und viele erheben sich von den Plätzen. Julia blickt unauffällig zu Moore, der den Auftritt der Präsidentin scheinbar unbewegt verfolgt. Es ist das erste Mal, dass nicht er selbst zu Beginn eines Überlebenstages spricht.

„Zugleich tritt mit Ablauf des heutigen Tages auch der Weltvertrag in Kraft. Auch dies gilt es ausgiebig zu feiern."

Wieder brandet Applaus auf, der auf ein Zeichen der Präsidentin aber schnell wieder abebbt. „In den letzten Tagen ist öffentlich darüber diskutiert worden, welches der beiden Ereignisse größere Auswirkungen auf die Menschheit haben wird. Beide Entscheidungen sind für unsere Zukunft unbedingt erforderlich. Die erste, entscheidende Weichenstellung war mit dem Verfahren der Gleichmäßigen Ressourcenverteilung erfolgt. Je deutlicher wurde, welche Ressourcen der Planet für uns bereithält, desto klarer wurde auch, dass nach den humanistischen und freiheitlichen Idealen unserer Welt diese Ressourcen zu gleichen Teilen an alle Menschen zu verteilen sind. Viele sagen, dass sich hieraus zwangsläufig auch die Abschaffung der Waffen ergeben hat: In einer Welt, in der jeder die gleichen Chancen hat, etwas aus seinem Leben zu machen, wird die Anwendung von Gewalt sinnlos.

Aus meiner Sicht war es aber genauso wichtig, dass wir in den letzten Jahrzehnten immer mehr weltweit gültige Regeln und Standards für das Zusammenleben der Menschheit entwickelt haben. Kein Staat kann allein die Führerschaft in der Welt übernehmen. Es braucht unabhängige Organisationen, die innovative Konzepte für die ganze Welt entwickeln und deren politische Umsetzung überprüfen. Nichts anderes ist auch die Aufgabe des Kreises der 1000.

Wir sind kein Weltparlament, wie manche behaupten. Wir machen keine Gesetze, wir haben keinen Haushalt, wir wählen keine Regierung. Und trotzdem ist unsere Arbeit unverzichtbar.

Die Weltgemeinschaft verändert sich. Für den überwiegenden Teil der Weltbevölkerung ist dieser Veränderungsprozess friedlich verlaufen, was uns insgesamt sehr stolz machen kann. Aber uns allen müssen die Vorkommnisse von Anninarra eine Mahnung sein und bleiben."

Präsidentin Hussain hält kurz inne und blickt das Publikum mit ernster Miene an. „Wir, die Menschheit, kommen überein, dass wir nicht mehr verbrauchen dürfen, als uns unser Heimatplanet zur Verfügung stellt. Wir kommen überein, dass es ein unumkehrbares und unabdingbares Menschenrecht ist, dass wir alle zu gleichen Teilen von den Ressourcen dieser Welt profitieren. Dies alles gilt mit dem heutigen Tag als vereinbart.

In Frieden können wir uns den Dingen zuwenden, die für uns wirklich von Bedeutung sind – die Entwicklung und die Weitergabe unseres Wissens, auf dass wir eines Tages selbst zu den Schöpfern eines neuen Universums werden. Das ist unsere Aufgabe, unsere Zukunft.

Auch jetzt gibt es noch immer einige wenige, die nicht bereit sind, den Weltvertrag zu unterschreiben. Die für sich in Anspruch nehmen, mehr als andere haben zu dürfen. Die der Auffassung sind, den Planeten weiter nach Belieben zerstören zu können. Aber in unserer Welt haben diese Menschen keine Bedeutung mehr. Es hört ihnen keiner mehr zu, denn wir wissen jetzt, wie unsere Zukunft aussehen wird. Als Teil des unendlichen, immer noch unbegreiflichen Universums sind wir bereit, dem Weg in die Zukunft weiter in Freiheit zu folgen.

Daher soll der heutige Tag, der 19. Juli 2105, ab sofort Weltgeburtstag heißen. Denn diese unsere Welt wird heute neu geboren."

Lauter Applaus brandet auf. Präsidentin Hussain macht einen Schritt zur Seite, und Moore tritt neben sie. Beide reißen die Arme nach oben und winken dem Publikum zu. Wie aus dem Nichts kommen zehn Menschen auf die Bühne, die per Zufallsprinzip aus allen Ländern und Kulturen ausgewählt wurden. Pathein und Julia treten ebenfalls hinzu. Einer nach dem anderen unterschreiben sie symbolisch für alle den Weltvertrag. Bei der letzten Unterschrift springen die Menschen auf und applaudieren stürmisch. Moore hebt die Hände, und der Lärm ebbt ein wenig ab.

„Ich eröffne", ruft er, „den diesjährigen Überlebenstag!" Julia und Pathein schreiten zu einem Mast neben dem Rednerpult. Dort stehen schon zwei Kinder, die ihnen eine Laterne überreichen. Pathein greift nach der Leine, die am Mast befestigt ist, und hängt die Laterne dort ein. Julia entzündet das Feuer darin. Dann ziehen sie beide zusammen Stück für Stück die Laterne den Mast hinauf.

Als sie die Leine festbinden, brandet noch einmal großer Jubel auf. Auf der ganzen Welt werden jetzt die Lichter entzündet, in allen Farben, und die Erde, unsere schöne Erde, beginnt im Weltall zu leuchten.

Julia sucht mit ihrer Hand die von Pathein. Eine tiefe Geborgenheit ergreift sie. Die Menschen fallen sich in die Arme, lachen und tanzen. Der Überlebenstag des Jahres 2105 ist eröffnet, überall auf der Welt. Unser Planet ist der schönste, der glücklichste des ganzen Universums. Heute wurden wir neu geboren. Heute beginnt ein neues Kapitel der Erdgeschichte, das für immer Bestand haben soll. Haben wird. Für immer.

Hinweis zu den verwendeten Qualitätssiegeln

Cradle to Cradle Certified® Silber: Sicher. Kreislauffähig. Klimafreundlich.

Uns ist es wichtig, die Gesundheit unserer LeserInnen und das Klima zu schützen. Deshalb wurde dieses Druckprodukt bei gugler* DruckSinn gedruckt, – dem seit 2011 weltweit ersten zertifizierten Anbieter für die höchste Stufe nachhaltiger Druckproduktion: Cradle to Cradle Certified® Druck.

* **Ihr Druckprodukt ist sicher:** Es enthält weder krebserregende noch erbgutverändernde oder fortpflanzungsgefährdende Stoffe.

* **Ihr Druckprodukt ist kreislauffähig:** Im Unterschied zu herkömmlich gedruckten Druckprodukten bietet es einen guten Rohstoff für hochwertiges Recyclingpapier.

* **Ihr Druckprodukt ist klimafreundlich:** Die CO_2e-Emissionen der Druckproduktion und der eingesetzten Druckkomponenten (Papier, Druckplatten, Druckfarben usw.) werden berechnet und neutralisiert. Im Druck kommt ausschließlich Ökostrom zum Einsatz. Nachhaltige Energie- und Wassermanagement sowie sozial verantwortliches Handeln werden durch externe ExpertInnen bestätigt.

* **Ihr Druckprodukt ist geprüft:** Das Cradle to Cradle Certified® Silber-Zertifikat gibt Ihnen die Sicherheit zu einem Druckprodukt gegriffen zu haben, das nicht nur Ihnen, sondern auch der Umwelt und dem Klima gefällt! Mehr Infos zum C2C Certified® Produktstandard finden Sie hier: https://www.c2ccertified.org/.

print4climate®: Klimafreundlich gedruckt beim Ökopionier gugler* DruckSinn.

Weil uns Klimaschutz am Herzen liegt!

* Die CO_2e-Emissionen der Druckproduktion und der eingesetzten Druckkomponenten (Papier, Druckplatten, Druckfarben usw.) werden berechnet und neutralisiert.

* Die Kompensation kommt zertifizierten Waldaufforstung-Projekten und gugler*-internen Klimaschutzprojekten zugute – unterstützt durch Mitgliedschaft bei der WWF Climate Group.

* Im Druck kommt ausschließlich Ökostrom zum Einsatz.

* Am Firmenstandort wird mit einer PV-Anlage Strom erzeugt und der Fuhrpark auf Elektroautos umgerüstet.

Mehr Informationen zu print4climate® finden Sie hier: www.drucksinn.at/print4climate

© drucksinn.at